克麗歐的轉世投胎：
影視史學與大眾史學

Clio Refigured: Essays on Visual Representations of History and Public History

周樑楷　著

臺灣師大出版社

總主編序
大家來寫歷史需要連結的平臺：
大眾史學叢書的由來

大眾史學是種理念

　　大眾史學的誕生距今將近二十年。這個名詞背後有個基本理念，為了讓人們一聽就懂，借用美國總統林肯（Abraham Lincoln）的名言：政府（government）是 of the people、by the people、for the people。孫中山有言在先，譯為民有、民治和民享。討論大眾史學，我們先轉化成 representing histories of the public、by the public、for the public。而後再以中文下定義，其中說：

> 大眾史學鼓勵「人人書寫歷史」，而且「書寫大眾的歷史」，「供給社會大眾閱聽」。

上述的理念，"representing histories" 的「歷史」是多數的，表明史觀之間彼此是多元的，既相對又相關，不該定於一尊。而動名詞 "representing" 形容歷史的「表述」或「表徵」是多樣的，它的載體和形式包括各種語音、符號、圖像以及載歌載舞肢體語言等等，相對地，文字只是其中之一而已。然而為了方便起見，通稱為「書寫歷史」或「歷史書寫」。

　　由於大眾史學特別重視「人人書寫歷史」（by the public），所以把理念中的三大要素簡化，說成「大家來寫歷史」。大家就是大眾。大眾可以分別指許多團體群組，也不妨單稱某些個人。大眾之中有學術菁英或專業史家，當然更應該包括民間百姓和弱勢人士。如果換個廣告的用語來說，「人人都是史家」。

大眾史學是種普遍性的自覺

「人人都是史家」把大眾史學從理念的層次推向理想。但並非照單全收援引聖賢哲人的古訓；反而與時俱進，根據當今心理學、腦神經科學、量子力學、考古和人類學等等知識。近三十年來，人們日漸瞭解智人（Homo sapiens）在演化過程中，大約距今五、六萬年前已經「人人都有歷史意識」。換句話說，人人都有初期辨知「常與變」的能力。

不過隨著社會的擴張，人們的權力關係與意識形態也日漸複雜。二十世紀思想家傅柯（Michel Foucault）以「權力生產知識」一語，道破千古以來的現象。不僅「帝國」和「文明」之說意涵權力和中心論，而且連「文字」和「數位資訊」也不免先後成為威權體制的強勢媒體。如果試問「什麼是信史？」、「什麼是歷史時代？是史前史？」、「什麼是正史？野史？」人們不難理解在權力和中心論的框架之下，有數不盡的歷史表述怎樣被貶抑、排斥或全盤否定；以至於又怎樣淪落為「另類的歷史」、「邊緣的歷史」或「沒有聲音、沒有歷史的人」。

然而威權腳跟底下總有來自底層的心聲或集體記憶，在在這些都有待人們不斷發覺。例如，整整一百年前，臺灣青年在一九二一年組織臺灣文化協會。他們不僅開展具有臺灣意識的政治和文化運動，而且大幅度調撥史觀的時間軸，重新定向什麼是新的、進步的？什麼是舊的、落伍的？毫無疑問，這是殖民時代弱勢族群歷史意識的自覺運動。

大眾史學需要連結平臺

一九六○年代全世界許多地區掀起社會和文化運動的浪潮。影響所及，歷歷可見。從一九七○年代起，臺灣的文史工作者、鄉土文學作家和紀錄片製作者應運而生。而後接著八○、九○年代，再轉二十一世紀，綿延不斷，蔚然成風。整個歷程可以綜合稱作「臺灣歷史意識的形成」（the making of Taiwan historical consciousness）。如果援引英國史家湯姆森（Edward P. Thompson）的說法：意識並非絕對依照血緣天生的（by birth），而是由內而發主動的（active），不斷地實踐（praxis）和創造（making）而形成的。他又進一步主張「由下而上研究歷史」（study history from the bottom up）。值得留意的是，這句英語的介系詞（from……up）格外要緊，最能呈現底層不再默默無語、三聲無奈，而是有股勁力推動他們由下往上把「心事講出來」。

　　大眾史學這個名詞，其實只是把「歷史意識的形成」凝聚成簡明的意象而已。有了具體的概念，方便大家進行理念與實踐的相互辯證。近二十年來，臺灣的校園及地方上各角落處處可見「大家來寫歷史」。尤其二〇〇七年賈伯斯（Steve Jobs）掌中展示智慧型手機。他說：「每隔一段時間，世上總會出現某種革命性的產品，一舉改變了所有的事情。」而後不久，果然全球幾乎人手一機；同時大眾史學和影視史學密切結合，產生雙重效應，邁向大眾史學 2.0 的時代。

　　為了促進多元史觀之間的相互激盪和溝通，「大家來寫歷史」需要有連結的平臺。有鑑於此，國立臺灣師範大學圖書館出版中心創立大眾史學叢書，在形制上毫無繁瑣僵化的規範，如同約法三章，只有幾項簡單的原則。本叢書提供人人藉著開放的平臺，實踐協同的理念。

周樑楷

國立臺灣師範大學歷史學系兼任教授

寫於 2022 年 8 月 22 日

序（一）

雖然一輩子廁身大學歷史系成為學院裡的「歷史學者」，但當初高中升大學填聯考志願之際，我的確沒有想到過「研究歷史」是一種職業，充其量也只是知道「教歷史」是一種職業而已，因為確實在學校裡有一種「教歷史」的教師。進了大學歷史系之後，因為碰到認同的困擾，想要知道臺灣的歷史，才多少實際進行了所謂「歷史研究（探索、追尋）」。在實際進行「歷史研究」的過程中，也才不斷體認到原來歷史是如何地被「發現」、「製作」出來的。

周樑楷教授是研究西洋史學史的專家，對於古往今來歷史是如何被製作出來、並如何被講述的，有相當全面，而且深入的了解。因此，周教授對於現在一般在學院裡從事歷史之研究、教學的歷史學者及這種工作之內容與性質，具有深刻的了解，而且也知道在不同的時期它也各有不同的樣貌。也就是說，他的理解是具有時間深度、蘊含著歷史意識的理解。

我自己的生涯中能夠認識周樑楷教授，是很幸福的事。雖然我們算是歷史學界的同行，但專業領域分別是西洋史學史與臺灣史，原本應該會較少有機會來往。但是「磁場相同的人，總會相互吸引」，仔細地推敲，可以發現我們兩人竟然有那麼多相通之處，即使久無來往各自努力，幾年過後還是會發現我們的思考、行動，竟然還是如此的相同，畢竟兩人一直是「同道（走相同的路上）」。此次，周教授將他的部分文章結集出版，邀我作序，提前再次瀏覽了他的這些文章，更確認原來我們一直走在相同的方向上，不論是對於歷史學的反省與實踐，還是對於臺灣社會的感情與期待。

到底何時初識周教授，已經不復記憶。從彼此發表的文章來看，或許是在金恆煒先生創辦《當代》雜誌之初的一九八〇年代中期。但比較熟稔應該是一九九一年在一向致力於中學歷史教育改革的張元教授邀請下，我們兩人都都

參與了大學入學考試中心的一項改革計畫之後。

這是一個企圖以不同的大學入學考試出題方式，來引導高中歷史教學的計畫。我們認為既然「考試領導教學」，那麼應該可以從改革入學考試這個源頭，來引導高中歷史教育進行相應的改變。於是，我們用了很多心思在設計大學入學考試的試題，特別是以很長的題幹來描述一種歷史情境，然後讓考生在試題所提供的幾個選項中選擇最適當的答案。但後來我發現這只是我們過於天真的想法。因為有兩個我們沒有突破的緊箍咒，讓我們的努力將被大打折扣。那就是：(1)試題的題型是選擇題，(2)出題範圍不能超出教科書範圍。既然如此，考生還是可以透過純粹的解題技巧，破解出題委員的問題。例如，命題委員煞費苦心地描繪了一個古文明的內容，問考生這樣的內容指的是哪一個南美洲古文明呢？對此，考生可以不理會題幹的內容，只要知道答案選項中曾在教科書出現的南美洲古文明，便可以解答了。因此，我們當初的改革構想並沒有充分達到預期的效果。

但是以參與這次改革計畫為契機，我們都接著支持張元教授在清華大學歷史系舉辦的歷史教育碩士專班，在該專班開了一陣子的課，在那裡我們接觸到了一批對於歷史教育有想法、有理想、充滿熱情的高中歷史教師，也使我瞭解高中歷史教育的實務領域。

關於歷史教育與歷史研究的看法，我們兩人幾乎可以用「英雄所見略同」來形容（當然，我一定不是「英雄」，兩人的意見可能也不只是「略同」，而是「相同」）。首先，我們雖然都強調研究應該求真，但卻也不會天真地認為歷史研究可以簡單地達到「真」，甚至我們還都認為研究者都會有（也應該有）個人的價值觀在作用著。如果用簡易的「貼標籤」方式來說，我們都受到西方馬克思主義（新左派）的影響。只是，他是直接從西方源頭得到滋養，而我則是從日本「戰後歷史學」間接地知道一些皮毛。因此，就教於周教授就會經常是我用來「校正」自己之相關理解的簡便方式。歷史教育上，我們都強調與其給學生已經調製好的（cooked）歷史知識，不如讓學生自己動手製作（making）歷史，至少讓學生知道歷史是被製作出來的，讓學生知道歷史不是像教科書那樣的通史（不是大寫的），它也應該是不只一種的（應該是複數的）。

一九九七年，國民中學一年級加授本土科目「認識臺灣」，分別在社會科當中設計了「認識臺灣 地理篇」、「認識臺灣 歷史篇」、「認識臺灣 社會篇」，杜正勝教授提出「同心圓理論」引起很多討論。我與周教授也一起參加了一個關於歷史教育的座談會，座談會上雖然我們都贊成學生的學習應該「由近及遠」地從具體生活的身旁開始逐步擴展出去，但也希望這個教育改革應該不僅止於加入臺灣的知識，而應該同時帶動歷史教育的改革，即納入上述我們關於歷史教育的想法。不久之後，周教授參與了張元教授所領導的「九五暫綱」之修訂，對歷史教育做了非常大幅度的改革，蒙受保守派很大的壓力。但我則退出了歷史教育的第一線，也認識到自己的主張顯然超前太多，短時間內是無法落實的了。

一九九八年，我與陳板、楊長鎮執行一個由臺灣省政府文化處資助的「大家來寫村史」計畫。這個計畫不再依賴學者、專家，而是由「大家」（只要是有興趣的任何人）來寫與平常人的生活息息相關的「村史」。這個「大家來寫村史」計畫，基本上是在一九八〇至九〇年代臺灣的「社區營造」、「地方文史工作」這種當時關懷鄉土文化、重視環境保護、找尋身分認同這樣的延長線上所推出來的，基本上它是在本土的脈絡所發生出來的一種「社會運動」。如此「製作歷史」的理念，也得到周教授的共鳴。二〇〇四年，周教授在彰化縣翁金珠縣長的邀請下，帶動彰化縣內的一個村史撰寫計畫。同時，周教授也在逢甲大學舉辦了一次「人人都是史家──大眾史學研習會」。會議中，周教授就大眾史學，做了一個提綱挈領的回顧。另外，隔（2005）年初，周教授在《當代》雜誌發表「認識你自己──大家來寫村史與歷史意識的自覺」，對於我上述所推動的計畫及他自己即將推動的彰化縣村史寫作，做了具有國際視野又有本土實踐意義的梳理。這兩篇文章，如今都收入本文集，可以說是臺灣發展大眾史學的歷史性經典文獻。

　　周教授收錄在本文集中的另一組文章，是關於影視史學的。目前一般人的歷史認識應該多數來自兩方面：一為基本教育階段的歷史教育（包括教科書與教師的實際教學）；一為歷史電影、戲劇。甚至，可能後者還來得更為重要。不過，學院歷史學者似乎將歷史電影、戲劇，當成晚近建立學科化時所必須「敬而遠之」的對象。因此雖然不見得對之「不屑一顧」，卻也都傾向於「劃清界線」；如果偶爾及之，也大多採取「挑剔」的態度，指摘其中內容如何地偏離歷史事實。但是，周教授卻正面地面對歷史電影，甚至在大學裡開授「影視史學」的課。本文集收錄的「影視史學、知識基礎與課程主旨之反思」，但在臺灣相對陌生的影視史學領域，做了後來者可以依循的一條新路徑。二〇〇八年我轉到成功大學任教後，便曾為當時的歷史系與臺灣文學系合開了一門「歷史、文學與電影」的課，周教授關於影視史學的這些文章，都成為我首要的參考文獻。

　　這次周教授將他的一些文章收集成書出版，邀我作序。我因而在本文集的文章之引導下，多少回顧了我們認識、交往三十餘年來的幾個片段。這些片段證明了我們兩個真個是「志同道合」的好朋友。本文集中，周教授多次提到學歷史的意義，在於不斷地錘鍊、提升自己的「歷史意識」、「社會意識」、「生命意識」。對於周教授所說的「生命意識」，魯鈍的我未必能真有甚麼深入的體會，因此以上的回顧也就大都著墨於「歷史意識」和「社會意識」。

　　最後還想說一件事。我還清晰地記得一九九一年我們五個參與大學入學考試中心歷史科命題改革計畫的朋友，開著一部車子到各地高中辦說明會時，正值國民黨將要提名總統候選人而有主流、非主流之爭，全國矚目都關切瞬息萬變的時局發展。我與周教授那幾天也跟著心情緊張，因此車子每到高速公路休息站停下來休息時，我們兩個人就私底下急著想去看電視上的最新報導。那時候我們就彼此知道：原來我們是同一國的！

　　是為序。

吳密察

國立故宮博物院院長

序（二）
從克麗歐的轉世投胎到大溪地女人的口傳歷史

第一位將美國史家海登・懷特（Hayden White）首創的英文 historio-photy 翻譯成影視史學，並且在華語圈被廣泛使用，乃至於造就今日各大學歷史學系有影視史學課程的學者，就是本書的作者周樑楷教授。

在臺灣學術圈，將 public history 翻譯成大眾史學，並給予周延定義，且身體力行，積極推廣的先驅者，也是本書的作者周樑楷教授。

本書的每一篇文字都記錄了周教授近三十年來推動、推廣影視史學與大眾史學的真實歷程，即便無法與周教授一起同行的讀者，也可以透過本書完全掌握其精髓。

如果文字的歷史女神克麗歐在華語圈投胎轉世為影視的歷史女神，那麼周教授就是那位催生者；如果有人能施法讓大溪地口述女人從高更的畫作中走出來，成為活生生的歷史見證者、大眾史學的實踐者，那麼周教授就是那位施法者；而這本書則是周教授催生、施法的總集結。

一九九九年六月，周教授在《臺大歷史學報》發表〈影視史學、知識基礎與課程主旨之反思〉，這是一篇史學界具有劃時代意義的重磅巨著，宣告華語圈「影視史學」的誕生，克麗歐正式在臺灣投胎轉世。周教授不僅將 historio-photy 翻譯成影視史學，還清楚賦予該詞彙更豐厚的定義，同時將這門新知識、新課程與新史學理論結合，提出「虛中實」、「實中實」、「實中虛」等文史思辨方法，勾勒出影視史學作為一門新興課程所應該具備的理論基礎與實務操作準則，絕對稱得上是歷史學門的重大事件。

　　周教授這篇文章雖然有如平地一聲雷，敲開一片歷史學門的新興領域，但卻絕不是突如其來的。在此之前，周教授已經發表多篇影視史學的相關論文，亦即收錄在本書第一單元的其他多篇論文，可說是醞釀本文的先期之作，也可以說是先有實務操作，後有理論發展，展現周教授在建構影視史學作為一門專業歷史學科的費心經營與細膩策略。

　　因為定義更加豐厚，靜態的或動態的圖像、符號，也是傳達人們對於過去事實的認知，因此岩畫是人類最早的 YouTube；因為提供了分析影視歷史文本的思維方式或知識理論，因此可以探討任何影視文本的因果關係、敘事史觀、虛實真假，所有的影視分析都有了理論的依據，而這些正是單元一的精華。

　　在這些文章中，尤其讓個人感到驚艷的是〈玻璃與近代西方人文思維〉一文。乍看之下，讀者或許會疑惑玻璃和人文思維有何關係？又為什麼這篇文章會跟影視史學有關係？只有仔細品味，才能瞭解周教授的匠心獨具，慧眼所在；也才會被本文所鋪陳的綿密論證與開展的壯闊視角而震撼。讀者若細心閱讀，肯定會拍案叫絕。

　　二○○三年十一月二十二日，從中興大學退休轉任逢甲大學的周教授，舉辦了「人人都是史家──大眾史學研習會」，收錄在本書中的〈大眾史學的定義和意義〉就是該會的主題演講，這篇文章同樣具有劃時代意義。也就是在這次演講中，周教授有如施加魔法般地讓大溪地口述女人從高更的畫作中走出來，成為活生生的歷史見證者、大眾史學的實踐者，同時也賦予大眾史學明確而周延的定義。由此而展開村史、佛寺史、教會史、自傳、異國深度歷史文化旅遊史等各不同層面的推廣與書寫。周教授既點出專業史家的困境，也指引一條大眾史學書寫的道路，同時也成為推動大眾史學的實踐者，而這也就是單元二的精華所在。

　　就個人的體會而言，影視史學本身就是探討各種靜態、動態的影視文本，其中當然包含電影導演的創作理念與歷史意識，從而可以認定電影導演，乃至

於一切靜態圖像、岩畫等等創作者，就是作為一種大眾史學的實踐者。因此，關注影視史學，很自然就走向關注大眾史學，兩者之間一脈相承，並無任何違和或牴觸，這也是為什麼周教授能夠那麼自然的將影視史學與大眾史學巧妙結合的原因。周教授將二者結合的自然順暢，如行雲流水，恰到好處，可說深深造福學界，也更加開拓了歷史學門發展的各種可能性。

本書第三單元，題為：「歷史文化評論」，就我個人閱讀的理解，這個單元的文章都不是表面的歷史文化評論，而是兼具影視史學與大眾史學的跨域結合，其中文字所展現的面向，或有心靈圖像、或有精神圖像、或有視覺圖像者，從而使這個單元既具有影視史學評論的意義，同時也符合大眾史學的內涵，但又似乎是在極深層的內在文理中，將兩者緊密結合，而形成所謂的「歷史文化評論」，這些評論無論是深度、厚度或廣度，乃至於普及性，都遠遠超越一般的歷史文化評論，因而使得每一篇文章讀起來都帶給讀者一種豁然開朗、眼界大開的感受。

作為周老師的學生輩，非常榮幸比其他讀者更早讀到本書，甚至還受邀撰寫這篇序文，個人深感惶恐不安。與其說這是一篇序文，不如說是個人閱讀之後的一點心得與體會。

二○○二年我準備在當時任教的一所中部的技職院校（中臺科技大學）開設影視史學的課程，擔心所學不足，又因為知道當時任教於中興大學的周教授，正是這門課在臺灣的開山祖師，於是鼓起勇氣給周老師打電話，獲得老師熱情回應，並約定幾天後前往老師府上請益。在前往拜訪周老師之前，有熟識周老師的師長提醒我：老師一向早休息，不要耽擱太晚。我懷著忐忑的心情前去，沒想到當日見面，周老師看了我規劃的課程架構之後，傾囊相授，欲罷不能，即使我不斷提出擔心打擾老師太久的提醒，老師還是非常客氣地留住我，直到超過十一點，才不得不帶著飽滿而豐富的收穫離開，這是我與從未謀面的周老師的第一次見面。不知道當天離開時，老師是否有「『陳』生今去，吾道東矣」的期許？這麼多年來，我也因受教於老師，在學校裡開過多次影視史學

的課，可惜學生不才，恐怕無法真正傳遞老師的學說。現在，呈現在讀者面前的這本書，正是老師在建立影視史學理論與推廣大眾史學經驗的精髓。我個人因為受益最多，非常樂意向讀者推薦本書。是為序。

陳登武

國立臺灣師範大學歷史學系教授

2022 年 02 月 11 日

自序
大衆史學 2.0 向前走

　　這本文集依照內容的性質，分成影視史學、大眾史學和歷史文化評論三個單元。

　　由於這三個專有名詞是由我命名的，所以當初一起步就覺得有責任說明：什麼是「影視史學」？什麼是「大眾史學」？以及什麼又是「歷史文化」及其評論？既然先後分別下了定義，又有基本概念，緊接著反而戰戰兢兢，心想如果缺乏知識理論的根據，這些新名詞便形同口號而已，最後不免淪為泡影。因此必須又進一步在理念與實際個案中不斷辯證，藉著教學和演講的機會，將心得形諸文字，至今才累積編成這本文集。

　　雖然文集含有三大類別，但是影視史學、大眾史學與歷史文化評論的範疇相互重疊，其實沒有必要涇渭分明、硬性地加以切割。例如，〈自由塑像：是小姐，不是女神〉原刊於一九八六年的《當代》雜誌，現在成為這本文集中最早撰寫的一篇。當初寫作的動機，只因為初次探訪紐約的朋友，順道把「自由塑像」（Statue of Liberty）列為景點之一。結果發現現場四周所有的指示標誌，或者稱作「自由塑像」，或者名為「自由小姐」（Miss Liberty），卻唯獨沒有「自由女神」（Goddess of Liberty）之說。這種現象令人起疑，於是不斷追問其中緣故。而後終於得知，原因並非英翻中，語文能力出了差錯，而是中西文化價值觀彼此有落差。百年來，華人接觸西方文化，其實至今尚未瞭解「自由」的真諦和歷史，誤以為「自由」是神授的、天賜的，所以執迷「女神」之說。相反地，自從啟蒙時代以來，西方人認為「自由」必須靠自己打拼，人們流血流汗爭取而來的，所以才以「小姐」為意象。這篇文章列入「歷史文化評論」單元中的首篇，希望人人抬頭舉目看見自由「塑像」右手高舉火把的模

樣，進而將「它」也納入影像視覺的歷史文本，同時這篇文章就理所當然和影視史學有關。除外，自由「小姐」百年來一直矗立在國際港口，「她」的底座設立美國移民博物館，長期展示社會各階層的移民史，所以按理這篇文章也和大眾史學密不可分。

坦白說，一九八〇年代中期以前，我個人對影視史學、大眾史學或歷史文化評論還沒有具體的概念。這三個名詞先後被正式提出來，其實都有各自的機緣，在文集裡已經一一說明，不再贅述。不過這三個名詞的核心理念是一貫互通的，因為有它的趨動，我才能在學習歷史的這條道路上越走越寬廣；同時，這個理念並非個人所獨有，它之所以能不斷開展，其實也反映近幾十年來學術及大時代的動態。

一九八〇年代後期，經常捫心自問：「學歷史的意義是什麼？」八六年的夏日，頓然之間終於給自己一個答案，那就是在於：「歷史意識、社會意識和生命意識的不斷錘煉和昇揚。」這句話筆記下來，長期都當作座右銘。這個時期臺灣剛巧正值解嚴前夕，各方面充滿活力，不過我個人卻又深深感觸臺灣總是被看扁看小，連本地人也心存自卑，因此又提問：「我怎樣可以長大？」這個「我」，不僅指個人自己，同時也包含整體臺灣。後來有一天，豁然開朗，認為臺灣大可以以「氣度恢弘、見識高明」為基調，進而理直氣壯回答說：「我可以長大了！」於是日後寫成〈文化傳統或文化遺產？〉一文，刊登在《當代》之上。緊接著，為了錘煉、昇揚和自我突破，拓展學術思想的「第二春」，因此公開提出影視史學。

記得正式推出影視史學的那一年（1991），臺中市區剛巧開家「八又二分之一非觀點劇場」，店名取自經典名片，相當新潮。老闆王明煌，年僅三十，是位電影癡迷，收藏許多非好萊塢的影片，店中附設咖啡雅座和小型放映室。經過幾次謀面，從此把這個場所當作影視史學的圖書館。而且王明煌好比圖書館裡的主題館員，從不吝於提供有關影視的知識和資料。後來又認識了不少同好，興致來了還在劇場裡舉辦小型演講會。這些經驗讓我嘗試到「走出校園」

（off campus）的滋味。

　　探索影視史學的收穫，莫過於鬆綁學院內理性的枷鎖和擺脫史學的文字中心論，從此寫文章更能自由發揮想像力和創造力。那時候《當代》雜誌發行不久，發刊詞特別以「是當代，也是反當代」為題。這個「反」字，其實一口氣凝聚當時候方興未艾的後現代（Postmodern）思潮，以及六〇年代臺灣曾經缺席的新左派（New Left）運動。《當代》吸引新知識和新觀念蜂擁而入；來自不同領域的作者大多以深入淺出的筆調發表文章，彼此砥礪相互激盪。現在回顧起來，金恆煒和張文翊夫婦主編《當代》，對臺灣學術文化的貢獻想必有一席之地。我的第一篇影視史學的文章，乃至於日後有關大眾史學、歷史文化評論以及歷史教育和課綱改革等作品，也有幸多半刊登在這裡。在眾多新舊朋友中，特別感謝王明煌和金恆煒夫婦，因為以他（她）們為實例，可以說明那段時期臺灣的學術文化活力源源不絕，多半來自校園之外。

　　然而為了加強影視史學的理論，必須不斷充實新知，吸收考古學、人類學、心理學和腦神經科學的見解。到了九〇年代之間，如果從比較穩健保守的態度綜合各領域之說，大概可以確認：智人（Homo sapiens）經由演化，在距今十萬至六萬年前已經「成為有歷史意識的動物」。簡單地說：「人人都有歷史意識。」有了這個理念，好比找到「阿基米德支點」（Archimedean pivot），可以發揮槓桿作用。所以，毅然決然修訂「歷史」的定義，不再以文字之有無來界定「史前史」和「歷史時代」。根據這個道理，講世界史，把起點從距今五千年的「古代四大文明」推向十萬年前「初民的社會和文化」。同時，也把「西洋史學史」的課程改為「傳統西方歷史意識的演變」以及「近代西方歷史意識的演變」。除外，強調歷史教育的目標，不論對象是哪個年齡層，都應該以「培養歷史思維」為第一優先。為了這個理想，進而參與高中歷史課綱的改革；甚至比以前更積極「走出校園」，公開倡導大眾史學。

　　純粹就學理可以說「人人都有歷史意識」，至於實例方面，現在至少有岩畫可供證明：人類早在五萬年前已經使用不同的媒體表述或表徵他（她）們的

歷史意識。不過，假使就社會普及面的角度來說，大概要等到一九六〇年代在新左派人士推動之下，人們才日漸重視社會底層的主體意識以及他（她）們的歷史表述和表徵。值得留意的，這股風潮反而逆向地從校外吹向校園之內，例如美國加州大學於一九七三年開始提倡 "public history"。反觀這段期間，臺灣也興起來自民間的文史工作者、紀錄片導演和鄉土文學作家。尤其到了一九九〇年代，邁向高潮，又有「社區總體營造」和「大家來寫村史」等參與式的文化運動。

例如，培育「村史萌芽」的園丁主要有吳密察和楊長鎮。他們兩位都出自大學歷史系科班；一九九〇年代末期大約僅有四十歲左右。顯然他們也有意「走出校園」，主張學院裡的史家應該和大眾攜手合作，實踐社區史的操作。如今省察他們的心路歷程，幾乎知行合一，都為了落實「人人都有歷史意識」。現在身為故宮博物院院長，吳密察將「友善化、開放化、智慧化和普世化」列為博物院的宗旨。目的在促進「故宮」更親近大眾、及其歷史文物更能展現普世意義與價值。同時，擔任行政院客家文化委員會主任委員的楊長鎮，也不改前志，繼續推展「客庄聚落村史」的寫作計畫案。

也許因為當年口口聲聲逢人就說「人人都有歷史意識」，所以我被推薦給彰化縣文化局，主持正在籌劃中的「大家來寫村史」。藉著這個機緣，首先，統合一九六〇年代以來種種相近的理念和實際成果，提出大眾史學的定義和意義。接著，與各地人士密切來往，鼓勵「大家來寫歷史」，因此將實際心得書寫成篇。

近三十多年來，我一向以湯姆森（Edward P. Thompson, 1924-1993）為典範，尤其從事大眾史學，盡可能效法他的理念和實踐方法。自劍橋大學畢業後，他不斷為反核及國際和平運動奔波；同時，也利用夜間在成人教育授課，主要的對象是勞工。這位國際著名的英國史家在受訪中，回想那段和勞工相處的日子，說出內心的話：

這段期間對我而言，學習了不少有關工業社會的英國，尤其當我教他（她）們（即勞工）的時候，他們也教導了我。

以上我之所以引用湯姆森的這段話，無非是為了說明，多年來臺灣也有不少歷史教授、中學教師以及歷史系畢業生參與大眾史學的實際工作，而且目前都有具體的成果。大家在實踐的過程中，想必也能感同身受湯姆森的心志。假使有意更動他所說的這段話，或許只要把英國改為臺灣；把勞工說成大眾；接著，下半句話再轉換成「當我教大眾的時候，大眾也教導了我」。如此就更加寫實。

正當史學界不斷求證「人成為歷史意識的動物」的時期，學術界另有一批人也從不同取向直指「人的本質」。他們企圖從這個大哉問探索「人類與語言、符號以及資訊的關係」。例如，二十世紀上半葉，卡西勒（Ernst Cassirer, 1874-1945）突顯「人是符號的動物」。而後，麥克魯漢（Herbert Marshall McLuhan, 1911-1980）在一九六〇年代提出「媒體即訊息」的概念。平心而論，他們多半憑著個人的才智和博學而得出鏗鏘有聲的結論。然而到了二十世紀末期，一九九三年網際網路（internet）問世以來，高科技果真無遠弗屆改變歷史，論影響所及，可能勝過任何當今菁英學者。也許深受震撼，二〇〇〇年美國歷史學會主席達恩頓（Robert Darnton, 1939-）在就職演說中表示：「每個世代都是資訊的時代，只不過方式不同」。這話說的不錯，可以呼應麥克魯漢的名言。資訊的確不容小覷。五、六萬年前人類使用語言和符號是一大突破；西元前三五〇〇年左右，發明文字，助長古文明的誕生；日後，活版印刷術又是一項突破，影響至今已有五百多年。近三十年來，數位資訊科技日新月異令人咋舌，現有的和即將帶來的衝擊，難以估計。

毫無疑問地，二〇〇七年智慧型手機（iPhone）問世，顯然又是劃時代的突破。它把資訊、攝影、文字、影像、語音的種種功能內建成為一體，而且幾乎人手一機。這種科技證實智慧化的時代已經來臨；同時，有鑑於此，可以斷

言影視史學和大衆史學又邁前一步，已經彼此統合起來。二〇二〇年年底東海大學歷史學系主辦「HAI 大衆史學工作坊」時，我以「大衆史學 2.0 向前走」為題，表達意見：

1. 數位科技日新月異（如 iPhone、AlphaGo、AI、5G），使得跨文本更可行；同時，也促使前階段的影視史學和大衆史學統合為一。

2. 新知識突飛猛進，助長跨知識更加活絡，因此更能肯定「人人都有歷史意識」以及「人人都有歷史意識的心理要求」。

3. 為了同步配合人工智慧時代的來臨，人文學者應該更上一層樓，重建「形上及歷史的思維」（thinking metaphysically and historically）。這項工作，專業史家和大衆史家都責無旁貸。

4. 新時代的社會網絡，勢必日漸從「階層關係」（hierarchy）轉向彼此對等的「連結關係」（hub）。

5. 新世代應該超前部署大衆史學 3.0。

正在著手編輯這本文集的時候，萬萬料想不到，正逢有人以元宇宙（Metaverse）的新面貌重現數位科技的江湖。雖然元宇宙或數位化虛實相生世界的原初理念未必被獨占，但是不可否認的，卡位者早已放眼未來，深知這個理念的歷史定位。同樣的道理，如今學歷史也不能在學院內一味只往後看。大衆史學如同後照鏡的功能，當掌握方向盤驅車時，必須隨時注視後照鏡，才能瞭解路況，放心踩油門向前走。所以即使今日最新潮的自駕汽車，也都配備數位鏡頭的後照鏡。

這本文集得以順利出版必須感謝許多人，如果分別致意，難免掛一漏萬，在此只好說聲「謝謝大家」。然而編務工作繁瑣，中興大學碩士生張雋軒為此盡心盡責，功勞無限。臺師大歷史學系學生吳怡萱全心投入封面及單元主題頁之設計，為本書增色不少，還有臺師大出版中心金佳儀小姐也細心編務，特此感謝他們。最後，謝謝內子張四德及女兒序樺和序諦。記得從前在家裡看電視或錄影帶，純粹只為了休閒娛樂，有時候獨霸遙控器，難免被污名化說成荒廢

學業。很有趣的是，自從亮出影視史學的旌旗，我居然變成「很用功的人」，而且理直氣壯，可以獨占電視機和錄影機。尤其之後又提倡大眾史學，就更放心，更自由，走讀四方。

周樑楷

國立臺灣師範大學歷史學系兼任教授

2022 年 01 月 30 日

目　次

克麗歐的轉世投胎：

影視史學

Gesta ducum, Regumᶢ canit Parnassia Cleo, Heroum nè tempus edax, nè conterat ætas
Historicis mandatᵍ modis, et fortia facta   Inuidiosa cauet, longumᵍ extentit in Æuum.

轉世投胎的克麗歐如今也有潑辣的一面，而且直接威脅到「書寫的、分析式的專業化歷史文本」。

前頁圖片來源：Clio, Harvard Art Museums/Fogg Museum, Gift of Belinda L. Randall from the collection of John Witt Randall, Photo ©President and Fellows of Harvard College, R2032.
插圖：吳怡萱 Wu, Yi-Shiuan (Emma)

一、岩畫是人類最早的 YouTube 嗎？

尋找學術的第二春

　　談起歷史，人們總習慣說，有「史前史」和「歷史時代」的區分。遠方的不說，就近在我們周邊，臺灣不是有幾座「史前博物館」和「歷史博物館」嗎？「史前時代」和「歷史時代」是種時代的劃分法，只是大家習以為常，方便就好，沒有更進一步反思這種二分法的標準是什麼？說穿了，端看是否有文字的記載。如果確定有了「文字」書寫媒體，這個社會文化才跨入「歷史時代」。

　　基於同樣的邏輯，人們給「歷史」下定義時，八九不離十，不外乎說：歷史是人們對於過去事實的記載。言下之意，記載所指的就是文字。因此，近代史學界講「信史」以及「史學史」，都是從有文字的「歷史時代」說起。例如，中國史學史要不是從《西周書》，就是從《春秋》開始。又如，西洋史學史則從有「歷史之父」之稱的希羅多德（Herodotus, 484-430B.C.）及其《歷史》（*History*）一路講下來。至於史學方法和史學理論的建構，儘管至今各種研究取向及知識論琳瑯滿目，但總是以文字當作最重要的史料，而且以文字表述（representation）為基礎。這些現象可以總稱作「文字中心論」。

　　有段長時間，我個人也是遵循這種學術規範。一九八六年秋天，再度出國。當時想著，論文完成時剛年滿四十，這個年紀不是有所謂的中年危機嗎？這種存在感的焦慮（anxiety）是什麼？個人不敢完全確定。倒是之前早已留意到，近百年來史學界為了追求現代性（modernity），在科學方法及實證思想的洗禮下，標榜真相，去玄去虛。「玄」指自古以來各種不合乎科學方法的形上學（metaphysics）；「虛」當然指虛構（fiction）和謬誤。這種治學心態

如果矯枉過正，反而疏離人文世界中應有的生命情懷和意識，難免失之乾澀（too dry），成為理性的枷鎖。所以為了打預防針，想找個自己向來最陌生、最笨拙的領域，當作學術思想的「第二春」。目的就是拿右腦敲打左腦，促進思維活潑，免得呆滯頑固。這又好比一棵小樹，從底部長出一條新根，穿透到更深更遠的地層，吸取新鮮養料，滋長原有的枝幹。

起初，選中爵士樂。美國是這種音樂的原生地，有機會在那裡生活，耳濡目染，自然容易接近。更重要的原因是，我的論文研究左派史家霍布斯邦（Eric Hobsbawm），是位爵士樂迷。從他的嗜好品味入手，其實也是瞭解學者學術思想的輔助門徑。於是從生疏，漸入狀況，到幾分著迷，以至於能同情瞭解具有抗議精神的樂師。

然而，一九八八年無意中有了轉折。當時報名出席美國歷史學會（American Historical Association）的年會。行程中，搭乘指導教授伊格斯（Georg Iggers）的便車。在開往辛辛那提（Cincinnati, Ohio）的途中，談天說地。伊格斯提到大會開幕式將由五位女史家共同主持，象徵女性主義在史學界的地位。其中之一是普林斯頓大學（Princeton University）任教的達維絲（Natalie Zemon Davis），她擔任過美國歷史學會的會長。幾年前曾參與影片的製作，除了兼任劇情的歷史顧問，而且還粉墨登場軋了一角。得知此事，令人震撼無比，於是一路上總離不開這個話題。到了大飯店，進住房間，伊格斯順手開啟電視，真是天下無巧不成書，螢幕上居然播放沿途中我們所聊的《返鄉第二春》（*The Return of Martin Guerre*）。伊格斯看我興奮不已，當天大會晚宴，我被安排與達維絲同桌。席中我聽的比說的還多，至於餐點的滋味，完全不放在心上。

回水牛城（Buffalo, N.Y.）後，反覆思考爵士樂與影像視覺媒體的問題。雖然已經入門這種具有主體意識及歷史文化背景的樂風。可是又考慮到，錄影機、攝影機和電腦器材日新月異，影像視覺的資訊勢必大量出籠。再說，臺灣已經亦步亦趨，隨著世界的腳步日漸開放，邁向多元化，不斷批判挑戰各種中

心論。正在躊躇猶豫之間，不久，收到最新的《美國歷史評論》（*American Historical Review*, vol. 93, no. 5; Dec. 1988）。翻開一看，整本期刊的論文都在討論影像視覺歷史文本與歷史的關係，連書評（book review）也一一扣緊這個主題。這期專輯顯然事前經過策劃，對《美國歷史評論》來說是空前頭一遭，也是重大突破。經過快速閱讀、審思以後，終於確定了我的選擇。

克麗歐的轉世投胎

隔年，留學告個段落，返回中興大學。由於同仁的贊同和支持，在歷史學系掛牌成立「影視史學專用教室」。除了講授「影視史學」，還公開演講。記得第一次的講題是「克麗歐的轉世投胎：影視史學的來臨」。這一連串的活動念茲在茲，無不為了迎接這門新知識。

以克麗歐（Clio）隱喻影視史學，涉及希臘神話的典故。相傳遠古時代有九位繆司（Muse），分別專長某種技藝。她們的母親名叫 Memory（中文之意即是記憶），是天神宙斯（Zeus）的妻子。克麗歐排行老大，專司歷史，所以後人尊稱她是歷史女神。這段神話從語意來講，十分有趣，蘊含深意。Memory 是 Clio 的母親；引申可以說，「記憶是歷史之母」。

在歐美旅行，最喜歡尋找克麗歐的造型。有圖像的、立體的，形形色色，完全憑藉藝術家的想像。《美國歷史評論》那期專輯之中，也有幅克麗歐的版畫，出自文藝復興時代。畫中的女神眉清目秀，氣質文雅，第一眼看見就衷心喜愛，從此成為圖騰，在我的部落格或書房裡都有她的影像（參見本文圖一）。十九世紀下半葉以前，西方史學名家幾乎都稱得上文字敘事（narrative）的高手（其實中國史家也不遑多讓），按理他們應該崇拜克麗歐的（否認異教的基督教史家可能例外）。

現代史學在歐美初興，新史學標榜科學的或實證的方法，同時認為分析式（analysis）優於敘事的。不過，傳統敘事和現代分析兩派取向之間，彼此齟齬互不相讓。然而，是非之爭，關鍵往往不在孰高孰下，而是形勢比人強。二

十世紀初，贊成傳統敘事的一方日漸處於劣勢。有鑑於此，那位有最後英國惠格史家（Whig historian）之稱的屈維廉（George Macaulay Trevelyan），在一九〇三年發表〈克麗歐——一位繆司〉（Clio, A Muse），撻伐科學和實證派史家的分析式寫作方式。文中他明白表示：「史家的主要技術是敘述的藝術。」又說：「歷史和文學除非相互聯繫起來，否則不能充分理解，更不能充分欣賞。」屈維廉的呼籲，象徵傳統敘事史家最後的吶喊。順著克麗歐之喻，我把這篇文章放進史學史的脈絡裡，進一步判定說，克麗歐這位自古以來專司敘事的歷史女神已經死亡了！

學術界的爭論有時道高一尺，有時卻又魔高一丈。典範（paradigm）之間的消長，很少有絕對的、永遠的贏家。二十世紀七〇年代以來，史學界有兩股機勢浮現。第一，以文字書寫的、敘述的取向似乎又復興了。第二，以影像視覺敘事的歷史文本，似乎開始受到專業史家的青睞。就前一點來說，一九七九年英國史家勞倫斯・史東（Lawrence Stone）發表〈敘事的復興〉（The Revival of Narrative: Reflections on a New Old History）。隔一年，霍布斯邦立即回應，同意敘述的歷史表述有再興的趨勢，不過很難轉敗為勝，全盤取代分析式取向。他認為，兩者之間彼此和平共存，夾敘夾分析的歷史書寫風格比較可行。到了今日二十一世紀的二〇年代，回顧往年，霍布斯邦的預言顯然料中。

就第二點來說。我們不妨重返，當初屈維廉爭論克麗歐生死存亡之際，正巧也是電影（moving pictures）這種全新媒體問世的初期。歷史劇情片（historical drama film）和紀錄片（或譯非劇情片，documentary film）相繼出籠。我再次用這個隱喻說，當克麗歐被史學界宣告死亡之後不久，她又轉世投胎。歷史女神的靈魂從「文字」寄身「影視」媒體，敘事的歷史文化再度活躍大眾日常之中。只是那個時代的學院派史家無法正視克麗歐的新面貌。

到了七〇年代，漸有學院裡的史家，例如法國的馬克・費侯（Marc Ferro）開始注目「影視的且敘述式的歷史文本」，而且主動研討這類型的歷史文

化。達維絲生活於美加地區，主修近現代時期法國的社會和文化史，也許因此機會，能與法國年鑑史家（Annales historians）互通訊息，到了八〇年代也投入克麗歐的懷抱。不久，專業史家逐漸認得「吾家有女初長成」，而且亭亭玉立。

　　現代學術界任何新知識或新領域的開展，一定要以知識論為基礎，建構一套理論及其方法，否則行之不遠，很快就會崩盤。有鑑於此，為了不能眼看著影視史學被當作「教室就是電影院」的藉口，以至於淪為聲光化電，淺薄庸俗的化身。所以，先以《返鄉第二春》和《誰殺了甘迺迪》（JFK）這兩部影片為對象，撰寫影視史學的第一篇文章〈銀幕中的歷史因果關係〉。從第一個層次來說，本文嘗試比較兩部影片怎樣處理歷史因果關係？它們的說服力有什麼異同？進而從第二個層次，就史學理論思考「影像視覺表述的歷史文本」和以「文字書寫的歷史文本」之間怎麼互通？怎樣整合重構成一套嶄新的史學理論和方法論？而又能涵蓋各種表述（或表徵）的媒體？由於茲事體大，個人能力有限，只能步步為營，不可急躁。從此撰寫每篇文章，只鎖定一個議題為要。很有趣的是，有時候是先有問題意識再尋找影像文本的材料，有時候卻是因有了材料才決定主題。例如，因為觀賞《辛德勒的名單》（Schindler's List），發現導演有意把玩「紅、白、黑」三種顏色，所以我看中這部影片，有意挑戰自己的能耐，決心寫篇「色彩」怎樣影響歷史敘事？

　　這本文集中有關影視史學的單元大概就在這種前提下，長期慢慢累積起來。然而儘管每篇文章都各有主題，但總記得美國史家羅森史東（Robert A. Rosenstone）說：「我們不可能單獨只憑『書寫歷史』的標準來評論『影視歷史』，因為每種媒體都必然各有各的虛構成分。」他是對的。然而為了超越「書寫歷史」和「影視歷史」，能有更高層次的史學理論，我一再琢磨，努力修訂〈從「虛中實」到「實中實」〉的史譜（參見本文集附錄 I）。

深入岩畫奧妙意境

在一九八八年這一期的《美國歷史評論》裡，懷特（Hayden White）有篇很有意義的文章。篇名中他用兩個名詞："historiography" 和 "historiophoty"，相互對比。前者一般學者都認得。"historiography" 最初在中文世界，譯成「歷史編纂法」。這個譯名很容易誤導，偏向史料的考證、整理和編寫。這也許因二十世紀初期，有些人堅信「史學就是史料學」之故吧？其實這個名詞和 "geography" 相同，指的是種學問及知識。所以，"geography" 譯成地理學，"historiography" 理所當然就是歷史學，或簡稱史學。另外，值得留意的，英文字尾 "-graphy"，泛指書寫、記錄或描繪。例如，傳記是 "biography"，反之屬於科學方法的生物學是 "biology"。傳統史學向來以敘事為主，"historiography" 指稱傳統史學。的確十分貼切。到了現代，史學沿用這個名詞固無不可，不過，有些挑剔的史家強調史學的科學性及分析性，寧可改用 "historical studies" 或 "historical science"。

懷特在本篇論文中使用 "historiography"，並非泛指所有的史學。他反而復古，以這個名詞的原意特稱文字書寫的歷史。目的非常清楚，因為他為了創造 "historiophoty" 這個名詞，必須先拿文字書寫的歷史為對比。"photo" 在古希臘文裡指「光」（light）。延伸之意可以指稱與影像視覺相關的事物。懷特把「歷史」和「影像視覺」連結一起，指稱學術上的新領域及新觀念，確實值得推崇，〈書寫歷史和影視史學〉一文因此有中譯。

按照懷特的說法，"historiophoty" 是指「以視覺影像和影片的論述，傳達歷史及我們對歷史的見解。」這個定義的涵意清晰，應該可以接受。不過這個名詞一直無法普及化，可能因為有些西方學者嫌它拗口，不好發音。我個人比較在意的是，定義中原文使用 "film"，似乎自囿於「底片」而已。顯然懷特當年還來不及預料網際網路（internet）和數位化時代即將來臨。因此我把他的概念擴大，並且重新定義。所謂的「影視史學」指：

1. 以各種靜態的或動態的圖像符號，表達人們對於過去事實的認知。

2. 探討分析各種影像視覺歷史文本的思維方法或知識理論。

有了新界說，可以開展我們的視野，注意到各種圖像（icon）和語音一樣，自遠古以來一直承載人們傳達資訊及記憶的功能。根據《自然》（Nature）雜誌（564 期，2018.12，頁 254-257）報導，近期考古學者在印尼婆羅洲（Borneo）發現岩畫，距今有五萬年之久，早於世界各地已知的岩畫。除了有栩栩如生的豬，也有初民的集體手印。可見岩畫的內涵豐富，並不遜於結繩或刻木，而且在時間上遠比文字更久遠。

岩畫是什麼？岩畫在初民文化裡有什麼意義？的確是個難以回答的問題。然而，岩畫卻一直令人著迷。我個人不敢肯定地說「什麼是岩畫」，但勉強只能說「它是我們所有智人（Homo sapiens）的文化母體（cultural matrix）」。現代任何人應該都可以從他的專業本行找到與這個「文化母體」的連結。我個人比較留意的是，怎樣可以從岩畫找到先民的歷史意識？

二〇一〇年曾到內蒙古巴彥淖爾市參加河套文化研討會。會中從投影片看到全世界許多地方的岩畫，令人咋舌讚嘆不已。之後所有與會成員搭車北上，深入陰山的山溝（即山谷），觀賞露天岩壁上的岩畫（或稱岩刻）。當面對山頂上一對大型人頭畫像，大家憑藉想像議論紛紛，各說各話，反正沒有標準答案（參見本文圖二、圖三）。

二〇一一年七月間臺北電影節中放映荷索（Werner Herzog）的紀錄片《秘境夢遊》（Cave of Forgotten Dreams）。他是鼎鼎大名的德國導演，影片內容是法國肖維（Chauvet）的岩畫，再加上紀錄片採用剛問世的 3D 拍攝（參見網址：https://movies.yahoo.com.tw/movieinfo_main.html/id=4221）。三種特色組合在一起難得一見，當然必須專程到臺北電影院，才能親自體驗。荷索處身岩畫及岩洞之中，一度要求所有工作人員完全靜默下來，細聽自己怦怦心跳的聲音。此景此刻，連我自己都如同胎兒又回到母體一般。可見傑出的導

演和史家一樣，都能引領人們神入（empathy）歷史的情境。

二○一四年九月間，幾位朋友邀約偕同到法國西南地區旅遊。行程中走訪佩里戈爾（Périgord）地區的兩個岩洞。首先搭電車，深入魯菲尼亞克（Rouffignac），看見長毛象、山羊和犀牛等動物。假使以表述的方法分類，有些是用黑色線條勾勒的岩畫，有些是用利器刮削的岩刻。但不管如何，線條都簡潔有力，整體造型也生動大器（參見網址：http://www.grottederouffig-nac.fr/index.php/fr/）。而後我們又輾轉到拉斯高（Lascaux）。這個岩洞備受官方保護，沒有開放。人們只能在洞口的展覽空間，淺嚐複製品的風味。還好，事後可以從畫冊及網路反覆觀賞這些距今有三萬多年的岩畫（參見網址：https://archeologie.culture.fr/lascaux/en）。

岩畫對史學的啟示

肖維的岩畫最能表現動態，有人說這是「會動的藝術」。畫中有牛群彈腿飛躍。有乍看數個馬頭並列的圖像，仔細閱讀解說，這種繪圖技巧好比連環圖畫一樣，可以從靜態顯現奔馳中的動態感。從這些畫面可以證實先民已有「變動／變遷的意識」（the sense of change）。如果我們多點聯想，先民選擇一起深入伸手不見五指的岩洞裡，點燃油燈，繪製充滿生氣活力的動物。此時此境，洞內萬靈感應交流，有人說這是原始的信仰活動。

在河套文化研討會中，我以岩畫為主題，討論史學史及歷史意識發展的意義。首先，就心理動機而言，岩畫出自於人類的原始衝動。我們常看見幼童喜歡在牆上塗鴉，大人們到風景區隨手刻幾個字或幾個圖案，表示到此一遊，六○年代美國叛逆的年輕世代在紐約地鐵的 graffiti，這些幾乎都源自同樣的心理作用。但是，岩畫遠比塗鴉更複雜，岩畫可能含有更深一層的心理因素。按現代心理學者的說法，人們自從出生後，立即面臨生命本體「生」與「死」的潛在「焦慮」（anxiety）。因此迫使人們需要從各種超自然的力量解釋宇宙天地及人類社會的現象。於是生殖崇拜、太陽神及祖靈等等成為他們「想像共同

體」信仰的對象，同時以岩畫表述或表徵。這些「會動」的牛、羊、馬等圖像，不管寫實的或表意的，都不是單純圖像的「記錄」，而是「生命共同體」集體生活的「記憶」及「歷史意識」。尤其我注意到，岩畫所呈現的幾乎都是「生」的和「活」的，沒有死亡的現象。這或許因為先民重視「生生不息」甚於一切。這種生命意識可以拿「古代的維納斯」（ancient Venus）的雕像作為輔證。（參見網址：https://commons.wikimedia.org/wiki/File:Venus_of_Willendorf_frontview_retouched_2.jpg）反之，到了古文明形成的時代，也是「文字」被創造的時候，社會財富及權力集中在少數人手中時，這些享有特權的階級反而重視「來生」（after life）或死後之事，所以大量的圖像和文物都隨著進入墓葬。

其次，從岩畫探討先民的思維方法是極有意義的課題。近代藝術家和光學家把顏色歸為藍、黃、紅三種「原色」，舉凡天地之內各種色彩無不從三種「原色」調配而成。個人淺見，人類也有三種「思維原型」，那就是：「感應關係的思維」；「辯證關係的思維」；「單一的、時序的、機械式的因果關係的思維」。自古以來，人們的思維之所以不同，或者每個文化的思維取向之所以各有特色，都和這三種思維方法的運用調配有關，其中道理好比畫家怎樣調配三種「原色」一樣。我們不妨留意，近五百年來當齒輪在西方被大量應用時，正是古騰堡（Johannes Gutenberg）印刷機問世，也是科學革命啟動之初，這個時期上述第三種的「思維原型」（即「單一的、時序的、機械式的因果關係的思維」）被發揮運用的比例越來越多。兩百年來當史學現代性形成時，專業史學的歷史意識其實就是追隨這種思潮，強調「因果關係式」的思維。反之，「感應關係」及「辯證關係」的思維相對地被淡化，被邊緣化。

在此我無意為哪一種思維方法辯護。但想提醒人們注意，復興影像視覺的表述必然會增強「感應關係」或「辯證關係」的思維，這與腦神經系統運用之多寡有關。當大量數位化圖像在二十一世紀被製造以及傳播時，人類的思維取向可能已經在進行寧靜的革命。加拿大學者麥克魯漢（Herbert Marshall Mc-

Luhan）有預言在先。他把媒體（media）的定義擴大，舉凡自古以來所有被應用的或發明的器物都屬於媒體，連無形的燈光也都包括在內。我們可以從他的理論推測，二十一世紀數位化高科技所生產的大量圖像勢必改變人們的思維方法。二〇〇七年蘋果智慧手機（iPhone）把許多數位化功能，包括攝影和錄影，通通統合收納在一起，而且人手一機。它不僅深入影響日常生活，而且也改變人們的心理和思維。這是新生代與長輩之所以有代溝的最大原因。然而，許多人可能還沒有意識到，二〇〇七年是世界史上非常有象徵意義的一年。

臺灣年輕世代常說他們大多憑著 "fu"（即感覺）。其實，"fu" 屬於「感應關係」的思維。年輕世代和婆羅洲、肖維、拉斯高岩洞初民已經天差地別。年輕人心中也許不再相信鬼神，也許重視情慾勝於生育。但是他們反而更能回歸原點，與岩畫時代的初民接近，都偏重影像視覺及感應關係的思維。在此，暫且不論年輕世代的是非，只要我們古今連線，進一步反思，試問：岩畫是人類最早的紀錄片嗎？岩畫是最早的 YouTube 嗎？

第三，擺脫「文字中心論」以及重視影視史學這門新知識，不僅探討史學史或史學思想可以往前跨越周公、孔子和希羅多德這條時代界線，上溯到至少五萬年前初民岩畫的時代，而且從此可以刪除「史前史」這個術語，不再有類似「臺灣四百年史」這些概念。如果有人堅持不放棄舊有的時代二分法，那麼或許建議頂多只能說，在初民岩畫之前是「無可稽考或無法記憶的時段」（time immemorial），而岩畫之後是「尚可稽考或有記憶的時段」（time memorial）。

本文對影視史學的討論非常有限，然而拋磚引玉，希望更多人有志一同，從初民岩畫以來種種影像視覺歷史文本，一步一腳印，不斷驗證「影視史學」的理念，進而和「書寫史學」會通，重新思考「歷史意識是什麼？」、「『史學史』或『歷史意識的演變』課程應該怎麼講？」、「史學理論應該怎麼重構？」以上是岩畫給我們的啟示！

本文改寫自周樑楷，〈岩畫在歷史學及歷史意識發展中的意義〉，發表於河套文化研討會（中國，巴彥淖爾市，2010）。

▲圖一　克麗歐，文藝復興時代的版畫
（圖片來源：Clio, Harvard Art Museums/
Fogg Museum, Gift of Belinda L. Randall
from the collection of John Witt Randall,
Photo ©President and Fellows of Harvard
College, R2032.）

▲圖二　陰山的岩刻（作者拍攝）

▲圖三　作者本人攝於陰山

二、影視史學、知識基礎與課程主旨之反思

影視史學：新知識和新課程的緣起

在中文裡，一般人提起「影視」的時候，會立刻想到電影和電視；所以，當聽到「影視史學」這個名詞，也就自然聯想到有關歷史與電影、電視間的問題，這種想法大致是對的。西元一九八八年美國史家懷特（Hayden White）在《美國歷史評論》（*American Historical Review*）首創"historiophoty"時，他所說的定義即是：「以視覺的影像和影片的論述，傳達歷史及我們對歷史的見解。」[1]不過，面對這個新名詞的時候，筆者卻立刻思索幾個問題：

1. 攝影照相技術是於十九世紀中葉發明，而電影則於一八九五年正式播映。當這兩種新式媒體問世不久，便有人利用它們來傳達和論述歷史。然而，將近一百年後，才有"historiophoty"這個新名詞的出現。

2. 在懷特創造新名詞之前，其實已有不少專業史家參與歷史影片的製作，[2]應用媒體從事歷史教學，[3]或結合影片和歷史，發展出一種新的歷史研究取向。例如，屬於法國年鑑學派（Annales School）的馬克・費侯（Marc Ferro），在一九六〇年代，便將電影當作重要的史料看，

1　Hayden White, "Historiography and Historiophoty," *The American Historical Review*, vol. 93, no.5 (Dec. 1988), p. 1193.

2　例如美國史家 Natelie Zemon Davis 參與製作影片 *The Return of Martin Guerre*。她本人對此影片也提出評論，參見 Davis, *The Return of Martin Guerre* (Cambridge, Mass.: Harvard University Press, 1983).

3　參見 Paul Smith ed., *The Historian and Film* (London: Cambridge University Press, 1976).

拿來與其他不同類型的史料相互對照考證。他說：「在分析一部影片時，我們很難收集到必備的所有資料，況且，有時對單一影片進行分析工作未必是有效可行的。但是，不可否認的是：有些影片的確值得與其他不同類型的知識互相對照。」[4]費侯在六〇及七〇年代的確下了不少功夫，研究有關電影與歷史的問題，他所出版的《電影與歷史》（*Cinéma et* Historie），除了直接探討某些實際的影片之外，更深入思辨有關方法論和知識論的問題。[5]可見早在懷特之前，已有專業史家有意建構電影與歷史之間的知識理論。

3. 懷特新創的 "historiophoty"，使得一種新觀念得以簡潔明確的表達出來，達到修辭上的效用，這是他的貢獻，值得推崇的。然而，這個名詞如何翻譯成中文呢？起初，筆者想到以「影視歷史」對應，因為它是只用電影和電視來呈現歷史。不過，在中文裡「影視歷史」很容易被誤解成「電影史」或「電視史」，而有失原意。後來，改譯為「影視史學」，以「史學」這個名詞強調 "historiophoty" 是門學問，它也有（或應有）自己的史學理論基礎。然而，「影視史學」這個中文新名詞所含的定義和懷特所指的有所不同。筆者故意將「影視」的範疇擴大，說成「影像視覺」，指凡是任何圖像符號，不論靜態的或動態的，都屬於這個範圍，所以「影視史學」的定義指：(1)「以靜態的或動態的圖像、符號，傳達人們對於過去事實的認知」；(2)「探討分析影視歷史文本的思維方式或知識理論。」換句話說，當初筆者不僅中譯 "historiophoty" 為「影視史學」，而且也將它的含意轉化了。所以，有人可能責備筆者「扭曲」了懷特的本意，但這幾年來筆者的確

---

4 馬克‧費侯（Marc Ferro），《電影與歷史》，張淑娃譯（臺北：麥田出版社，1988），頁113。按本書法文第一版於1977年印行。

5 參考同上書。

以個人的觀念來使用這個新名詞。於是，一方面撰寫文章，一步一步地，想提升「影視史學」成為一門學術界肯定的學問；另方面，藉著講授「影視史學」這門課程，希望能為歷史教育挹注一點點新血。

中興大學歷史學系於一九九〇年五月正式成立「影視史學專用教室」，並且在一年後（即八十學年度）開始講授「影視史學」課程。關於「影視史學專用教室」的設立，當然要有獨立專用的空間和基本的硬體設備。它除了提供「影視史學」使用，也開放給其他課程，以影視媒體輔助歷史教學。這個空間，表面上看起來，與各級學校現有的視聽教室似乎沒有任何的差別，不過，筆者一開始規劃時，就以「影視史學專用教室」命名，動機不外乎強調這是個專屬的「論述空間」，用來提供師生們討論影視圖像、媒體與歷史的關係。這個空間可以是個視聽教室，但它更應該洋溢著史學的論述；或者保留一點來說，這個空間即使為了視聽器材輔助歷史教學，至少也應該有人討論媒體與歷史教學的種種問題。基於這個緣故，筆者與一九九二年二月參加了由中國歷史學會和政治大學歷史學系共同主辦的「中華民國大學院校中國歷史教學研討會」，並發表論文，題目是：〈以影視輔助中國史教學〉。[6]

至於「影視史學」課程，因屬於草創，從課程主旨（即教學目標）、課程大綱，到影片教材的選擇等事項，都大費周章，需要細心準備。一九九二年六月，政治大學歷史學系主辦「歷史學系課程教學研討會」。筆者以〈影視史學：課程的主題、內容與教材〉為題，發表文章，正式向史學界表明這門新課的教學目標和方法，藉此請求提供寶貴的意見。[7]這幾年來，筆者一直講授這門課程，而且不斷修訂教學綱要和更換所放映的影片，目的都是為了建構這門學問

6　周樑楷，〈以影視輔助中國史教學〉，王壽南、張哲郎主編，《中國歷史教學研討會論文集》（臺北：中國歷史學會、政治大學歷史學系，1992），頁189-203。

7　周樑楷，〈影視史學：課程的主題、內容與教材〉，張哲郎主編，《歷史學系課程教學研討會論文集》（臺北：政治大學歷史學系，1993），頁149-162。

的知識理論基礎和改進這門課程的教學。回顧這段歷程，大約在四年前，有個重要的調整，那就是：1.使原有的課程主旨更明確、更完整；2.每學年度訂定一個具體的主題，例如「人物」、「戰爭」，貫穿各講，配合課程主旨，雖然筆者覺得近四年的授課和探討，在教學相長之下略有心得，但是距離滿意成熟的階段仍非常遙遠。因此有意藉著本文反思「影視史學」這門學問的知識理論基礎以及這門課程的教學主旨和內容，這兩者之間為了敘述方便，必須分別討論，不過，它們實際上卻互為表裡，息息相關。

影視歷史文化的變遷

「影視史學」的課程主旨，從第一年起就設定為探討史學的知識理論。當初，在課程大綱裡所列的課程主旨共有兩項：

第一，說明影視媒體對於二十世紀的歷史文化（historical culture）有何影響，並進而分析近百年來民間大眾文化中的歷史意識。

第二，探討專業史家積極投入影視史學以後，對於書寫史學有何衝擊，並進而討論史學思想及史學方法論可能會如何發展。

經過了四個學年以後，這門課程的主旨調整為三項：

第一，認識影視歷史文化的變遷。

第二，探討影視與當代人文思維的關係。

第三，建構影視與新史學的理論和實際。

上述這兩種課程主旨，除了越來越講求簡明和完整外，其實基本目標是一致的。這門課程首先要解人疑竇的是：歷史文本是什麼？歷史文化的定義又是什麼？（參見本文附錄一和附錄二）

就西方的學術傳統來說，「歷史」到了十九世紀才真正成為「專業化」（professionalized）的學問。這個時期各大學才紛紛設立歷史系，成為專門的學術機構（institution），依照應有的學術訓練或規定（discipline）培養人才，

使他們能獨立研究「歷史」，或從事歷史教育。[8]以通俗的話來說，從十九世紀起「歷史」才晉升學術之林，有資格成為一門知識，同時要合乎這門學問的行規，才能在學術社群內受到肯定而成為專業史家（professional historian）。毫無疑問地，這種趨勢造就了近百年來「歷史」的發展，使得「歷史」在大學院校裡擁有一席之地，成為一個科系。然而，當專業史家對自己的學術社群要求更為嚴謹、更多行規的時候，連帶著也產生排外的心理，而以「另類」或「他者」（others）的眼光來對待「非我族類」。所以，自古以來雖然有希羅多德（Herodotus）、修昔的底斯（Thucydides）、波利比阿斯（Polybius）……公認的著名史家，但他們的研究取向、書寫方式和社會角色都和專業史家大異其趣，這些傳統作者的成就即使仍受專業史家肯定，卻被歸類為「業餘史家」（amateur historian）。此外，許多問題如：史實、歷史劇、歷史小說等，雖然也在描述過去人們活動的事蹟，但是，它們被視為文學，不可以和專業的「歷史」混為一談。可見，在專業史家的眼光裡，近代的、專業的「歷史文本」只能有一種，至於其他的都是「另類」。

　　一九六○年代，西方社會面臨極為急劇的變遷，各種激進的思想和社會運動此起彼落，許多「少數人的」群體力爭應有的權利，因此，學術界日漸重視他們的存在，探討他們的文化現象。大致而言，六○年代以來人們對文化史的研究有四種新方向：1.現今的學者多半不再把「文化、思想」與「經濟、社會」對立分開，相反地，他們把這兩者之間當作隨時並生、不斷互動的現象；2.現今的學者多半不再把文化當作純粹抽象的理念，相反地，他們肯定文化思想和權力之間有密不可分的關係；3.現今的學者越來越重視底層社會以及大眾文化，其中有些甚至進而強調社會低層的自主性對整社會的影響力；4.現今的學

8　Georg Iggers, *New Directions in European Historiography*, revised edition (Middletown, Conn.: Wesleyan University Press, 1984), pp. 25-26.

者多半駁斥各種類型的文化中心論，所以提倡多元的思維論述。[9]由於這些新
觀念的出現，專業史家日漸變得比較開放，能接納新的事物。於是，「歷史文
本」不再拘於一格，而是多樣多變的。例如：以口語傳達的口述歷史（oral
history）不僅可以當作史料處理，而且它本身就是一種「歷史」了。同樣的道
理，以影響視覺呈現的歷史也值得肯定和研究。筆者曾經為「歷史」下定義，
認為：「歷史」除了指「過去的事實本身」之外，還指「人們對於過去事實的
認知和傳達的成果」。[10]假使這個定義能被接受的話，那麼其中所謂「傳達的
成果」便是「歷史文本」，它可以是書寫的、口語的，當然也可以是圖像的
（或影像視覺的）。

　　六〇年代以來，凡是以上述新文化史研究的四種方向來處理「歷史文
本」，就是所謂的「歷史文化」之研究。在中文裡，「歷史文化」這個名詞經
常在報刊雜誌上出現，人們使用得很廣泛，但涵意不清，甚至還互相矛盾。為
了解決這個困惑，筆者也嘗試為它下定義：

> 這裡是指文化現象中所呈現的歷史人物、事件、數字、情境以及歷史觀
> 點；這些文化現象的「作者」，可能是菁英分子，也可能是普通的老百
> 姓；至於他們的觀點，可能是有意識的論述，但也能是無意中的自然流
> 露。更重要的是，歷史文化經常被利用，且與現實產生辯證的關係，而
> 在日常生活中，藉由各種符號與媒體傳達出來，除了文字以外，圖像、
> 口語、聲音、實物、影視……裡，往往也蘊含豐富。[11]

有了「歷史文化」的定義之後，緊接著有關「影視歷史文化」的涵意就可以比

9　周樑楷，〈世界文化史教學的新趨向〉，錄於《歷史學科教育之趨勢》（臺北：教育部人文及
　　社會學科教育指導委員會，1988），頁 115-120。

10　周樑楷，《歷史學的思維》（臺北：正中書局，1993），頁 12。

11　周樑楷，〈歷史數字的現實意識〉，《當代》，104 期（1994.12），頁 125。

較明確了。它指的是以任何影響、視覺符號中所呈現過去的事實，其成果（或成品）例如有遠在上古時期的岩畫、有歷代以來的靜態歷史圖像，以及近代的攝影、電影、電視和數位化多媒體都算在內。不過，這些成果的「作者」之中，有些企圖告訴閱聽者，他說描述的歷史都是真實的或正典的；有些並不在意歷史的真偽，但只在利用歷史，以達到某種現實的目的，當然他們的動機不是為了欺騙，除非閱聽者自己缺乏判斷力，信以為真。

影視史學這門課程按照課程大綱的規劃，第二講第一節〈傳統歷史圖像的敘述〉，便是從「歷史」、「歷史文本」、「歷史文化」，談到「影視歷史文化」。其目的是為了說明：除了文字書寫以外，其實影視歷史文本源遠流長，而且在不同時代裡以不同的形式呈現出來。舉例來說，在法國諾曼第（Normandy）的拜約（Bayeux）城裡，有座專門展示拜約的繡錦畫（Bayeux Tapestry）的博物館。館中典藏一幅長達 231 呎，寬 20 呎的刺繡敘事圖畫。內容是有關西元一〇六六年威廉公爵（Duke of William）征服英格蘭以及稱王的經過情形。[12]這幅長卷圖像不僅人物、兵馬、戰艦栩栩如生，而且情節扣人心弦。不過，在影視史學的課堂裡，筆者喜歡強調：1.這幅歷史圖像的主其事者是威廉公爵的胞弟，同時也是拜約的紅衣大主教。他在一〇六六年的哈斯汀戰役（Battle of Hastings）之後十一年，便立刻著手記錄這段有關王位爭奪的戰爭。換句話說，這件歷史文本是「勝者為王」的一方「編織」出來的。2.這件歷史文本一開始先描述愛德華國王（King Edward the Confessor）率領一批人馬，乘船橫越海峽，到諾曼第拜訪威廉公爵。這段故事「看」起來似乎只是陳述事實，然而卻有意「顯示」愛德華國王的訪問就是為了傳位給威廉公爵。換句話說，這場王位爭奪戰爭，威廉公爵具有合法性，並非權威的掠奪者。由此可見，影視歷史文本中也有歷史解釋（historical interpretation），只是它所

---

12 Kenneth M. Setton, "The Norman Conquest," *National Geographic*, vol. 130, no. 2 (Aug. 1966), p. 208.

呈現的方式不同於文字書寫的史書而已。3.觀看這幅繡錦畫以及古代的長卷歷史圖像時，往往圖畫文本固定不動，而人們往前走動；簡單地說是「圖不動而人動」。

在分析傳統各式各樣的歷史圖像之後，「影視史學」因授課時數有限，只能集中討論電影以及電影的歷史文化。講解這門課，首先得聲明它不是電影史，雖然課程內容免不了與電影史有關。其次，這門課強調任何歷史文本都必然與當下的歷史背景有關，因此忽略歷史背景很難充分討論影視歷史文化。換句話說，影視史學儘管重視歷史文本，但應避免偏激，走入文本主義（textu-alism）的窄巷裡。這門課先分析第二次世界大戰前西方工業資本社會的歷史文化，以及右派和左派兩種極權政治體制下的歷史文化，目的是為了說明政治社會結構與文化思想之間的關係。筆者且以二十世紀西方史學史為例，論證文字書寫的歷史文本也必然與現實政治社會結構互相關聯。接著，這門課順著時代先後，以「四〇及五〇年代」、「六〇及七〇年代」以及「八〇年代以來」為單位，討論各時期西方歷史文化的特色和變遷過程。具體地說，在大戰剛結束之後的四〇及五〇年代，曾有義大利的寫實主義以具批判性的鏡頭捕捉戰火的浩劫、獨裁者的泯滅人性和苦難的眾生。但戰後英美的快速發展，資本社會的優勢再起，以至於「西方中心論」和「英雄、個人崇拜的心理」高漲，保守主義的歷史文化充分流露在銀幕上。到了六〇及七〇年代，因各種社會運動和左派勢力興起，所以新左派的歷史論述成為影視和書寫的歷史文本之潮流。至於八〇年代以來，左派思想不若以前激昂澎湃，新保守主義興起，影視歷史文化不僅適時反映了時代趨向，其實大眾化的影視歷史文本也能推波助瀾，促成新保守主義的普及。

除了西方世界之外，第三世界以及臺灣本土的影視歷史文化也不容忽視。第三世界涵蓋的範圍包括亞洲、非洲和拉丁美洲各地，彼此之間文化和社會環境異質性高，很難一概而論；同時，因為考慮授課時間，所以只能以後殖民論述為主題，以紀錄片為媒介作為討論對象。至於臺灣的影視歷史文化，筆者曾

經撰寫〈臺灣影視文化的歷史意識，1945-1979：以《源》為主要分析對象〉，這篇文章可提供學生參考。[13]除外，授課時間集中討論八〇年代以來，包括「新電影」在內的種種問題。

總而言之，這門課程的目標之一，是希望學生對長期以來影視歷史文化的變遷能有基本的認識。不過，要如何掌握圖像語言，深入文本中的歷史思維也是另一項重要課題。

影視與當代人文思維的關係

由於專業史學的規範，現代史家最在意歷史的真實性，因此面對影視歷史文本的時候，他們首先不免質疑圖像的描述可能不夠真實，無法與文字的、分析的文本同列為「歷史」的殿堂；其次，即使他們勉強同意接納這類的文本，但緊接著最困惑的是，應該如何評析它們呢？如果影視史學未能建立基本的評論方法，勢必不配稱為學問，沒有資格與書寫史學（historiography）並列，同等受人重視。

專業史家的質疑其實也是歷史系學生所關心的問題。當他們走入「影視史學專用教室」，聲光影像固然迷人，但總會問：「這是歷史嗎？」、「如何評論它們？」回答這些似乎很簡單的問題，其實已經牽連知識論的層次，並且涉及影視與當代人文思維的關係。

影視歷史文本如果特指影片（film）媒體的話，通常可分為兩大類：一是紀錄片（documentary film），另一是歷史劇情片（historical-drama film）。紀錄片這個名詞，不管中文或外文，都很容易讓人誤解它是純粹紀實的。但是這個名詞一般人早已朗朗上口，難以更改。嚴格地說，純粹紀實的紀錄片僅止

---

13 周樑楷，〈臺灣影視文化的歷史意識，1945-1979：以《源》為主要分析對象〉，臺北金馬獎影展執行委員會編，錄於《1997年臺北金馬影展國片專題影展節目特刊》（臺北：臺北金馬影展執行委員會，1997），頁18-24。

於理想，實際上任何鏡頭都有角度，也都有個人的主觀選擇。不過，我們可以以「純粹紀實」為光譜的一端，另一端指「含濃厚主觀論述」的紀錄片。在這條光譜中，紀錄片的論述因強弱不一，形形色色。英國史家馬衛克（Arthur Marwick）曾經將紀錄片分成四大類。[14]這種說法值得參考，但我們大可不必執著紀錄片有幾類，而應懂得分辨影片中論述的強弱和「作者」的立場何在。紀錄片本身也是一種歷史文本，與歷史劇情片一樣都有論述觀點。基於這個理由，評論紀錄片和歷史劇情片應該有共同的標準。

　　通常評論影視歷史文本是，往往拿它與「已知的、文字書寫的歷史文本」相互比對，如果發現落差，極可能就是前者的謬誤，而且如果偏差越多，就越不可能歸屬於歷史文本，甚至於遭到鄙視。例如，由卡爾尼斯（Mark C. Carnes）主編的《幻影與真實》（*Past Imperfect: History According to the Movies*），其中多半評論文章都採這種角度。卡爾尼斯本人也說：

> 好的歷史家會從這一團混亂跟模糊中，剝離出有意義的部分，再加以適當地組合。但是，電影呢？卻是一道戲劇之流，潺潺而過，不得不把現實生活的複雜性大刪大減。[15]

又如，專攻英國中古史和文藝復興史的卡羅·列問（Carole Levin），對於最近在院線上映的《伊莉莎白》（Elizabeth）深表不滿，認為這部影片大量違背史實，對於歷史而言是種暴力，「這部歷史劇，既非歷史的，也不是戲劇的。」[16]
　　類似上述的評論完全以專業史家的立場看待歷史文本，它的優點在於指出

14　Arthur Marwick, "Film in University Teaching," in *The Historian and Film*, ed. by Paul Smith, p. 142.

15　卡爾尼斯（Mark C. Carnes）主編，〈馬克·卡爾尼斯與奧利佛·史東的對話〉，錄於《幻影與真實》，王凌霄譯（臺北：麥田出版社，1998），頁836。

16　Carole Levin, "Elizabeth: Romantic Film Heroine or Sixteenth Century Queen?" *Perspective*, vol. 37, no. 4 (April 1993), p. 29.

了影片中的失真之處，但它卻無法領悟「另類」歷史文本的特色和優點。在此我們不妨先問：莎士比亞（William Shakespeare, 1564-1616）的歷史劇中也有許多虛構而不盡符合歷史史實之處，但他的歷史作品為何能贏得世人的推崇呢？很顯然地，歷史文本中表面上或細節上的失真不一定就是這件作品的致命傷。歷史文本的評論方法應該更深入探究，從根本建立起來。

二十世紀初期，英國史學界曾經為歷史、科學和藝術的關係，展開過一場辯論，它或許可以象徵二十世紀「文」與「史」之間的交鋒，以及之後「文」與「史」之間的新關係。

提起「歷史」的定義，筆者說是：「指人們對於過去事實的認知和傳達的成果。」這個定義首先把認知和傳達分開來討論。假設歷史的目的在於過去事實的真相，那麼認知的層次屬於「求真」，而傳達的層次屬於「傳真」。這一點點區隔，如果未能釐清，很容易釀成不必要的紛擾。一九〇三年，英國史家柏里（John B. Bury）發表〈歷史的科學〉（*The Science of History*）一文，內容起頭就以簡潔有力的語氣說：「歷史是門科學，不多也不少。」[17]這篇文章引起許多史家反對，甚至連哲學家羅素（Bertrand Russell）也不以為然。[18]史家之中，以崔衛林（George Macaulay Trevelyan）的反應最受人注目。他以〈克麗歐——一位繆司〉（Clio, a Muse）為題，強調：

> 正因為今天的歷史家受了日耳曼「教士集團」的訓練，不把歷史當作一門「福音」，甚至也不把它當作一個「故事」，而是把它當作一門「科學」，他們才會如此嚴重地忽視了史家的主要技能——敘述的藝術。
> 恢復我們祖先某些真實思想和感受，是史家所能完成最艱巨、最微妙和

17　John B. Bury, "The Science of History," in *Selected Essays of J. B. Bury*, ed. by Harold Temperley (Cambridge: Cambridge University Press, 1930), p. 5.

18　羅素（Bertrand Russell），〈論歷史〉，錄於《論歷史》（北京：三聯書店，1988），頁 3。

最有教育意義的工作。反映我們自己的時代思想或意見的過程，比羅列臆測性的概括論斷來得困難。……只有文獻能夠告訴我們真實的情況，但它也需要敏銳的目光、同情心和想像力，最後（但不是最不重要）還需要使我們祖先在現代的敘述裡重新獲得生命的藝術。[19]

關於柏里和崔衛林之間的爭論，表面上似乎是科學和藝術之間的辨析，其實有幾點值得留意的：

1. 柏里是位新觀念論者（neo-idealist），特別重視同情心和想像力。他強調歷史是門科學，是特指「求真」時應以嚴謹的態度待之，但他並不認為歷史應模仿科學追求概念化的通則。

2. 崔衛林由於誤解柏里而反駁柏里，他以為柏里是針對「傳真」而言；他們兩人之間，其實未必完全水火不容。

3. 柏里一生所發表的文章從未觸及歷史與文學或藝術的關係；換句話說，他始終未討論歷史「傳真」的層次。[20]

4. 崔衛林有意捍衛昔日業餘史家的傳統，但他未能將歷史的「求真」和「傳真」釐清，尤其他既沒有深入「文學」領域，也沒有說明「文」、「史」與事實真相的關係。

依照筆者的淺見，首先，「文」是指文字的，它與圖像和語言分屬於不同的傳達媒介。其次，「文」又指文飾的，廣義的講，可以指宇宙自然界的「紋」；狹義的講，則專指人為的「紋」。而這兩個字連結並用時，所謂「文學」是指經過文飾的文字，其中如果運用巧妙，受人稱讚欣賞，就成為「美文」（fine writing），很可能在文學史中占一席之地。

19　George Macaulay Trevelyan, "Clio, A Muse," in *Clio, in A Muse and Other Essays* (New York: Books for Libraries Press, 1968), pp. 14-17.

20　周樑楷，〈柏里的史學理論及史學批評〉，錄於《近代歐洲史學及史學思想》（臺北：唐山出版社，1996），頁 161。

　　從筆者對「歷史」和「文學」的定義，所謂「文」與「史」的關係便有下列幾個不同的層次：

1. 大約在四、五千年前，人類創造文字時，即有意傳達或記載事實的真相。例如，許多社會裡都有年表（annal）和碑文（inscription）。這是最簡單的文史關係。[21]

2. 許多初民的社會裡有短歌（chanson）、詩歌（gesta）或史詩（epic），而後許多文明社會裡有歷史劇（historical drama）、歷史小說（historical fiction）……文類。這些作品都以文飾的文字傳達故事和史實。依「作者」的立場而言，這些作品多少還是有意「傳真」，只是傳達的方式較自由活潑。這種文史關係顯然比前種更複雜。

3. 當人們的理性思維日漸興起時，有些「作者」，如希羅多德、修昔的底斯……，也以文飾的文字傳達他們的認知。相對於史詩、歷史劇、歷史小說而言，他們以比較理性的方式求真和傳真，但仍然講究文飾的文字。這種傳統一直延續到近代，如吉本（Edward Gibbon）、馬考萊（Thomas Macaulay）和崔衛林等都是公認的高手，在史學史和文學史上都有一席之地。就此而言，是另一種更複雜的文史關係。

　　針對上述第 1.和 2.中的文史關係而論，剖析或評判歷史文本的取向有下列幾種：

(1) 以文飾（或傳達）的風格（style）為主。例如，蓋伊（Peter Gay）的《歷史的風格》（*Style in History*），以傳統文學批評的取向評論西方史家的作品。但依筆者之見，蓋伊這本著作未必有創見，評論也不夠犀利中肯。當今專業史家似乎越來越少撰寫論著，以這種取向思考文史關係，甚至文學批評界也嫌棄這種傳統的方法。

21　Herbert Butterfield, *The Origins of History* (New York: Basic Books, Inc., 1981), Ch. 1.

(2) 以整個文本（text）本身為主（但不注重作者的時代環境和思想觀點）分析歷史作品的「修辭」（trope）形式。例如，懷特在《後設歷史學：十九世紀歐洲的歷史想像》（*Metahistory: The Historical Imagination in Nineteenth-Century Europe*）表明，他對待歷史文本的態度是：把它「當作一種語文上的結構且具有敘述性散文的論文形式。」[22]換句話說，任何歷史和歷史哲學的作品，不外乎運用「資料」（data），藉理論性的概念加以「解釋」（explain），並以敘述性的結構表現出來，目的在使過去所發生的事情，好比一連串的關係在人們自己腦海中再度浮現出來。懷特為了建立評論歷史文本的體系，把歷史意識（historical consciousness）分為四大類，那就是所謂的隱喻（metaphor）、舉喻（synecdoche）、轉喻（metonymy）和反諷（irony）。[23]當然，懷特既不是第一位，也不是唯一的學者把「歷史」當作論述，文本或敘述性結構的人。近二十年來，有關後現代主義（postmodernism）、解構（deconstruction）或新歷史主義（new historicism）的著作，已如雨後春筍般大量問世。這些前衛的文學批評和文化批評也選擇歷史文本為討論的對象。但是，基本上他們都不在意歷史的真實性，甚至於把歷史當作虛構（fiction）的文本來處理。

(3) 筆者以「虛中實」和「實中實」為思辨，試圖建立一套文史關係的評論方法。這裡所謂的「文」，可以泛指任何媒介的文本，包括文字書寫、語言和影像視覺的。這幾年來，藉著「影視史學」課程，不斷與學生（有歷史系、中文系、外文系及其他科系的）交談互動，希望使這套思辨方式更加成熟。本文由於篇幅有限，只能簡要說明。

---

22 Hayden White, *Metahistory: The Historical Imagination in Nineteenth-Century Europe* (Baltimore: The Johns Hopkins University Press, 1973), p. ix.

23 *Ibid*, p. xi.

　　有關歷史文本的「虛」與「實」的問題，不妨以一條光譜來說明。（請參見本文集附錄 I：史譜 C：歷史表述和表徵──從「虛中實」到「實中實」）光譜的一端是「實中實」，另一端是「虛中實」，光譜之間的「虛」與「實」有強弱之別。所謂「實中實」，是指某些歷史文本，如近代專業史家的學術作品，以追求真實為理想（實際成果如何暫且不計較）。這類作品不管認知取向偏向觀念論或實證論，都希望作品中各項具體的人物、年代、事件……都吻合事實。這就是「實中實」的前一個字的「實」。其次，這類作品更進一步要求，從這些「具體之實」掌握歷史人物的思想和生命、時代歷史中的情境、歷史變遷中的普遍趨勢或法則。這就是「實中實」裡的「中之實」了。如果借用傳統文學批評的術語來講，「具體之實」屬於殊相，「中之實」則是共相。「實中實」是光譜中某類史家的理想。大致而言，近代專業史家幾乎都懷有這個目標，甚至以此自居。果真如此，評論這類歷史文本的標準，應先考驗它的「具體之實」是否謬誤，謬誤越多，作品的可信度越低；其次，假設文本的「具體之實」都正確無誤，然而，它的「中之實」空洞虛幻，不能呈現人物的整體生命、歷史情境或時代趨勢，只落得「實中虛」，不能和屬於好的歷史作品，例如，許多掌故或匠氣十足的歷史文本常犯有這類通病。

　　至於所謂「虛中實」，是指有類歷史文本，如史詩、歷史劇、歷史小說、歷史電影（即歷史劇情片）等，在具體的細節史事層面虛虛實實參錯其間，它們有較多虛構的自由。這就是「虛中實」裡前一個字的「虛」。然而，這類作品如果能呈現「中之實」的話，便是值得嘉許的史詩、歷史劇、歷史小說或歷史電影。反之，如果未能達成「中之實」的理想，甚至淪為「中之虛」，「虛中虛」便是這類歷史文本的最大致命傷。

　　由此可知，專業史家的歷史文本和另類的歷史文本（即史詩、歷史劇、歷史小說、歷史電影等）之間，應有兩種不同的評論標準。換個角度來說，專業史家雖然免不了有立場和主觀的論述，免不了有不實之處，但他們沒有「虛構」的權利，否則就觸犯了「行規」。然而，另類歷史文本的作者便有「虛構」

具體細節的自由，但重點在於他們能否呈現「中之實」。依筆者之見，許多專業史家無法接納另類歷史文本，主要是太計較具體細節的真實，或是一味謹守「實中實」，根本不解另類歷史文本自由一套評論的系統。美國史家羅森史東（Robert A. Rosenstone）曾經強調：

> 我們不可能單獨只憑「書寫歷史」的標準來評論「影視歷史」，因為每一種媒體都必然各有各的虛構成分。[24]

他又說：

> 在銀幕之中，歷史為了真實必須虛構。[25]

羅森史東的講法是正確的，因為他懂得評論歷史電影和專業史書之間應該有間隔區別。另外，以電影導演為例，奧立佛・史東（Oliver Stone）反而比許多專業史家更能掌握歷史和電影之間有何異同。他曾說：

> 我想，歷史學家其實有點故作矜持，有點驕傲自大，他們認為他們是發掘真相跟真實的專家，好像他們是能供奉神聖臟腑的埃及大祭司，就只有他們是先知先覺。但是從我所瞭解的歷史……看來，我卻認為歷史學家的那種想法，是自相矛盾的。[26]

> 我們是一群想要解構歷史的電影人，會質疑許多大家深信不疑的事實。你們所謂的「鬼祟」，在我眼裡卻是一種疑幻似真、虛實不安的風格，

24　Robert A. Rosenstone, "History in Image/ History in Words: Reflections on the Possibility of Really Putting History on Film,"*American Historical Review*, vol. 93, no. 5 (Dec. 1988), p. 1181.

25　Robert A. Rosenstone, "The Historical Film," in *Visions of the Past* (Cambridge, Mass.: Harvard University Press, 1995), p. 70.

26　〈馬克・卡爾尼斯與奧立佛・史東的對話〉，頁 831。

讓我們理解我們正在看電影，所謂的真實是有問題的。[27]

　　在影視史學這門課程裡，經常要提供學生觀看影片，這些影視歷史文本在光譜中，有的比較偏向以「實中實」傳達電影導演的認知，例如，義大利羅塞里尼（Roberto Rossellini）所指導的《德意志零年》；但有的以接近「虛中實」的方式展現歷史與記憶，例如，雷奈（Alain Resnais）的《廣島之戀》。筆者在課堂裡，一部接著一部讓學生觀看影片，而後討論在「實中實」與「虛中實」這條光譜中，它們所站的立足點在哪裡。我希望他們思考各類歷史文本的異同和建立初步的評論方法，並且由此探討當代人文思維與傳達媒介的關係。同時，我一再鼓勵他們撰寫學期報告時，應本著誠摯的心態面對自己，選擇任何文本（如歷史小說、報導文學、圖像紀錄……）的傳達方式，在「虛中實」與「實中實」這條光譜中認清自己的立場，暫時解除「史學方法的枷鎖」，好讓真正認知主體的自我充分展現出來，因為不管「求真」或「傳真」，假使「真摯的自我」被困住了，就難以成為第一流的專業史家，也無法欣賞另類的歷史文本。影視史學這門課程有意建構知識的理論基礎，但在言談理論之際，更著急的是協助學生成長「真摯的自我」。

影視與新史學的理論

　　中西史學史的發展，源遠流長，而且各具特色，蘊涵豐富。如果以歷史知識論為標準，近兩百年的史學思想更可以細分成許多派別，令人目不暇給。筆者所講授的「西洋史學史」，教學目標即在釐清這些史學思想的異同和演變過程。而在「影視史學」課程中，也有意與這門課相互呼應，尤其當涉及史學方法論或史學理論時，更免不了引進影視歷史文本，合併思考。

　　專業史學剛建立時，西方史家為了發展「歷史」這門學問，特別重視方法

27　同上，頁 833。

論和研究方法。德國世家伯倫漢（Ernst Bernheim）的《史學方法》（*Lehrbuch der Historischen*）（1889 年出版）和法國史家朗洛士（Charles-Victor Langlais）和塞諾博（Charles Seignobos）的《史學導論》（*Introduction aux études historiques*）（1898 年出版），一度成為典範，用來培訓年輕一代的史家。[28]除了這兩本專著，許多史家也經常在研究之餘，撰寫有關史學理論的文章，例如，十九世紀的蘭克（Leopold von Ranke）、巴克爾（Thomas Buckle）……都有個人獨到的見解。[29]近兩百年來，屬於史學理論、方法論和史學方法的著作已經汗牛充棟，而且國際上也有專屬的研究雜誌，例如，《歷史與理論》（*History and Theory: Studies in the Philosophy of History*）已創刊三十八年之久。大體而言，長期以來這些作品幾乎都以文字書寫的史料和史書為探討對象；儘管在研究取向上有觀念論或實證論的差別，有唯心論或唯物論的不同，但在歷史的「認知」和「傳達」兩個層面裡，幾乎都以文字書寫為基礎。換句話說，近代史學理論是以文字書寫的歷史文本為討論對象，很少考量語言和圖像的存在。

影視史學的興起，首先喚醒專業史家注意到語言、圖像已經和文字書寫鼎足而立。就語言來講，世界各地初民社會幾乎都有口傳歷史（oral tradition），而近百年來更有口述歷史（oral history）的崛起。就圖像來講，從早期的岩畫，及世界各地平面或立體的靜態圖像，到當代的動態影像，琳瑯滿目。這些歷史文本，不僅將使得日後歷史的「認知」和「傳達」變得多彩多姿，而且也彰顯現有史學理論的侷限和落伍，無法涵蓋有關新媒體的理論。很顯然地，新的史學理論或方法論已迫切等待大家共同耕耘開發。我們或許可以

---

28 Iggers, *New Directions in European Historiography*, p. 26.

29 有關 Ranke 的史學理論作品，錄於 Leopold von Ranke, *The Theory and Practice of History by Ranke*, ed. with an Introduction by G. Iggers and K. von Moltke (New York: Irvington Publishers, 1983), pp. 25-60.

換個方式來講，兩百年前全世界並沒有任何類似今日的專業史家存在，當今專業史家雖然穩操學術殿堂的主流，但在數十年或百年後，當多媒體日漸位居傳播的主流時，專業史家又該何去何從呢？他們在整個歷史文化中將扮演什麼角色呢？這些都是值得深思的問題。

「影視史學」課程有意啟發學生避免拘泥一格、永遠死守著專業史家的規範，但也叮嚀他們不可以高喊「顛覆」的口號，求一時之快。真正有遠見者，應該重新建構史學的理論。而所謂重構，並不是在原有的史學理論之後再增補一些篇章就算了事，好比在舊有的大樓之上加蓋一層頂樓，擴充空間就滿足了；同時，重構也不是在原有的理論上附加一、二項新觀念就大功告成，好比在舊有的大樓之旁增添一間違章建築，敷衍了事。所謂重構，應該重新打造更深入和堅實的地基，而後另起高樓，容納與各種媒體相關的史學理論。在「影視史學」課程裡，無意危言聳聽，更不願學生夜郎自大，口出狂言；同時，筆者也一再聲明自己能力有限。不過，可以十分肯定的是，影視史學在二十一世紀勢必形成嶄新的史學理論，有心的學者應該共同耕耘，至少也請張開雙手歡迎它的來臨。

從影視歷史文本思索新史學的理論，需要點點滴滴的耕耘。治史者，不可離事而言理；這是古訓，也是永恆的座右銘。近四年來，筆者先以「人物、傳記與影視史學」，後以「戰史、戰時與影視史學」為主題，提供學生掌握具體事物，並且思考深層的理論問題。人物和戰爭原來是傳統史學裡的主題，昔日「業餘史家」多半擅長此道，可惜當專業史家強調分析方法和注重專題研究時，學者先因輕視而忽略，之後反而變得拙於處理人物和戰爭的問題。相反地，影視歷史文本裡卻一直推陳出新，頗有創意。一九九七年六月間，中興大學歷史學系主辦「影視史學研討會」，即以「人物與影視史學」為主題，邀請史家、影視學者和影視工作者參與，並發表論文。而後，相隔一年，於一九九八年六月間，中興大學歷史學系又主辦「第四屆史學史研討會」，主題為「人物、傳記與史學」，以便與上次會議相互呼應，希望藉著學術會議的實際研究

成果，眾人集思廣益，營造新的史學理論。

影視史學在歷史學程的定位

近期以來，全國各大學在規劃各科系的課程時，都強調以「學程」的觀念，呈現學術之間的整合性和結構性。這種理想如能確實執行，的確是教育改革的福音。

中興大學歷史學系的教師依各自的專長，分成四個「學群」（academic community），其中之一是史學史與史學思想學群。至於本系課程的安排，基本上也以這四大學群為參考，所以有「史學導論、史學方法論、中國史學史、西洋史學史、中國史學名著、西洋史學名著、歷史哲學和影視史學」等課程合成之學程。歷年來，筆者為影視史學所擬定的教學主旨，除了有意建立這門學問的知識理論以外，就是為了配合整個學程的前後一貫。本文簡短說明這三項教育主旨，可作個人的反思，同時也希望拋磚引玉，接受各界學者專家批評。

「影視史學」這門課程也可以另外安排在其他的學程裡。其一，近來全國大學生可以選修「教育學程」，以便畢業後到中學任教。依筆者之見，「教育學程」除了教育理論、教學方法課程之外，各科的教材教學法應該負起重要責任，而且理應由各科系深諳學門知識理論的教育者兼任，否則學生得知一些膚淺的教條並無濟於事。由於應用影視媒體從事教學已成風尚，「教育學程」中應增添媒體教學課程。不過，如何以影視媒體輔助歷史教學便成為當務之急。筆者考慮這項知識的重要性，所以一九九八年夏季曾在清華大學歷史研究所中學教師暑期進修班裡講授「影視媒體與歷史教學」（參見本文附錄三）。為了配合整個進修班的課程結構，這門課程的主旨、內容和參考資料當然必須調整。然而，「歷史思維」一項永遠應該是任何歷史課程的中心目標，國外和國內部份史家已經在此取得共識。

其二，「影視史學」也可以安排在「大眾史學」（public history）這個學程裡。自從一九八○及年代初期以來，美國有些史家熱衷討論「大眾史學」或

「應用歷史」（applied history），並且實際開授相關課程。[30]有些教授寓教於樂，以迪士尼（Disney）的文化事業與美國史教育相互配合。[31]臺灣史學界近年來，雖然在公開場所中也曾討論「大眾史學」，但都僅止於言辭，未能付諸實踐。今年度（八十八學年度）教育部顧問室通知各校歷史系籌劃新學程，本校文學院同仁有意規劃「大眾史學」學程，一方面提供日間部文學院學生選修，另方面也為夜間進修部歷史系尋求新的教學方針。不過，為了從長計議，決定暫緩提出申請。筆者期盼國內各校歷史教授能同心協力，共同努力。這個學程需要跨科系的知識和師資，歷史學者不妨主動走出自己的園地，與其他學門的學者合作。筆者曾為此，專程探訪臺南國立藝術學院音像紀錄研究所（註：現臺南藝術大學音像紀錄研究所）。他們的師生可以說是「另類史家」，都非等閒之輩，將來在臺灣研究上必定表現非凡。

「影視史學」在歷史學程中，至少有上述是三種不同的定位方式。這些理想，有賴人們從知識理論層面細心經營，同時也需要更多教授講授這門課程，建構理論與實踐的關係。

本文原刊於《臺大歷史學報》，23 期（1999.06），頁 445-470。

30　參見 W. Andrew Achenbaum, "Public History's Past, Present and Projects," *American Historical Review*, vol. 92, no. 5 (Dec. 1987), pp. 1162-1174.

31　Ronald G. Walter, "Public, History and Disney's America," *Perspectives*, vol. 33, no. 3 (March 1995), p.4.

附錄一、八十五學年度影視史學課程大綱

講授者：周樑楷

國立中興大學歷史學系

課程主旨：

1. 認識影視歷史文化的變遷

2. 探討影視與當代人文思維的關係

3. 建構影視與新史學的理論和實際

本學年度將以「歷史與傳記」為主題貫穿各講，並以上述三項主旨為教學目標。

講授大綱：

第一講　影視史學：課程主旨及內容

1. 教學主旨

2. 內容及作業

3. 本學年主題

第二講　Clio 的轉世投胎

1. 傳統歷史圖像及文史關係：人物肖像及遺像

2. 影片及歷史文化

　　a. historical-drama film：《恐怖的伊凡，II》

　　b. documentary film：《萊芬斯坦》

3. 六〇年代以來影視史學的興起：《赤焰烽火萬里情》

第三講　政治社會結構中的影視歷史文化

1. 工業資本社會的歷史文化：《林肯傳》

2. 集權政治體制的歷史文化：《母親》

3. 寫實主義與戰後義大利的歷史文化：《德意志零年》

4. 布紐爾的歷史敘述與社會意識：《銀河》

第四講　衝突與共識：六〇年代以來的影視歷史文化

1. 激進電影：《白宮風暴》

2. 黑人電影：《鳥》

第五講　臺灣的影視歷史文化

1. 八〇年代以前：《源》

2. 「新電影」：《油麻菜籽》

3. 反省與批判：《超級大國民》

第六講　聖賢的故事

　　　　人物、傳記與影視：《萬世巨星》

第七講　電腦資訊與當代人物描述

1. 《阿甘正傳》與人物的塑造

2. 資訊網路中的歷史圖像

第八講　影視與新史學：理論與實際

附錄二、八十七學年度影視史學課程大綱

講授者：周樑楷

國立中興大學歷史學系

課程主旨：

1. 認識影視歷史文化的變遷

2. 探討影視與當代人文思維的關係

3. 建構影視與新史學的理論和實際

本學年度將以「戰史與戰時」為主題貫穿各講，並配合上述教學目標思考戰爭（或爭戰）在人類歷史中的意義。

參考資料：

1. Bruce F. Kawin，《解讀電影》，李顯立等譯，臺北：遠流出版公司，1996。

2. David Bordwell & Krisin Thompson，《電影藝術：形式與風格》，曾偉禎譯，美商麥格羅希爾公司。

3. Jacques Aumont & Michel Marie，《當代電影分析方法論》，臺北：遠流出版公司，1996。

4. Louis Giannetti，《認識電影》，焦雄屏等譯，臺北：遠流出版公司，2001。

5. Marc Ferro，《電影與歷史》，臺北：麥田出版社，1998。

6. Mark C. Carnes，《幻影與真實》，臺北：麥田出版社，1998。

7. Richard M. Barsam，《紀錄真實：世界非劇情片批評史》，王亞維譯，

臺北：遠流出版公司，1996。

8. Roy Armes，《第三世界電影與西方》，廖金鳳、陳儒修譯，臺北：國家電影資料館，1997。

9. 李尚仁編譯，《邁向第三電影》，臺北：南方叢書出版社，1987。

10.霍布斯邦，《極端的年代，1914-1991》，鄭明萱譯，臺北：麥田出版社，1996。

11.《孫子兵法》

講授大綱：

第一講　影視史學：課程主旨及內容

1. 教學主旨

2. 內容及作業

3. 本學年主題：戰史、戰時與影視史學

第二講　Clio 的轉世投胎

1. 傳統歷史圖像的敘述

2. 當 Clio 碰上 Athena：動態影像的歷史文化《羅生門》、《七武士》

第三講　政治社會結構中的影視歷史文化

1. 工業資本社會的歷史文化：《大獨裁》

2. 集權政治體制的歷史文化：《波坦茨戰艦》

3. 寫實主義的戰後義大利的歷史文化：《德意志零年》

第四講　戰役中的英雄

1. 一將功成萬骨枯：《阿拉伯的勞倫斯》

2. 臥龍躍馬終黃土：《桂河大橋》

第五講　反核、反戰與反殖民

1. 反核：《廣島之戀》

2. 反戰：《緬甸的豎琴》、《二十二號條例》、《越戰獵鹿人》

3. 反殖民：《阿爾及利亞戰役》

第六講　紀錄片的歷史論述

1. 電影紀錄片：《我是古巴》

2. 電影新聞片：《波斯灣戰爭》

第七講　新保守主義的歷史文化

族群與亂世兒女：《俘虜》、《歐洲、歐洲》、《希望與榮耀》

第八講　臺灣的影視歷史文化

1. 八〇年代以前

2. 「新電影」與八〇年代後期以來：

《老莫的第二個春天》

第九講　電腦資訊與當代歷史圖像

1. 蕭何轉餉與韓信用兵

2. 《星際終結者》

第十講　影視與新史學：理論與實際（以戰史、戰時為例）

附錄三、影視媒體與歷史教學課程大綱

講授者：周樑楷

清華大學歷史研究所

中學教師暑期進修班

1998 年夏季

一、課程目標

1. 認識影視媒體的種類、性質和論述

2. 探討影視媒體中的歷史思維

3. 討論教師和學生如何運用媒體達成教學目標

二、基本參考資料

1. Jacques Aumont & Michel Marie，《當代電影分析方法論》，吳佩慈譯，
   遠流出版公司，1996。

2. David Bordwell & Krisin Thompson，《電影藝術：形式與風格》，曾偉
   禎譯，美商麥格羅希爾公司。

3. Bruce F. Kawin，《解讀電影》，李顯立等譯，遠流出版公司，1996。

4. Richard M. Barsam，《記錄與真實——世界非劇情片批評史》，王雅維
   譯，遠流出版公司，1996。

5. Louis Giannetti，《認識電影》，焦雄屏等譯，遠流出版公司，2001。

6. Melvin De Fleur & Sandra Ball-Rokeach，《大眾傳播學理論》，臺北：
   五南出版公司，1991。

7. Mark C. Carnes 編，《幻影與真實》，王凌霄譯，臺北：麥田出版社，

1998。

8. 伍振鷟、朱澤剛、張霄亭,《教學媒體》,臺北:五南出版公司,
2010。

三、大綱

1. Clio 的轉世投胎

(1) 影視史學的興起

(2) 歷史文化的閱聽

(3) 《返鄉第二春》

2. 影視歷史教材的分類與應用

(1) 影視歷史教材的分類

(2) 以「時與史」為實例的教學

(3) 《德意志零年》

3. 電影史與近代世界文化的關係

(1) 西方電影的發展

(2) 非西方世界的電影

(3) 《廣島之戀》

4. 微觀取向論歷史劇情片

5. 宏觀取向論歷史劇情片

6. 影視媒體中的歷史思維

7. 紀錄片

8. 耳聰目明:影視媒體的應用與濫用

附錄 I：史譜 C：歷史表述和表徵——
從「虛中實」到「實中實」

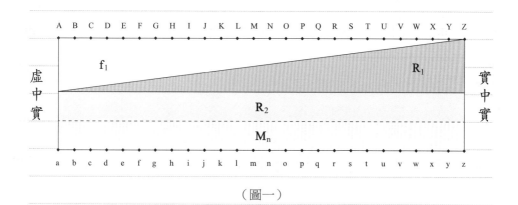

（圖一）

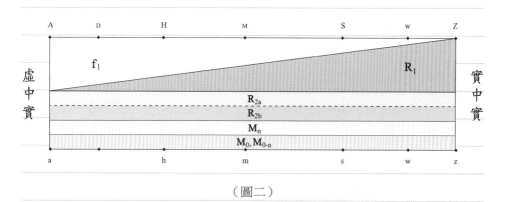

（圖二）

說明：

1. 圖一為簡易版。從 A(a)到 Z(z)表示圖譜強弱多寡的漸進式。

   任何歷史表述／表徵（representation）應先判定在圖譜中的大致位置。

   A(a)-H(h)屬於歷史小說、戲劇、圖像、動畫等等藝文成分較重者。

   H(h)-S(s)介於中間區塊。如報導文學、紀錄片等。

   S(s)-Z(z)屬於以學術研究為主者。

   以上三段區塊，可以再以 D(d)、M(m)、W(w)細分類別。

2. 最上層次指史實及歷史現象。f1 表示虛構（fiction）或譬喻（tropes），越近 A 者越強越多，反之越近 Z 者越弱越少。R1 表示真實，越近 A 者越弱越少，反之越近 Z 者越強越多。

理論上，屬於 A(a)-H(h)區段的文類，被容許使用虛構或譬喻。而 W(w)-Z(z)的作品，虛構或譬喻相對地成為禁忌。

3. 圖一下半層次又細分兩個層次。R2 指具有普遍性、通則性的概念、模式、史觀，並且被認定為合乎真實性。

Mn 指抽象性的信仰、理念、價值觀、共識等，並且被認定合乎真實性。R2 和 Mn 合二為一也可指時代情境等等文化現象。圖一之 R2 和 Mn 如果都合乎相互主觀性的真實性，簡稱「**中之實**」。

綜合圖一，某一歷史表述／表徵如果各層次合體並且被評定達 W(w)-Z(z)的標準，稱作「**實中實**」。又如，歷史小說及動畫等有被評定達 A(a)-H(h)，稱作「**虛中實**」的佳作。屬於紀錄片、報導文學之類的作品也必須遵守「**中之實**」的原則。

4. R2 或 Mn 其中之一被認定為不合乎真實，則淪為「**中之虛**」的劣等歷史文化作品。綜合圖一上下層，歷史學術作品有可能「**實中虛**」；同理，偏重藝文類的作品有可能成為「**虛中虛**」。可見任何作品的致命傷在「**中之虛**」。圖一並未顯示從「**實中虛**」到「**虛中虛**」的各類作品。

5. 圖二是精緻版。原有 R2 再分成 R2a 和 R2b。另外，增加 "M0, M0-n" 層次。

R2a 及 R2b 的說明應該連結「史譜 A」、「史譜 B」及「史譜 S」。"M0, M0-n" 應該連結「史譜 M」及「史譜—總譜 2」。本說明略之。

周樑楷 修訂

2021 年 08 月 12 日

三、以影視輔助中國史教學

前言

　　近來有些影片先後引起許多人的關注。像《河殤》、《悲情城市》、《末代皇帝》和《八千里路雲和月》等，所以轟動一時，原因當然不只一端；不過，它們都牽涉到歷史上的某些人物和事件。許多觀眾和影評人，不假思索便把這些影片當作歷史來看待，認為在視覺上浮現的影像就是往事本身。至於專業的史家對於這些影片是否也稱得上歷史文本，必然議論紛紛。姑且不談爭論的結果如何，單從這些影片廣受歡迎的程度來說，可見社會大眾並不排斥歷史。人性中總有幾許懷舊之情，以及追憶往事的慾望。目前臺灣各大學非歷史系的中國史教學，似乎效果不彰，很難引起學生共鳴。推究其因，多半的責任可能還在教學的內容、品質和方法之上。

　　歷史教育的基本目的在傳達歷史知識及其意義。所以，凡能協助傳達和認知的各種教學方法和工具，都值得採用。目前臺灣的歷史教師，很少應用各種影視的硬體和軟體設備。這種現象對於推廣歷史知識不無遺憾。本文因而有意介紹歐美史學界如何應用影視媒體，加強教學內容的深度，並且提升學習的興趣。然而，口語、文字、靜態的圖像與影視是不同的傳達媒體，它們與歷史知識的關係也不盡相同。歷史教師如果有意採用影視設備輔助教學，應該對歷史影片有基本的認識，瞭解各類歷史影片與歷史事實的關係。本文初步探討這些問題，希望引起國內史學界的重視，進而集思廣益，增進歷史教育的效果。

影視史學的興起

　　許多人（包括史家在內）認為，觀賞電影或電視是生活中休閒娛樂的一部
分。由於長期以來學術上的傳承，史家一直倚重文字書寫的史料，並且經由筆
墨撰述呈現研究的心得，因此對於影片中故事情節的真實性，史家往往懷有疑
慮。大約在一百年前，電影首度公開放映；不久，便有人拍製與歷史有關的影
片。兩次世界大戰期間，集權國家的首腦早已看清電影的宣傳效果，並且為了
「古為今用」，由政府大量發行歷史影片。例如，從一九三六至三九年期間，
義大利法西斯政府先是每年發行十部左右的歷史影片，接著從一九三九年起至
大戰中期，每年製作歷史影片竟然高達三十部之多。[1]連一向標榜自由的美
國，其商業氣息濃厚的好萊塢，在一九三〇年代也製作不少與歷史相關的愛國
電影。[2]從這些影片製作的動機而言，難怪專業史家要鄙視歷史影片的學術價
值。

　　然而，自從一九六〇年代末期以來，專業史家日漸重視影片。原因可能
是，有不少自由派的學者主張「從底層著手研究歷史」。他們一改往日社會菁
英的作風，轉而留意大眾的文化，其中自然包括電影和電視。另外，可能是影
視的進步和普及已成為不可抵擋的趨勢，尤其自從一九五九年起，十六釐米的
攝影機變得更輕巧，並且可以和小型的錄音機同步，促進了紀錄片的拍攝技
術。所以史家發現與其排斥影視不如善用其道。

　　其實，早在一九二六年，英國廣播公司（BBC）就相當重視各種新式科
技媒體與教育的關係。約在同一時期，韋爾斯（Herbert G. Wells）也開始投
身歷史教育。他先於一九二一年出版《新的歷史教學》（*The New Teaching of*

1　James Hay, "Historical Films and the Myth of Divine Origins," *Popular Film Culture in Fascist Italy* (Indianapolis: Indiana University Press, 1987), p. 153.

2　Jim E. O'Conner, "A Reaffirmation of American Ideals," in *American History/American Film*, ed. by Jim E. O'Conner & Martin A. Jackson (New York: Continuum, 1979), p. 98.

History）；而後從一九二七年起，經常透過英國廣播公司的無線電，從事歷史教學。他所撰寫的腳本即是後來風行全球的《世界史綱》（*The Outline of History*）的前身。韋爾斯可以說是二十世紀對大眾歷史教育最有影響的人物之一。值得注意的是，早在一九二七年，他已察覺到影片在教育上具有無限的潛力。[3]

　　然而，英國的電影，到一九四〇年代末期才日漸普及；電視則在一九五〇年代才真正成為全國性的媒體。英國廣播公司自然不遺餘力，推廣影視的教育功能。例如一九六九年春季，克拉克（Kenneth Clark）所製作《文明的腳印》（*Civilisation*）在該廣播公司播出時，引起一陣轟動。由於克拉克專攻藝術史，這套影集就是以建築、藝術品和器物為主要內容。他曾表示，不僅影視與書寫有些不同。而且電視和電影也各有特色，在教學上並不完全一樣。電視可以借重畫面和音樂協助表達；在時間上，電視節目必須濃縮在一個小時之內播出；內容必須趨向大眾化，而且不能流於通俗；但是，電視影像不適用於說理，所以不能深入探討法律或哲學等思想性的題目。[4]

　　近二十年來，歐美史家日漸參與影片的製作，許多，歷史教師也樂於在教室中播放影片，輔助教學。國際間以推動影視歷史為宗旨的團體有 International Association for Audio-Visual Media in Historical Research and Education（簡稱 IAMHIST）。其會員，除了專業的史家之外，還有各級學校的歷史教師。他們定期舉辦學術研討會，並且發行雜誌 *Historical Journal of Film, Radio and Television*。在美國，設立於喬治華盛頓大學（George Washington University）的 The Center for History in the Media Alternatives Project，最

3　David C. Smith, Herbert G. Wells, *Desperately Mortal, A Biography* (New Haven: Yale University Press, 1986), p. 323.

4　克拉克（Kenneth Clark），《文明的腳印》（*Civilisation*），楊夢華譯（臺北：桂冠出版社，1989），頁 10。

近也積極推行影視歷史。[5]此外，美國公共電視公司（PBC）最近也先後發行了兩套與美國史有關的影片，一是《美國經驗》（*The American Experience*），內含是個單元的節目，一是《內戰》（*The Civil War*），共有九卷錄影帶，並附有教師手冊、地圖、人名以及地名的索引。

由於影視與歷史的關係越來越密切，歷史雜誌上相繼刊登影評和歷史教學的文章。這些雜誌，包括 *History*、*Teaching History*、*Historical Journal of Film*、*Television and Radio*、*American Historical Review*。其中最值得留意的是美國歷史學會（American Historical Association）所出版的 *American Historical Review*。最近兩三年內，這個刊物有兩期影視歷史專輯，另有兩期分別登載了五十多頁的影評。該學會對於影視歷史及其教學功能的重視由此可見一斑。此外，該學會於半年前發行的 *Image As Artifact: Using Film and Television to Teach History*，也是一套專門談論影視教學的出版品，其內容包括兩小時的錄影帶，四種精選的歷史影片，以及由史家 John O'Conner 所撰寫的教師手冊：*Teaching History with Film Television*。

從上述的例子，可見國際間影視歷史教學的地位日益升高。然而，史家及歷史教師所扮演的角色，並不止於參與撰寫腳本、充當製作的顧問，或在教室裡播放影片。歷史與影片的結合，其實牽連了史學上許多基本理論的問題。為了這個緣故，美國史家懷特（Hayden White）創立了一個新名詞："Historiophoty"（中譯為影視史學）。意指：

以視覺的影像和影片的論述，傳達歷史及我們對歷史的見解。[6]

5　Nina Gilden Seavey, "The Center for History in Media," *Perspectives*, vol. 30, no.1 (Jan. 1992), pp. 1, 7 &10-11.

6　Hayden White, "Historiography and Historiophoty," *American Historical Review*, vol. 8, no. 2 (April 1990), p. 1993.

這個名詞清楚地勾勒出視覺影像（即簡稱影視）與史學的關係，同時也釐清了影視史學和書寫史學的界限。所以，懷特以傳統所使用的 "historiography"，專門指書寫史學。平心而論，不管影視或書寫史學，都對歷史的認知和傳達頗有幫助。只是，慣以口頭講述和參閱文書的教師，也應該肯定影視史學的價值，善用這種新的媒體。

紀錄片與教學的關係

就內容而言，歷史影片大致可以分為紀錄片（documentary film）和歷史劇情片（historical drama film）。由於這兩種影片的性質差異懸殊，所以與教學的關係最好能分別討論。

紀錄片涵蓋的層面很廣。它可以指完全由攝影機在實地、實景、事件發生的同時所拍錄的影片，也可以指在事件發生以後將上述直接攝錄的影片加以剪輯，並且配上其他的資料或論述，製作而成的影片。所以紀錄片有屬於一手的史料，也可有二手的史料。

英國史家馬衛克（Arthur Marwick）曾經將紀錄片分為四大類：

1. 以直接攝錄的史料影片（archive film）為本，剪輯成連續敘述的影片，提供給電視上的普通觀眾。
2. 由專業史家完全根據史料影片，剪輯成的連續敘述影片，以供歷史系的學生觀看。
3. 由專業史家製作的史料影片專集，作為典藏影片中的史料。
4. 由史家及專業影視製作人員合作，內容涉及歷史上的一些事件或話題，但所使用的史料影片，因為輾轉流傳的關係，所以多半流失損毀。[7]

---

7 Arthur Marwick, "Film in University Teaching," in *The Historian and Film*, ed. by Paul Smith (Cambridge: Cambridge University Press, 1976), p. 142.

　　以上馬衛克的分類，當然不是絕對一成不變的；然而這種區分的價值可以提供我們參考。所謂紀錄片，可以依史料影片的多寡，被剪輯的程度、整個影片敘述和論述性的強弱、史家參與的深淺，以及觀看者的對象，而加以分類。

　　教師在播放紀錄片以前，首先需要辨別該紀錄片的類別，是否適合學生。以大學非歷史系的學生而言，史料影片專輯可能太過於嚴肅，或者流於繁瑣。目前臺灣似乎缺乏這類的資訊，所以在教學的應用價值上，仍然言之過早。其次，由史家剪輯史料影片專門提供給歷史系教學之用的作品，目前在臺灣也似乎相當短缺。不過，本文在此期望臺灣的史家能重視這類影片的教學效果，主動從事製作由研究專長的範圍做起，累積經驗，並且將作品廣為留傳，不僅提供各個歷史系的學生觀看討論，也可以增進外系學生研讀歷史的樂趣。

　　目前臺灣所能使用的影片，例如《絲路之旅》、《大黃河》、《河殤》以及公共電視上的某些影片，大致都是屬於馬衛克所謂的第一和第四類紀錄片。這些影片平易近人，比較適合非歷史本科系的學生。然而，教師在使用前，應先留意紀錄片和書寫的史料一樣，也有真偽及立場的問題。一般人習慣以「眼見為真」，誤以為影像都是真實的紀錄，但實際上並不見得。根據報導，第一次大戰期間，由英國政府發行的索姆河戰役的紀錄片，其實是為了激發後方士氣，鼓勵從軍，所偽造的影片。[8]近百年中國近代史上充滿黨同伐異，時有內戰，有關這一類的紀錄片往往真偽莫辨，歷史教師更需要謹慎使用。

　　即使證明確實無誤的紀錄片，歷史教師也要知道鏡頭是有角度的。銀幕也好比是個鏡框，各種避重就輕，誇張突顯，淡化迴避的手法，全憑攝影機的操縱；何況經過大幅度蒙太奇和旁白論述以後，更難避免主觀的立場。例如，《河殤》的兩位撰述者並不是研究歷史出身，其內容充滿個人的主觀色彩，沒有詳實的舉證，也缺乏完整的邏輯推理，所使用的文辭語調和圖像符號，幾乎

8　〈索姆戰役不朽場面純屬新聞片虛構〉，《歷史月刊》，45 期（1991.10），頁 58。

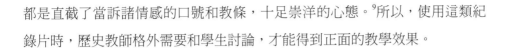

都是直截了當訴諸情感的口號和教條，十足崇洋的心態。[9]所以，使用這類紀錄片時，歷史教師格外需要和學生討論，才能得到正面的教學效果。

歷史劇情片的虛實與教學的關係

歷史劇情片因為含有敘述的故事、細節的刻劃加上情感的充分流露，所以比紀錄片更能扣人心弦，而被採信。歷史教師在面對這類劇情時，首先得要考慮虛與實的問題，尤其當一部極為賣座的影片風靡社會大眾時，關心歷史教育的人就應該提出個人的評論觀點，而不能永遠保持沉默。

討論歷史劇情片的優劣，就如同分析史詩（epic）、歷史劇（historical drama）、歷史小說（historical novel）和演義等問題一樣，站在治史者的立場，得先衡量該作品的史實材料是不是正確和豐富。當然，這方面的研判只有程度上的差別，而沒有絕對的二分法，因為專業學者所書寫的歷史作品也難保證史實完全正確及材料充足。不過，既然為了歷史教育，作品的虛實就不得不列入優先考慮；凡是虛構捏造的部分，必須加以指正，否則以訛傳訛，學生便會迷失了方向。

除了史料以外，歷史劇情片也有歷史解釋。治史的學者都知道，歷史解釋沒有絕對的客觀，純粹價值中立的歷史作品是不存在的，所以，歷史教師有責任與學生討論影片中的立場問題。針對這個問題，傅柯（Michel Foucault）曾經指出：

> 現在，〔國家或資本〕已設置了一整套機器（apparatus）（指通俗文學、廉價的通俗讀物，以及教育體制內填鴨給學生的教學材料）以阻礙人民記憶的傳播與流通。……
>
> ……因此，在電視或電影裡，人們所看到的不是它們過去原來的面貌，

9　參見蘇曉康及王魯湘，《河殤》（臺北：風雲時代出版公司，1988）。及該影片《河殤》。

而是這些媒體要他們去記憶的東西。[10]

上述的語句相當具有警惕的意義，值得參考深思。然而，近年來有些後結構主義（post-structuralism）的學者把傅柯和德希達（Jacques Derrida）的論點往前推衍，而認爲「真實」（truth）不過是種「語言上的暴虐」（linguistic tyranny）罷了，於是大力突顯歷史的主觀和虛構性。[11]關於這個論點，未免有矯枉過正之嫌。因爲任何歷史作品，不管是書寫的或是影視的，雖然不可能有百分之百的真實，其歷史解釋也不可能絕對的客觀，但是，這並不是說歷史作品和文學一樣可以任憑自由虛構，或者說，歷史解釋可以完全擺脫客觀事實的根據。以懷特爲例，他可能是當今史學界中抨擊實證主義或科學派史學最不遺餘力的人，換句話說，他可能是當今最有歷史相對論傾向的學者；然而，即使像他堅持這種論調，也仍然肯定歷史的真實性。[12]由此可見，釐清歷史作品（包括歷史劇情片）中的虛與實是刻不容緩的事，也是教師分內的工作。

電影語言和文字書寫的異同也是歷史教師應該正視的問題。長期以來，治史者多半依賴文字書寫的資料，也一直習慣以文字傳達歷史知識。近百年來，更由於史學的專業化，於是分析的（analytical）作品獨佔上風，取代了敘述的（narrative）研究和傳達的方式。相反地，到目前爲止，影視媒體仍然長於敘述而短於分析。例如，歷史劇情片就無法傳達量化經濟史上的問題。所以，在歷史教室裡，關於分析性的問題還是應以書寫的材料和口頭的討論爲重。然而，本文建議，不管是口語的書寫的，或是影視的敘述都應受到同等的重視。

---

10 傅柯（Michel Foucault），〈電影與人民記憶：《電影筆記》訪傅柯(1)〉，林寶元譯，《電影欣賞》，44 期（1990.04），頁 11。

11 Catherine Belsey,"Toward Cultural History-in Theory and Practice,"*Textual Practice*, vol. 3, no. 2 (Summer 1989), p. 160.

12 Hayden White, "Introduction: Tropology, Discourse, and Modes of Human Consciousness," *Tropics of Discourse, Essays in Cultural Criticism* (Baltimore: The John Hopkins University Press, 1978), p. 23.

百年前，東西方的史家一樣具有優良的敘述傳統，也因此歷史才不至於淪為學院派內沉悶枯燥的作品。本文提倡以影視輔助歷史教育，就是希望以敘述的方法平衡分析的教學法；因為透過敘述的傳達方法，歷史上許多有意義的人物、細節或關鍵性的事件才不致於湮沒。套用一句理論上的術語，敘述式的傳達及思維方法較能突顯個別的原因（individual cause）；而分析的方法較為偏重普遍性的原因（universal cause）。可見，敘述與分析方法的選擇和運用，基本上還是牽涉到歷史認知的理論和真實性。長期以分析的方式教導學生，是不是比較具有學術性，進而符合歷史的真實性？這是值得深思和討論的問題。敘述的歷史教學法（包括影視的）能使課堂上更生動，應該是毋庸爭論的事實。為了學術本身也好，抑或為了普及歷史知識也好，原則上教師應該可以採納歷史劇情片。

電影語言的刻劃（description）能力絕對是史家無法否認的事實。影片中只要一格場景，就可以將古戰場的實景，千軍萬馬的奔騰以及刀劍炮火中的血腥和煙硝表露無遺；或者，也可以描述某個人物喜怒時的撒臉窩心和橫眉豎目。史家哈窩斯（Bryan Haworth）曾經表示，歷史不僅應該關心合乎邏輯的因果發展，同時也要留意不同時代的人物如何流露情感和想像力。歷史影片，不管是劇情片、紀錄片或新聞片，都可以促使人們體認或營造昔日往事的氣氛。[13]

劇情片的敘述和刻劃能力固然可以使歷史變得更有血有淚；相對來說，它的虛構成分也因而隨著增加。歷史劇情片和嚴肅性的歷史作品的關係，就好比史詩、歷史喜劇、歷史小說和演義等問題與歷史作品的關係一樣。所謂「好」的歷史劇情片和歷史小說等，追求的是「虛中實」。換句話說，在虛構的故事情節中要能表達出歷史、社會及人生中的真實面和普遍性。如果虛之中還是荒

13　Bryan Haworth, "Film in the Classroom," *The Historian and Film*, pp. 159, 166-167.

謬乖偽，那麼整個作品就一無可取了。至於嚴肅的歷史作品，則要求「實中實」。在相當真實的史料證據及歷史解釋中，也應該能表達出歷史、社會及人生中的真實面和普遍性。否則，表面和形式上的「實」之中要是空洞而了無生趣的話，那麼其作品只不過是排比和充滿匠氣的產物。史家的作品的確永遠沒有辦法全真，但是，史家並不因此而享有捏造事實的權利。歷史劇情片和歷史小說等有較多的自由可以虛構情節，然而，其「虛」之中不能沒有「實」，此外，在虛構的情節裡也不能與歷史太離譜，否則連歷史劇情片或歷史小說也稱不上，而只能歸於其他類別的影片或小說。本文以「虛中實」、「實中實」兩個概念，提供給教師參考，或許從這裡出發，可以和學生討論歷史劇情片中的虛虛實實（參見本文集附錄I）。

結語

　　影片是一百年來新興的媒體。自從有了這種媒體，紀錄片和歷史劇情片便應運而生。但是，這一百年裡，專業史家也一再堅持以文字書寫，和以分析的方法從事研究和講課，結果許多學生卻越來越覺得歷史課程生硬無聊。這種疏離關係並不意味大眾棄絕了歷史。約在同時期，克麗歐（Clio），即希臘的歷史女神，以敘述的表達方法為重，卻藉著影視媒體而轉世投胎，社會大眾和許多學生因而能在教室之外吸收歷史知識。一九六○年代末期以來，專業史家逐漸察覺到歷史與影視的關係不容忽略，於是轉而主動參與製作紀錄片或歷史劇情片，撰寫影評和研究影視文化。影視史學終於在這二十多年中正式誕生。

　　由於影視史學的嚴肅內涵，觀賞影評不再是單純的休閒娛樂活動。所以，從現在起，歷史教師大可借重影視的歷史教材。中興大學歷史學系於民國七十九年五月正式成立「影視史學專用教室」，並與八十學年度開授「影視史學」課程，就是為了發展影視與歷史的關係，當然，其中的一項工作是推廣以影視輔助歷史教學。

　　以影視輔助歷史教學有正面的效果，可是也難免產生負面的作用。有關影

片虛實問題的判別，涉及許多史學及電影語言的理論，值得深入探討，本文僅提供「虛中實」、「實中實」兩個概念以便參考。至於較實際的問題，例如，教師應審慎選擇影片，放映時間的長短，教學主題與影片的配合，以及課前課後的討論，都是值得關切的。歷史教師最忌諱的是，濫用影視媒體來打發時間。為了避免對歷史知識造成更大的傷害，當使用影視輔助教學時，並不是把原來的空間變成電影院，而是再造真實與生趣得兼的教室。

本文原錄於王壽南、張哲郎主編，《中國歷史教學研討會論文集》（臺北：國立政治大學歷史學系中國歷史學會，1992），頁 189-203。

四、影視史學：課程的主題、內容與教材

影視史學的由來和課程主題

「影視史學」（historiophoty）是個嶄新的名詞。一九九〇年美國史家懷特（Hayden White）在《美國歷史評論》（*American Historical Review*）中發表一篇論文，名稱是："Historiography and Historiophoty"。這篇文章除了提出 "historiophoty" 這個新名詞而引人注目之外，對於 "historiography" 的新解也值得深思。按照傳統的講法，"historiography" 係指歷史研究與寫作方法和技巧。[1]所以在英漢字典裡都翻譯成「歷史之編纂」。但是，這種譯法顯然太偏重技術性的工作，好像研究歷史僅止於史料的考訂、爬梳以及史書的排比而已。為了強調歷史解釋及史觀的重要，臺灣現代的學者大都同意把 "historiography" 譯成「史學」，以便彰顯歷史研究的廣度和深度。然而很有趣的是，懷特在這篇論文所指的 "historiography" 係：

> 以口傳的意象及書寫的論述傳達的歷史。[2]

懷特重新界定這個名詞，從這篇文章的主旨來看，顯然是為了突顯 "historiophoty" 這個名詞所寓含的新觀念：

1　"historiography", *Webster's New Twentieth Century Dictionary on the English Language* (1975).

2　Hayden White, "Historiography and Historiophoty," *American Historical Review*, vol. 8, no. 2 (1990.04), p. 1193.

以視覺的影像和影片的論述，傳達歷史及我們對歷史的見解。[3]

　　瞭解了懷特的用意後，我個人經過思量，擬把 "historiophoty" 譯成「影視史學」，而把 "historiophoty" 譯成「書寫史學」。這種譯法──「影視史學」，可能契合懷特本意。至於「書寫史學」則未必一致，因為懷特所下的新解中，"historiography" 還包括口傳的部分。不過，"-graphy" 本來應該指任何以書寫或線條（draw）傳達出來的學問，"historiography" 還是譯成「書寫史學」比較妥當。我另外補充 "oral tradition" 專指「口傳歷史」或「口傳史學」，以區別前兩種不同的傳達媒體。

　　「影視史學」這個名詞的出現雖然只有兩年的時間，不過，當一百年前電影剛發明的時候，就有人以這種全新的媒體，傳達他們的歷史見解。一九一五年美國導演葛里菲斯（David Griffith）攝製《國家的誕生》（*The Birth of a Nation*），以美國內戰及林肯總統遭到暗殺為背景。純粹從電影的技巧和形式而言，這部影片足以在電影史上垂世不朽。更何況，從影視史學的角度而論，這是最早的而且最完整的一部歷史影片。葛里菲斯從美國南方的立場解釋內戰的歷史，也與北方的史觀大異其趣。繼《國家的誕生》以後，世界上重要的國家也陸續拍攝了難以計數的歷史劇情片，成為二十世紀大眾民間文化中歷史意識及知識的主要來源。其實除了歷史劇情片，早在一百年前已經有人拍攝紀錄片。例如，正當武昌起義發生的時候，朱連奎曾以電影器材拍攝武昌城上之龍旗降下，義旗升起的鏡頭。[4]這一百年來全世界所製作流傳下來的紀錄片，毫無疑問地，已成為重要的檔案資料。史家應如何保存、應用以及考訂，勢必也成為一套全新的專業知識。

　　從一九六○年代以來，歐美史家逐漸正視影視媒體與歷史之間的關係，以

3　*Ibid.*

4　〈睹戰場之真相與親臨戰場無異〉，《歷史月刊》，45 期（1991.10），頁 54。

論文或專著研究這門學術領域，甚至有的直接參與製片的工作。所以嚴格地說，影視史學成為正典的學問，晉身學院的殿堂，應該只有二、三十年的時間。然而，由於仍在起步的階段，對影視有興趣的史家仍需揣摩試探，對這門學問的範圍和研究取向都還缺乏共識。

中興大學歷史學系於民國七十九年五月成立「影視史學專用教室」。這間「教室」除了購置應有的視聽教學設備之外，還裝配多樣影片拍攝及剪輯的儀器。其目的一方面提供本系專任教授以影視輔助教學，另一方面則希望各教授能自製所需要的影片。為了配合這間「教室」的成立和發展，本系於八十學年度開授「影視史學」課程，總共四學分，供歷史學系學生選修。

這門課程的主題共有兩項：

第一，說明影視媒體對於二十世紀的歷史文化（historical culture）有何影響，進行分析近百年來大眾民間文化中的歷史意識。

第二，探討專業史家積極投入影視史學以後，對於書寫史學有何衝擊，進而討論史學思想及史學方法論可能有何發展。

以上這兩項主題，前者和一般所謂的小傳統關係較密切，其中所關注的歷史文化及歷史意識並不一定是很有理論系統或蘊涵哲理的學說，而是指影片文本（text）中傳達流露出來的歷史觀點或人民記憶。後者屬於專業的思考，注重菁英史家如何重新建構史學理論，迎接新的認知和傳達媒體。然而，這兩項主題之間的焦點是，討論二十世紀史學史和史學理論的新方向。基於這個理由，這門課程可以和「史學導論」、「史學方法論」、「中（西）史學史」及「中（西）史學名著選讀」置於同一個範疇，其宗旨都在協助學生對史學的認識、反省與開展。

課程的內容與教材

由於影視史學仍然在草創的階段，即使歐美等地也都沒有教科書問世。

為了授課的需要，我自訂了課程大綱和指定閱讀資料，並且把這些教材集

中，編訂成上下兩冊，每學期各使用一冊。其大綱和閱讀資料如下：

1. Clio 的轉世投胎

E. Bernheim，《史學方法論》，陳韜譯（臺北：臺灣商務印書館，1972），頁 101-110、513-523。

George M. Trevelyan, 〈克麗歐——一位繆司〉，錄於《西洋現代史學流派》，弘文館出版社編輯部編譯，頁 199-244。

章學誠，〈史注〉及〈答客問・上〉，錄於《文史通義》。

Hayden White, "Historiography and Historiophoty," *American Historical Review*, vol. 93, no. 5 (Dec. 1988), pp. 1193-1199.

林寶元譯，〈電影與人民記憶：《電影筆記》訪傅柯(1)〉，《電影欣賞雙月刊》，vol. 8, no. 2(April 1990), pp. 6-20.

影片：《世界電影史，1895-1917》上、中冊。

2. 工業資本社會的影視歷史文化

Gerald Mast, *A Short History of the Movies*, 3rd ed. (Oxford University Press, 1985), Ch. 2-3.

Graham Murdock, "Large Corporations and the Control of the Communications Industries," in *Culture, Society and the Media*, ed. by M. Gurevitch (London: Routledge, 1982), pp. 118-150.

影片：《篷車傳》或《紅河戀》以及《世界電影史，1895-1917》下冊。

3. 歷史的「重演」：歷史影片的虛與實

George Lukacs, "Historical Novel and Historical Drama," in *The Historical Novel*, by Lukacs (Atlantic Highlands, N. J., Humanities Press, 1962), pp. 89-170.

Anton Kaes，〈歷史，虛構與記憶〉，《電影欣賞雙月刊》，vol. 8, no. 3 (May 1990), pp. 20-23.

Paul Smith, *The Historian and Film* (Cambridge: Cambridge University Press, 1976), pp. 80-94.

Louis D. Giannetti，《認識電影》，焦雄屏譯（臺北：遠流出版公司，
  1989），頁 227-235。

影片：《國家的誕生》、《阿拉伯的勞倫斯》

4. 集權政治的影視歷史文化

James Hay，"Historical Films and the Myth of the Divine Origins,"
  Popular Film Culture in Fascist Italy (Indianapolis: Indiana Univer-
  sity Press, 1987), pp. 150-180.

5. 衝突（conflict）和共識（consensus）：六〇年代以來歐美的影視

Calin Maccabe，《尚盧‧高達：影響、聲音與政治》，林寶元譯（臺
  北：唐山出版社，1991），頁 64-97。

Lawrence L. Murray，"Hollywood, Nihilism and the Youth Culture
  of the Sixties: Bonnie and Clyde (1967)," *in American History/
  American Film* (New York: Continuum, 1979), pp. 237-256.

影片：《顛覆美國》

6. 黑人電影的歷史意識和社會意識

Saunders Redding，"The Negro in American History: As Scholar,
  as Subject," in *The Past Before Us*, ed. by Michael Kammen
  (Ithaca, N.Y.: Cornell University Press, 1980), pp. 292-307.

Thomas Crips，"Race Movies as Voice of the Black Bourgeoisie:
  The Scar of Shame (1927)," in *American History/ American Film*,
  pp. 39-55.

張振芬，〈從黑白到彩色—Spike Lee 與黑人銀幕的形象〉，《影響》，
  17 期（1991.06），頁 108-110。

何思穎，〈最近黑人電影的發展〉，《影響》，16 期（1991.05），頁
  77-80。

影片：《爵士男女》

7. 攝影機取代來福槍：《第三電影》（*Third Cinema*）與第三世界

李尚仁編譯，《邁向第三電影》（臺北：南方叢書出版社，1987），頁 13-43。

白方濟（Francisco Luís Pérez），〈「哭喊自由」：探討南非「種族隔離政策」〉，黃海倫譯，《當代》，28 期（1988.08），頁 114-120。

影片：《分離世界》（*A World Apart*）、《兀鷹之夢》（*Alsino and the Condor*）

8. 臺灣、香港與中國大陸的影視歷史文化

黃仁，〈臺語片二十五年的流變與回顧〉，《電影欣賞雙月刊》，53 期（1991.09），頁 12-21。

李道明，〈臺灣紀錄片與文化變遷〉，《電影欣賞雙月刊》，44 期（1990.03），頁 80-93。

吳正桓，〈臺灣電影文化和兩種電影觀〉，《當代》，10 期（1987.02），頁 97-105。

齊隆壬，〈再見「新電影」：期待「另一種電影的來到」〉，《當代》，12 期（1987.04），頁 128-131。

林寶元和陳建銘專訪，〈臺灣影像與文化困境的探索——訪「西部來的人」導演黃明川〉，錄於《獨立製作在臺灣》，黃明川編（臺北：前衛出版社，1990），頁 69-90。

余慕雲，〈香港新聞紀錄電發展史話〉，《電影欣賞雙月刊》，52 期（1991.07），頁 40-45。

弘合，〈任慶泰與第一批國產片考評〉，《電影欣賞雙月刊》，52 期（1991.07），頁 46-51。

石鷹，〈電影與史實之間——「黃土地」的訊息〉，《當代》，1 期

（1968.05），頁 82-85。

〈睹戰場之真相與親臨戰場無異〉，《歷史月刊》，45 期（1991），頁 54。

影片：《西部來的人》、《孫中山》

參考閱讀

杜雲之，《中國電影史》，上、下冊，臺北：行政院文建會，1988。

9. 電影語言的敘事方式

齊隆壬，〈電影書寫的「縫合」系統與「語言」意識形態──並論「黃土地」與「一切為明天」〉，《當代》，35 期（1989.03），頁 81-87。

Christian Metz, *Film Language: A Semiotics of the Cinema* (New York: Oxford University Press, 1974), pp. 3-28.

陳平原，〈說「詩史」──兼論中國詩歌的敘事功能〉，錄於《中國小說敘事模式的轉變》（臺北：久大文化股份有限公司，1990），頁 307-332。

影片：《埃及艷后》

10. 紀錄片與歷史事實

Giannett，《認識電影》，頁 201-235。

〈索姆戰役不朽場面純屬新聞片虛構〉，《歷史月刊》，45 期（1991），頁 58。

影片：《遠離越南》（*Loin Du Vietnam*）

11. 影視與歷史教育

周樑楷，〈以影視輔助中國史教學〉，《中華民國大學院校中國歷史教學研討會會議手冊》（中國歷史學會、政大歷史學系主辦；民國 81 年 2 月），頁 82-91。

影片：*Image as Artifact: Using Film and Television to Teach History*, ed.

by John O'Conner (American Historical Association, 1991).

12. 影視與新史學：理論與實際

Robert A. Rosenstone, "History in Image/ History in Words: Reflections on the Possiblity of Really Putting History onto Film," *American Historical Review*, vol. 93, no. 5 (Dec. 1988), pp. 1173-1185.

John O'Conner, "History in Image/ Image in History: Reflections on the Importance of Film and Television Study for an Understanding of the Past," *American Historical Review*, vol. 93, no. 5, pp. 1200-1209.

影片：《返鄉第二春》（*The Return of Martin Guerre*）

以上共十二講。第一講「克麗歐（Clio）的轉世投胎」主要說明：在十九世紀中葉以前，中西史學界原本非常重視文史的關係，第一流的史家幾乎都是敘事的高手。然而，當科學派史學（scientific school of history）興起，史家轉而強調分析式的專題研究，雖然所憑藉的史料大半是文字書寫的檔案或書籍，所傳達的媒體仍是書寫文字，不過，如伯漢（Ernst Bernheim）在《史學方法論》所顯示的：

> 故無論就何方面觀之，吾人決不能將歷史與藝術並論……
> 用語言文字以敘述歷史事實，倘僅就其報告之形式以研究之，則由最簡單的零星事物之敘述，以至於及複述的全部敘述，均為美學範圍內之事情，此與其他用散文體以敘述思想觀念之事同。就此點而言，此與史學之任務為無關係者，故無須在方法論內提及之。[5]

5　Ernst Bernheim，《史學方法論》，陳韜譯（臺北：臺灣商務印書館，1972），頁 109、513。

類似伯漢的論調，隨著專業史家的普及，逐漸成為史學界學院派裡的準則。試問今天假使有人以非分析式的（即敘述式的）表達和認知取向撰寫論文，是否會被接納，且順利取得文憑或升等呢？可見本世紀初屈維廉（George Macaulay Trevelyan）在〈克麗歐——一位繆司〉（Clio, A Muse）裡的呼籲，完全無效。他說：

> 歷史和文學除非相互聯繫起來，否則不能充分理解，更不能充分欣賞。[6]

　　其實，當屈維廉發表這篇短文時，克麗歐這位專司敘述的歷史女神在史學界的學院裡已經奄奄一息。不過，這個時候正是電影的初興之際，克麗歐得以轉世投胎，於是出現了歷史影片。本課程這一講的目的，在告訴學生「影視的且敘述的歷史文本」問世以後，我們應如何思考一套全新而且廣義的「文史關係」？換言之，這一講好比這門課程的導論，先啟發學生推想影視媒體可能對史學有何衝擊？

　　本課程的第二、第四、第五、第六、第七和第八講，安排的順序大致以電影史發展的先後，和地區的不同為依據。不過，各講共同討論的問題有：

1. 各種權力結構如何主導各地的影視歷史文化；
2. 為了對抗權力結構的宰制，六〇年代以來的影片，主要有哪些突顯「衝突」的歷史意識和社會意識。

　　分析這兩個問題必須以「整體性」的史觀，掌握文化、社會、經濟和政治等因素的互動關係。由於這幾講的內容牽涉的問題非常複雜，所以必要有所取捨選擇，本年度比較偏重六〇年代的電影、黑人電影和第三電影。至於有關勞工意識及女性主義的電影只好在討論、作比較時偶爾提起。有關臺灣、香港和

6　George M. Trevelyan，"Clio, A Muse"（克麗歐——一位繆司），錄於《西洋現代史學流派》，弘文館出版社編輯部譯（臺北：弘文館出版社，1986），頁213。

中國大陸地區的影視歷史文化，原來非常豐富，而且對我們比較切身落實；不
過，在重點上還是以臺灣的影片為本，儘量給學生一個參考架構，瞭解一九四
五年以來臺灣的文化與社會。我個人曾於五月間在中正大學歷史研究所舉辦的
小型研討會上，發表〈戰後臺灣影視文化中的歷史意識——一種建議性的研究
取向〉，大致就是第八講裡的課題。

　　本課程的第三、第九、第十和第十二講完全針對影視與史學理論的關係。
討論的問題包括：

　　1. 歷史劇情片和紀錄片真實性與虛構性的問題；

　　2. 電影語言的敘述方式；

　　3. 電影中的歷史因果關係。

　　對這幾個問題深入探討，按理必須借重現代語言學、符號學以及文化批判
等方面的知識，本課程只能盡個人所能，介紹這些新知，並且提出「虛中實」
與「實中實」這兩種觀念，作為評論「史詩、歷史小說、歷史影片」與「學術
性歷史作品」的標準。（參見本文集附錄 I）依個人淺見，「歷史作品」雖然免
不了虛構性，但是史家並不因此而享有捏造事實的權利，因此任何刻意渲染
「歷史作品」的虛構性，並且以此邏輯將「歷史作品」與「歷史小說、歷史影
片」等同視之的言論都值得商榷。本課程有意肯定「影視的且敘述的歷史文
本」，但反對輕易將它與「書寫的且分析的歷史文本」混為一談。更重要的
是，強調影視史學的來臨，史家在文化上將扮演某種新角色，史學思想和史學
史的研究也將有新的拓展。至於以影視輔助歷史教學更是不在話下，只要切記
不要濫用媒體，把教室變成電影院。

授課的檢討和心得

　　當這門課首次開授的時候，學生幾乎人人又好奇又疑惑。好在開學時已經
編印了講授大綱與教材的上冊，他們一經課程介紹和初步翻閱這本資料後，大
致可以瞭解授課的主題。一年來，隨著課程的進度，他們逐漸能掌握授課內容

的脈絡，所以在課堂上或課外，常有學生發問，觸及一些相當關鍵性的問題。例如，史三有位同學問：

> 究竟「影視史學」和「電影思想史」要如何釐清呢？影視是主體還是工具？是「引影視入史學」還是「引史學入影視」呢？

類似這樣的問題，其實反映學生已經針對主旨，思考影視媒體與歷史認知和傳達的關係。本課程未必樣樣能回答學生的疑難，但若能激發他們的求知慾，也算達到初步的理想。

就所訂的講授大綱與教材而言，上冊之中共有六講，按原規劃應在上學期一一完成。不過，所遭遇的問題有：

1. 教材中、英文資料太多，學生閱讀較困難，所以授課講解的時間相對增加；
2. 這門課每週授課時數只有兩小時，除了課堂講述討論外，還得觀看影片，時間運用不免捉襟見肘，非常匆促；
3. 學生對新課程不易進入狀況，所以第一講要占用較多鐘點，按步引導學生。

由於有第一學期的經驗，所以第二學期立刻調整。

1. 變更教材下冊中英文資料的比例，增加中文的部分；
2. 每週另增闢兩小時或三小時，專供學生觀看影片，原有授課時間只作講述與討論；
3. 下學期所擬訂的六講，授課時數不再平均分配，改成有輕重緩急之別，所以有關〈臺灣的影視歷史文化〉、〈電影語言的敘事方式〉及〈影視與新史學〉三講，都至少占用兩週以上的鐘點；
4. 補充單篇論文或資料，供學生課外自行閱讀。

要認識影視史學，按理應該對電影的語言及影片的攝製有基本的經驗。然而，從授課中發現許多學生連靜態攝影的概念都還非常貧乏，這種缺憾實在有

礙深層理論的討論。為此，在下學期曾經請一位專業攝影家，選一週日上午為他們啟蒙，而後師生在臺中市區拍攝，算是初步的實習。拍得的影片也在課堂上相互觀摩評論。

這門課上下學期的期末考都採筆試申論題。期中指定撰寫報告。上學期要求各寫一篇「影評」，專門從歷史的眼光評論影片。近兩年來，《美國歷史評論》已有兩期分別登載了五十多頁的短篇影評，臺灣的學生不妨可以跟進效仿。下學期則要求各撰寫一篇「歷史小說」，但要有些史實根據。

這門課非常重視文史的新關係，鼓勵學生紓解理智的枷鎖，拋棄慣用的記憶力，發展潛在的想像力（imagination），其實善用想像力反而能增進分析能力，提升個人的史觀。從學生的反應和報告內容，我個人益加覺得，應該多培養歷史系的學生的想像力，否則學院裡的風氣令人沉悶，思考的空間不得開展。每個學生本來都有活潑的生命，只要有適當的管道，他們的歷史意識便能逐步昇揚。

影視史學的理想，除了增添新的媒體，以認知和傳達歷史；更重要的，影視史學回過頭來，還能滋潤我們對歷史的見解。這門課程初步開授，論主題、內容和教材都有待改進，邁向理想。

本文原錄於張哲郎主編，《歷史學系課程教學研討會論文集》（臺北：國立政治大學歷史學系，1993），頁149-162。

五、影視史學與歷史思維：以「青少年次文化中的歷史圖像」為教學實例

影視史學的建立與反思

　　近幾年來，臺灣學術界對「影視史學」可能不再完全陌生。也許有些人只耳聞這個名詞，望文生義，想當然耳，以電影、電視等新媒體與歷史連在一起。不過，比起兩三年前一聽到「影視史學」就嗤之以鼻、不屑一顧的態度，已判若兩人了。假使這種現象稱得上學術界一點點的進步，得歸功於國內近幾年一些歷史學者工作的心力。

　　從一九九〇起直到今日只有短暫五年的時間，臺灣學術界是否真正瞭解「影視史學」，實在令人懷疑。尤其，「影視史學」是否名副其實，成為一門知識，有獨特的論述領域、材料和方法，並且能和其他歷史學門（如思想史、經濟史、臺灣史等等）同爭一席之地，更值得反省和檢討。假使這種現象算是學術上和教育的缺失，那也應該由平日標榜「影視史學」的工作者負起責任，加倍努力。

　　五年前美國史家懷特（Hayden White）首創 "historiophoty" 這個辭彙。依他的意思，指的是：

以視覺的影像和影片的論述，傳達歷史及我們對歷史的見解。[1]

毫無疑問地，這個詞彙的內涵與影片有相當程度的關係，所以電影和電視也順理成章占據重要的地位。然而，這個辭彙按理還應包含各種視覺影像，凡是靜態平面的照相和圖畫，立體造型的雕塑、建築、圖像（icon）等，都屬於這個範疇。當初我個人將 "historiophoty" 譯成「影視史學」的時候，就曾考慮到這一點。所以強調：「影視」指任何影像視覺的媒體和圖像，從最現代的電影、電視及電腦中的「虛擬現實」（visual reality），遠溯到古代世界各地的岩畫，只要能呈現某種歷史論述，都是「影視史學」研究的材料對象。除外，只要從上述的觀點而掌握「影視史學」的特性時，便不難分辨什麼是書寫歷史（historiography）？什麼是口傳歷史（oral tradition）？可見，影視史學的建立，不僅突顯影像視覺媒體在歷史表述上的重要，而且反過來也可以重新肯定口傳言語的地位。文字書寫的媒體畢竟獨霸歷史研究的領域太久了，如今影視媒體已經顛覆文字書寫的壟斷，歷史工作者最起碼應該一視同仁，平等對待影像視覺、文字書寫和口傳言語三種媒體。

在懷特的定義中，"historiophoty" 除了指影像視覺媒體，最重要的，還指這類媒體所傳達出來的論述和史觀。就這層意義而言，"historiophoty" 所要面對的問題，主要是這些媒體符號所含的內在旨意，或者說，是屬於後設性的層面，因此，"historiophoty" 應該有套方法論，否則就無法勝任處理所提出的問題。由於考慮到這點，當初把 "historiophoty" 譯成某種「史學」時，就認定它是門知識領域，或者保留地講，相信它應該可以成為一門學問。在現階段中，已有不少史家殫精竭慮，耕耘這片處女地，撰寫專題研究的論文，只是影視史學仍在建構之中，與預期的理想還有一段遙遠的距離。

1　Hayden White, "Historiography and Historiophoty," *American Historical Review*, vol. 8, no. 2(April 1990), p. 1193; 參見周樑楷譯，〈書寫歷史與影視史學〉，《當代》，88 期（1993.08），頁 10-17。

八十學年度（1991年9月起）我在中興大學歷史學系開設「影視史學」。起初的動機，純粹為了教學相長，一步一步走向這門領域。隔年，政治大學歷史學系主辦「中華民國大學歷史教學研討會」，利用這個機會，發表〈影視史學：課程的主題、內容與教材〉，以便介紹這門新課，聆聽大家的意見和批評。從初開設到現在，已進入第五個學年，就課程的目標與內容而言，或多或少先後做了一些調整。雖然，個人經常思索這門知識及課程應該何去何從，也不斷與好友同道商談，但總不如公開向史學界請益，現在能有這個機會，真是何樂不為，求之不得！

首先，就本課程的教學目標而言。五年前所訂定的主題共有兩項：

> 第一，說明影視媒體對於二十世紀的歷史文化（historical culture）有何影響，進行分析百年來大眾民間文化中的歷史意識。
> 第二，探討專業化史家積極投入影視史學以後，對於書寫史學者有何衝擊，進而探討史學思想及史學方法論可能有何發展。[2]

同時為了配合主題，教材內容共有十二章，分上下學期討論。表面上看起來，頗為堂皇，煞有其事。不過，萬變不離其宗，每年授課的目的總是為了啟發學生潛在的能力。所以又指出：

> 這門課非常重視文史的新關係，鼓勵學生紓解理智的枷鎖，拋棄慣用的記憶力，發展潛在的想像力（imagination）。其實善用想像力反而能增進分析能力，提升個人的史觀。從學生的反映和報告內容，我個人益加覺得，應該多培養歷史系學生的想像力，否則學院裡的風氣令人沉悶，思考的空間不得開展。每個學生本來都有活潑的生命，只要有適當的管

---

2 周樑楷，〈影視史學：課程的主題，內容與教材〉，錄於張哲郎主編《歷史學系課程教學研究會論文集》（臺北：國立政治大學歷史學系，1993），頁151。

道，他們的歷史意識便能逐步昇揚。[3]

到了今年八十四學年度（1995），稍微修訂教學目標，總共有下列三項：

第一，認識影視歷史文化的變遷。

第二，探討影視與當代人文思維的關係。

第三，建構影視與新史學的理論和實際。

如果僅就項目條文而言，新訂的教學目標，只不過把原來隱性的、有關人文思維的問題突顯出來，增列為新的項目。至於第一和第三項，與原有的兩項大致雷同。不過，這些條文都增訂了內涵，或者更明確的賦予定義。

例如，新訂的教學目標第一項之中完全針對「歷史文化」而設立的。在原有的目標裡也有這一項，只是不滿意「歷史文化」這個辭彙被廣泛使用，卻始終沒有具體的旨意。因此，我嘗試下定義說：

（歷史文化）是指文化現象中所呈現的歷史人物、事件、數字、情境以及歷史觀點；這些文化現象的「作者」可能是菁英分子，也可能是普通的老百姓；至於他們的思想觀點，可能是有意識的論述，但也可能是無意中的自然流露。更重要的是，歷史文化經常被利用，且與現實產生辯證關係，而在日常生活中，藉由各種符號與媒體傳達出來，除了文字以外，圖像、口語、聲音、實物、影視……裡，往往也蘊含豐富。[4]

基於這個定義，可以名正言順，擴展「歷史文化」的範疇，不僅從二十世紀的影視電子媒體回溯到遠古時期的岩畫，而且還可以包括各種社會群體（social groups）及各種年齡層的文化活動。這也是為什麼上學年度首先增列了一章，

3　同上，頁 161。

4　周樑楷，〈歷史數字的現實意識〉，《當代》，104 期（1994.12），頁 125。

討論青少年次文化中的歷史圖像：這個議題與學生的關係密切，由於他們不久之前還是過來人，甚至有的還參與這類文化的活動、運用這種思維的取向，所以課堂上討論起來個個特別熱烈，爭先恐後的，幾乎人人有話要說。還有，私下也自忖這些大學生不久可能到中小學任教，或者在社會上接觸青少年從事文化活動，如果讓他們有機會以學術心態探討這類議題，未嘗不是一件樂事。

正視青少年的歷史文化和圖像

青少年文化一向都被認為是一種「次文化」（sub-culture），屬於比較低層次的，不如成年人的文化圓融成熟；還有，青少年大部分還在接受教育，沒有社會地位，更談不上主導文化的發展方向。然而，當學術界自從六〇年代以來逐漸由菁英文化轉而注意通俗文化（common culture, popular culture，或譯為大眾文化）時，青少年也日漸成為學術界研究的對象。

不過，被接納成為研究的對象是一回事，獲得人們的正視又是另一回事。例如，歷史研究下層社會及其文化的學者，往往以保守的眼光，鄙視勞工和婦女。部分學者有鑑於此，採用比較前衛的（liberal）立場，同情勞工及婦女長期遭受壓制的困境。然而，所謂同情，僅止於把這些社會低層的人們當作文化霸權的犧牲品而已，在這些學者筆下只有被動無奈的一群人，卻絲毫未能顯現勞工及婦女主動積極的注意力。針對以上的缺失，有些更前衛的社會史家，例如：湯姆森（Edward P. Thompson）、霍布斯邦（Eric Hobsbawm）和史考特（Jean Scott），特別著墨勞工或婦女如何有意開創自己的未來，以及賣力塑造理想的社會和文化。[5]當然，這些身居下層及弱勢的群體舉步維艱，挫折

5　有關勞工史的寫作演變，可參考 Edward P. Thompson, *The Making of the English Working Class* (New York: Vintage Books, 1966), p. 12; 有關婦女史的寫作，可參考 Joan W. Scott, *Gender and the Politics of the History* (New York: Columbia University Press, 1988), pp. 1-27.

重重。不過，他（她）們的自主性卻贏得史家應有的正視和肯定。研究青少年文化和研究勞工及婦女一樣，基本態度上，應該先正視他們的存在，不必急著教導或批判他們。

目前與大學生討論青少年文化時，我喜歡先討論認同危機（identity crisis）與象徵性的創造（symbolic creativity）這兩個概念。按，認同危機是心理學者、也是心理史學家愛力克森（Erik Erikson）所提出的理論。他認為，十多歲的青少年（相當於臺灣的國中生）由於身處社會中最年長的小孩兼最年輕的大人，急於尋找自己不久未來在社會上的角色，同時也渴望獲得他人的肯定；這種急切焦慮的心理，稱作認同危機。愛力克森以這套理論分析馬丁·路德（Martin Luther），解釋這位宗教改革者何以年輕時先抗逆父權，而後成年時又何以叛離羅馬教宗。[6]對愛力克森的說法，個人採取比較保留的態度，因為有關馬丁·路德的史料並非我們外行人所能掌握的；不過，對認同危機這種立論，我倒願意接受。

在臺灣，大部分的國中生和高中生由於一心一意貫注升學聯考，師長也以考上好學校、好科系為價值導向鼓勵他們。這種教學方針暫時可以遮蓋認同危機，表面好像風平浪靜，完全沒有這一回事，可是學生到了大學，升學壓力消逝以後，所有的問題都一併爆發。反之，那些放棄升學或有點膽量向聯考挑戰的學生，也許能提早幾年面對自我的認同危機。從認同危機的理論，可以進一步連接偶像崇拜的心理，因為各式各樣的英雄偶像人物，不管純屬虛構的「忍者龜米開朗基羅」、「灌籃高手」、「超人」，或者是現實社會中的影歌星、運動選手，他（她）們的一舉一動都可能成為青少年的模仿對象。教師們面對這些現象難免心頭上有股莫名的壓力，沒辦法以自己所講解的歷史人物贏得學生的興趣，尤其更嗜談以古聖先賢為典範，以真人真事為道德價值標準。在影視

6　參見愛力克森（Erik Erikson），《青年路德》，康綠島譯（臺北：遠流出版公司，1985）。

史學的課堂中，希望學生把握認同危機與偶像崇拜的心理，進而從他們最喜愛的事物中，例如，漫畫書刊、電玩、影片等，尋找與影視歷史文化有關的資料。我想這是認知青少年文化的第一步，每位師長及大人應該經常留心青少年的意圖是什麼？

其次，有關象徵性的創造，是當代英國文化研究學者保羅・衛里斯（Paul Willis）的見解。在《通俗文化》（*Common Culture*）這本書裡，專門研究青少年，並且明確地指出：多半青年人的生活雖然沒有涉及藝術，更不可能創作高層文化，但實際上他們或許單槍匹馬，或許參與團體，總是層出不窮有各種表現方式、符號和象徵事物，他們藉著這些創造的成果，建立自己的調調、展現自我和做點自己覺得有意思的事，換句話說，青年人時時刻刻無不在表達（或企圖表達）自己的真正或潛在「文化意義」（cultural significance）。保羅衛里斯為了強調青年人的自主性和創造活力，簡稱這種內在生命及其成果為象徵性的創造。[7]我想教師和成人和青少年接觸溝通的時候，應該細心觀察他們，也許任何一點點小把戲裡頭都隱藏某種訊息。青少年自主性的思維和創造自我本體的動機，是學習認知的泉源，絕對不容扼殺，同時也是從事教育所應關懷的根本。

除了介紹上述兩種理論之外，上學年也安排一次座談會，以青少年次文化中的歷史圖像為議題，由學生自己籌劃、主持、主講和討論。我個人只在籌備過程中提供意見，輔導他們。剛開始籌備的時候，他們還不敢確認所要討論的是否符合歷史圖像？尤其談這類事物一向被師長認為異端邪門，是不是稱得上學問，現在可以公開在學府裡口無遮攔。由此可見，傳統學院裡過分正典的氣氛，的確扼殺了許多學生的想像力和活潑的心靈。

在座談會中，先後由三位同學報告引言。首先游玫瑜以《尼羅河的女兒》

7　Paul Willis, *Common Culture* (Milton Keynes: Open University Press, 1990), p. 1.

為例，討論漫畫與歷史的關係。她說：這本深受中小學生熱愛的漫畫，主要敘述埃及法老的故事，並且設計巴比倫、亞述等國的關係，其時空敘述架構以現代和上古相互交錯，這是一套虛虛實實參雜在一起的卡通，歷史情境裡融合男女情愛故事，怪不得女生們愛不釋手。游玫瑜又說：

> 國中時，每看完一集《尼羅河的女兒》後，同學們必定熱烈討論，在討論中，常不自覺地引發大家對歷史的興趣。像是木乃伊的製作過程，守墓狗，姐弟可通婚之習俗，都是我們前所未聞，而課本上也沒有的知識。我們會為了多瞭解這些事，而自動上圖書館找資料。這種漫畫不僅是一種調劑，同時可提供許多課外知識。[8]

其次，輪到林秋志的報告，以《三國志(IV)》為例，討論電玩裡的歷史圖像。他介紹遊戲的方式：

> 遊戲方式有二種，一種是虛構的，另一種則根據事實，所謂根據事實，即是按歷史時間進行。因此遊戲是以時間為軸心，所以何人在何時、何地，會發生何事或是戰爭，都是一定的。但如果是虛構的，電腦會自己處理一切事宜。這個遊戲有趣的是，每個人的年齡、生老病死等，皆根據史實而來，如果在歷史上某個人死於某年，電玩中，他在那一年一定會死，若我們當初選擇扮演此人，這時就要換成另一角色。[9]

接著，他談三國志電玩的影響。其中最主要的一段是：

> 因為我在專科時學的是電機，玩電腦電玩的機會比較多。據我所知，理

8　李秀瑜等，〈次文化中的歷史圖像座談會〉，《興史風》，18 期（中興大學歷史學系學會出版，1995.10），頁 78。

9　同上，頁 80。

工科學生玩電玩的比例較文科的學生高。其中，有很多人甚至為了電玩而閱讀三國演義。因為這個遊戲的人物非常多，約有二、三百人。而一般人只知道劉備、曹操等比較重要的人物；其他較次要的，如張遼等人，可能就不太清楚了。所以，因為電玩而產生一股動力，驅使他們去讀三國演義，有的人甚至還作筆記呢！[10]

最後，由莊佩柔發表她個人對於生活空間與歷史圖像的看法。所謂生活空間，依照我和她事先的溝通，認為不妨採取廣泛的定義，凡是日常生活衣食住行育樂都屬於這個範疇。例如，青少年自己的小書房兼臥室裡所有的擺設以及平常的衣服裝飾都算在內，因為這些生活空間最能表現自我，發揮象徵性的創造。然而，臺灣青少年的生活空間未必處處充滿歷史圖像，相反地，有些甚至過分現代或後現代。莊佩柔起初猶豫這種內容不能契合主題。我建議她不妨思考生活空間與社會階級的關係，然後比較現代與古代在這方面的心態和表現方式。座談會中，莊佩柔果然準備了不少資料，並且侃侃而談。她說：

接下來，我要講的是「品牌與社會階級」。大綱上這幅名媛的裝扮，是引自雜誌上的一個國際健胸廣告。我對這個模特兒的全身行頭做了一番分析，她的身上名牌。例如：YSL、蘭蔻、雅詩蘭黛等等，這是一個形象。現在，我們將它拉遠一點來看，清代的文官各有各的標準服飾，例如：一品官著鶴服、二品著錦雞、三品著孔雀、四品著雁等，這是國家給他們的形象，代表每個階級，這種階級是由皇帝所賜。[11]

從具象的衣飾談到現代社會品牌以及清代官員的服飾；緊接著，莊佩柔又從「品」字的概念談起《漢書》古今人物品評的問題。她說：

10　同上，頁 81。

11　同上，頁 82-83。

《漢書‧古今人表》將人分為許多等級，例如「中中」、「中下」之別，這種分等在近人看來似乎十分可笑。但是，我們今日不也把人分等級嗎？在我們心中，什麼人是「上上」呢？以我姑姑來說，她的「上上」是林青霞，因為林青霞長得又美，嫁得又好，過的生活也是她一直所嚮往的。

其實，每個人心目中都有一個「人物品評表」，甚至整個社會都變成了一個「人物品評表」；以我們今日身處的社會來看，這是個崇尚物質的社會，只要有錢，人人都可以變成林青霞，甚至愛情也成為了金錢的俘虜。[12]

三位同學分別報告之後，其他同學也紛紛發表己見。兩小時的過程中，發現他們大致已掌握了歷史圖像與歷史文化的關係，許多位同學在不自覺的情況下，甚至先自我剖析，而後論述青少年文化及其心理。由於親自體驗了這次多彩多姿的座談會，我想：師長們如果有機會完全以旁觀者的立場，先聽聽學生們的心聲，讓他們的思維能力自由發揮，結果不僅可以拉近兩代之間的距離，而且達到溝通與教學的效果。

　　上學年講完這一章以後，為了配合後續教學的效果，建議有些同學可以在這個主題之內撰寫期末報告，並且刊登在系刊《興史風》之上。在該期影視史學專輯的前言中，我說：

影視史學是條很漫長的路程，現階段才剛開始起步而已。同學們有心奉獻個人的成果，值得嘉許。我對他們的「研究報告」要求不多，只要每一篇都出自「真誠」，展現自我的生命就夠。因為這一點正是想像力的泉源，也是歷史認知的根本。[13]

12　同上，頁84。
13　同上，頁31。

解讀靜態圖像啟發歷史思維

研究歷史，除了察同觀異，最主要的還得辨別虛實。在大量影像視覺的資料裡，如何從表相的真實中看出潛藏的虛構？同時從荒謬的虛構中探測隱含的真實？這一切都屬於影視史學的課題，有待一步一步的經營。

這個學年度，將「青少年次文化中的歷史圖像」提前在上學期講授，因為這樣可以提高他們對這門課的興趣，同時，他們可以由自己身邊的事物入手，思考有關虛虛實實的問題，以便進一步推衍時空距離較遠的歷史問題。

這個學年的這個講次，重點放在靜態圖像，以照片為主，不過話題卻從《愛麗絲夢遊記》（*Alice's Adventure in Wonderland*）談起。愛麗絲的故事，一般人都能耳熟能詳，即使未曾親自閱讀原著，至少輾轉也聽說一點。對於這本童話小說，除了幼童，一般人大概不至於認真，計較內容的虛虛實實。然而，面對文化現象，我們不妨先設定大前提，肯定：任何時間都不可能百分之百虛構，凡是都是有點依據的；換句話說，憑空不能捏造，任何神話小說的創造都不可能無中生有。按，愛麗絲確有其人。她（Alice Liddell）是十九世紀英國牛津大學基督教會學院（College of Christ Church, Oxford）院長（名 Henry George Liddell, 1811-1898）的千金。從小她在這座大學城裡生活，與其他教授的眷屬子女一起嬉戲。這個學院裡有位年輕的數學教師（名 Charles Dodgson, 1832-1898）非常寵愛兒童，經常在研究室裡放些玩具，也不厭其煩講故事給他們聽，愛麗絲就是其中的一位。《愛麗絲夢遊記》裡有許多景物：野兔的洞穴、樓梯的轉角隱蔽處、糖果店、大樹、河水等等，經比對之後，大多是真實的。例如，故事中的糖果店今天仍座落在 St. Aldates 街上，只不過老闆娘不是故事中的綿羊罷了（參見網址：https://zh.wikipedia.org/wiki/File:Alices_Shop_-_Oxford_-_2_September_2010.jpg）。又如，故事中有隻造型奇特的動物，名字叫 Dodo（參見網址：https://unsplash.com/photos/80i-9GrAEDXo）。其實，它是隻已經絕種的動物，標本仍放在牛津的大學博物

館（University Museum）裡；更有趣的是，這隻 Dodo 的個性幾乎等於那位數學教師 Dodgson 本人。[14]換句話說，故事裡這隻迷人的動物是真實的鳥類造型加上擬人個性而成的，兩個真實加在一起變成了一個虛構。

十九世紀時，照相機是種新科技，許多人為之傾心著迷。Dodgson 剛在牛津時，也喜歡玩弄這種具有記錄功能的機器。他曾經以愛麗絲為模特兒拍了兩張照片。有一張是愛麗絲裝成乞丐小女孩的樣子（參見網址：https://www.metmuseum.org/art/collection/search/283092），另一張是她和姐姐都打扮成清朝「滿大人」的模樣，手中拿著一把張開著的中國式油紙傘，坐在高級的沙發椅上（參見網址：https://www.nga.gov/collection/art-object-page.199154.html）。[15]任何人看見這兩張照片，都知道純屬虛構的，但是，我們不能憑著一句話就算了，也不能會心一笑就滿足了。即使虛構的圖像，也應該嘗試解讀，想辦法理解內在的意義，這是從事影視史學必要的工作。

愛麗絲的這兩張照片中，乞丐小女孩是下層社會中最低賤的小人物，然而愛麗絲卻出身學院院長的家庭，屬於中上層社會。數學教師安排她，虛構不同的生活空間，改變社會角色。至於愛麗絲身著清朝服飾，基本上社會角色於本人相當，只不過換成異國文化的情調。我想：這兩張照片虛構的內容和形式雖然有別，但是攝影者和被攝影者都明知道這只是「暫時性的虛構」，在鏡頭張開的一剎那之後，一切都恢復常態。他們如此安排虛構的動機，我們可以先擱置不論；然而，對於他們的行為，不妨稱作「將暫時性的虛構，以靜態的圖像長期留住」。羅蘭巴特（Roland Barthes）似乎比較偏愛從攝影者的角度討論照片，我們也從這個角度試試。類似「將暫時性的虛構，以靜態的圖像長期留住」，有些是攝影者的主意，有些是被拍攝者要求的，要不然在今日就不會有

14　See Mavis Batey, *Alice's Adventures in Oxford* (Eactleigh, Hants: Cedar Colour Ltd., 1989).

15　*Ibid*, pp. 8-9.

人專程到照相館拍「寫真集」。從這個角度我們不僅可以追究攝影者和被攝影者之間「虛構」的問題，而且也可以思考長期與短暫之間有何關於「時間敘述」的問題。

上述有關《愛麗絲夢遊記》和兩張愛麗絲的照片，嚴格地講，都不是歷史作品，與「歷史文化」也沒有絲毫的關係。然而，在影視史學的課堂裡，藉著這個議題，首先和學生們一起探討影視與當代人文思維的關係，其內容大致就是本文前節所敘述的部分。接著，引愛麗絲的個例說明歷史文化的性質。

依照我個人的定義，「歷史文化」呈現的方式大致可以區分為兩種。第一種，「作者」企圖告訴閱聽者，他所敘述的歷史現象都是真實的、正典的。例如：古今中外許許多多的塑像、紀念碑、浮雕等。這類之中又可細分：有些是「作者」本人自認為真實的，他同時也希望別人深信不疑。另外，有些是「作者」本人明知是虛構的，但他卻期待別人完全採信。第二種是，「作者」並無意告訴閱聽者歷史的真相，他只是借用某些歷史表相表達一些非歷史的觀念或情意，除非閱聽者缺乏判斷力，信以為真。對於第二種的「歷史文化」，大部分的閱聽者對於虛構歷史，不僅毫無責怪之辭，甚至還報以善意的一笑。例如：愛麗絲的文化現象應是屬於這一種。

在青少年的歷史文化中，屬於上述第二種的處處可見，比比皆是。尤其在漫畫、卡通、電玩、影片裡，不難發現歷史不斷地被「利用」。許多歷史教師和學者往往過於正經認真，一向對待這種「歷史文化」如同惡魔，好像它們隨時隨地污染青少年的心靈。這些教師和學者的顧慮雖然不無道理；然而，他們應該不妨試著瞭解「歷史文化」的涵意和呈現的方式，分別什麼時候該嚴肅？什麼時候該詼諧？還有，更重要的是，應正視青少年文化的自主性和創造性。從「真實的」和「虛構的」資料裡，教師都可以和學生「把玩」虛虛實實的問題，啟發他們的歷史思維。

這個學期趁著期中考的機會，給學生兩道題目：

第一題，以卡通影片《機動戰士》（Gundam）為實例，試從青少年次文化歷史圖像的角度，論述影片中的情節和畫面。

第二題，以兩張慈禧太后的照片為實例，以個人的觀點解析圖像的意義。

（參見網址：機動戰士鋼彈：https://www.bilibili.com/read/cv10970772、《機動戰士：逆襲的夏亞》：https://today.line.me/tw/v2/article/975Jar、慈禧太后：https://www.semanticscholar.org/paper/Empress-Dowager-Cixi-and-Western-Women-Workman/32a7df8d88cf0c96d83939dc29176fd5b681f57d/figure/0、慈禧太后扮觀音：https://archive.org/details/greatempressdowa00sergrich/page/284/mode/2up?view=theater）。

其中慈禧太后打扮成「普陀山觀音大士」，不僅「將暫時性的虛構，以靜態的圖像長期留住」，而且「老佛爺」即刻變成人們恭維的尊稱，是真實還是虛構？恐怕不是單一回答可以說明的，但又何妨讓學生自由發揮！

歷史思維與思維歷史的辯證

近二十幾年來，以英、德為主的西方國家之中，有些史家提倡歷史教學（didactics of history, teaching of history）應該培養學生的歷史思維（historical thinking）或歷史意識（historical consciousness），至於歷史知識（historical knowledge）只是「必要的材料」，但並非教育目標的全部的而且「充分的理想」。在臺灣，清華大學歷史研究所中學教師暑期進修班的宗旨也是為了歷史思維的教學取向，近兩年來積極加以推廣。

然而，什麼是歷史思維？或者什麼是歷史意識呢？這兩個名詞的涵意一直還未被釐清。依照當代德國史家余琛（Jörn Rüsen）的說法，歷史意識所指的不僅是歷菁英史家（或思想史家）已形成一套體系的理論歷史解釋，而且也包

括非菁英史家對歷史的思維方式和種種立場觀點；但基本上歷史意識的思維主題（即本人）應該瞭解他個人所認知的是什麼？所要傳達的是什麼？[16]就此而言，歷史意識和歷史文化是不盡相同。歷史意識之所以稱之為「意識」（consciousness），含有心理學上的意義，指與人們理性思考有關的對象；而「歷史文化」一詞，除了指有意識的理念之外，還可涵蓋潛意識中的心態。不過，歷史意識也好，「歷史文化」也好，都不是傳統書寫歷史作品的專屬，舉凡教科書、筆記小說、語言……各種影視圖像等，都可能傳達某一些歷史意識和歷史文化。

　　本文前三節已經就青少年次文化的歷史圖像，分別討論歷史文化和歷史思維的問題。然而，我們還可以就這些問題再繼續往前推進，思考史學本身的性質和範疇。

　　首先，由於本文以青少年次文化的歷史圖像為例，說明所有的「歷史文化」多少含有歷史思維。學生本來都是自主的，具有創造力，站在教育的立場，教師們應配合他們的年齡及認知發展過程，激發他們的歷史思維。除此之外，我們也可以站在研究史學或建構史學理論的立場，強調影視媒體與言語、文字同等重要。因此影視語言與歷史敘述、歷史論述之間的關係，日漸成為當務之急。

　　其次，傳統的史學史和史學理論只注意文化菁英，只關心他們已成熟完整的思想。現在通俗文化已經成為研究的對象，我們可以擴充史學史的範圍、包括青少年的歷史文化，而且更應該正視肯定他（她）們，與他（她）們進行歷史溝通（historical communication）。依照當代德國歷史教育學家 Siegfried

---

16　See Jörn Rüsen, "Making Sense of History Interdisciplinary Studies in the Structure, Logic and Function of Historical Consciousness: An Intercultural Comparison," a paper for Concept or a Research Group at the Center for Interdisciplinary Research (Zif) in 1994/95, Bielefeld, Germany.

Quandt 的說法：

> 歷史溝通這個概念包括所有的活動和機構組織內，只要它們參與社會
> （或社會與社會之間）的溝通且有助於歷史意識的產生，都屬於這個範
> 圍。[17]

　　由於校園內是最佳的溝通場域，歷史教學理所當然是項歷史溝通；同時，Quandt 教授又認為，大衆媒體也是溝通傳播的工具，其中必然含有歷史溝通。[18]可見，青少年次文化的歷史圖形的確值得重視。我們既可以往這類文化現象啟發青少年的歷史思維，而且也可以從青少年次文化中的歷史圖像反思史學的本質，二者之間相互辯證，相輔相成。

　　本文最初發表於「歷史教學與視聽媒體研討會」（臺中：東海大學歷史學系主辦，1995.12）。而後錄於《歷史教學與視聽媒體研討會論文集》（臺中，1996.03），頁 97-125。本新版於 2021 年 10 月修訂。

17　Siegfried Quandt, "Historical Communication and the Didactics of History," in *Historical Culutre-Historical Communication*, eds. Karl Pellen (Verlag Moritz Diesterweg, Frankfurt, 1994), p. 26.

18　*Ibid*, p. 27.

六、銀幕中的歷史因果關係：
評論《誰殺了甘迺迪》及
《返鄉第二春》

多樣多變的歷史解釋

　　對歷史知識稍微有點反省能力的都知道，每個歷史事件可能有無數的解釋（interpretation）和多樣的情節。例如，李岩這個人，相傳是李自成身邊一名軍事級的人物。有關他的生平事蹟，從清初到現在就有許多不同的說法，有時候他成為小傳統中眾人皆曉的英雄，有時候又變得默默無聞。[1]最有趣的是，中國大陸現在的知識分子幾乎曉得明末農民運動時有位文人出身的「英雄」。而臺灣的讀書人，如果對武俠小說沒有涉獵，可能從未曾聽說李岩是何許人也。類似這種「得知」和「無知」之間的問題，其實已足夠反映現實了。

　　歷史解釋和故事情節的多樣多變，原因不外乎個人主觀的差異以及外在環境的變遷。不過，值得留意的是，傳達媒體的不同，也會影響歷史事件的再現。語言、圖像和文字意味三種不同的認知和表達符號。人類使用語言和圖像遠比文字記載來得早。而且，在西元前七、八世紀以前，人們依靠語言和圖像的程度還比文字為重。我們現代人稱讚某人學問好，通常都說「他很會讀書」，這是因為文字書寫負起了傳達知識的主要責任。然而，依顧頡剛的訓

1　See Roger Des Forges，"The Story of Li Yen: Its Growth and Function from the Early Ch'ing to the Present," *Harvard Journal of Asiatic Studies*, vol. 42, no. 2(Dec. 1982), pp. 535-587.

詰，「聖」的本義指「聞聲知情」；[2]換句話說，在漢代以前，「聖」本來是指達四聰或聞一知十的人。聽聞在古代既然這麼重要，難怪「耳順」成為人生歷練後期中的一個境界；而「朝聞道，夕死可矣」，更是一種理想。其實，世界上各地早期的文明，都以語言傳誦他們本族的往事，這就是所謂的「口傳歷史」（oral tradition）。至於圖像和語言一樣，可以追溯到三、四萬年以前，當人類創作壁畫時，也就是以另一種符號從事傳達和記憶。所以，按理「史畫」也曾經負起了解釋歷史的責任。其功能是文字書寫永遠都無法取而代之。司馬遷撰寫《史記》，充分展現了「文」與「史」的關係；不過，像他這樣的記述長才，在寫作之餘也盼望有史家的高手，代為傳達心中的歷史影像（image）。在〈田儋列傳〉中，他感歎地說：

> 田橫之高節，賓客慕義而從橫死，豈非至賢。余因而列焉，不無善畫者，莫能圖，何哉？

由此可見，各種傳達媒體各有長短。同樣的一則故事或一個意念，以不同的符號媒體表現必然有迥異的效果。進一步講，史學上有關「真實」（reality）與「虛構」（fiction）的問題，往往在作者選擇以何種媒體表達時，就已經決定哪些可以得心應手，哪些難以掩飾。一百年前，人類發明了影視媒體；不久以後，以歷史為題材的影片紛紛走入電影院。六〇年代以來，有些專業史家漸漸重視影視的功能，甚至直接參與、製作歷史電影。因此，從這個時候起，史家也隨著思考影視媒體與史學之間的關係。

兩部翻案的歷史劇情片

本文想以《返鄉第二春》（*The Return of Martin Guerre*）和《誰殺了甘迺迪》

2　顧頡剛，《顧頡剛讀書筆記》，卷九，上冊（臺北：聯經出版公司，1990），頁 6931-6933。

（*JFK*）為個案，討論以影像視覺（包括聲效在內）表述歷史事件時所面臨的一些問題。主要有：1.影片的真實性和說服力；2.敘述的（narrative）和分析的（analytical）兩種認知和傳達取向之間，各有哪些長短。這兩部影片都與歷史有關，故事內容都以司法審判為本。換句話說，這兩件歷史最「原始的事實」（original fact）都經官方認定的，相當有權威的基礎。但是，這兩部影片都有意推翻原來的說法，提出一套新的歷史解釋。

美國總統甘迺迪（John F. Kennedy）遭暗殺的事，發生在一九六三年十一月十二日，時間距離現在還未滿三十年。又由於這件事震驚全世界，所以一般人都略知其始末。當甘迺迪前往達拉斯（Dallas），在市區時被一名二十四歲的男子奧斯華（Lee Harvey Oswald）射殺。奧斯華立即被捕，然而隔不久卻被另一名男子魯比（Jack Ruby）槍擊，當場死亡。整個事件由大法官華倫（Earl Warren）主持調查。到了一九六四年九月二十四日，整份調查報告由華倫調查委員會（Warren Commission）提呈，內容共有九百頁，另附加二萬頁的資料。調查報告的結論說，奧斯華行兇的動機與他人無關，純屬個人的行為。於是這件事情的「因」與「果」，就此判定。

《返鄉第二春》的情節發生在十六世紀中葉，法國南部的一個小村莊阿提加（Artigat），主要的角色都是村夫與村姑，所以一般觀眾多半對故事本身毫無懸念，更談不上有何成見。這個故事的「原始事實」說，阿提加有一年輕人馬旦‧葛爾（Martin Guerre, 1524-1560），十四歲時與附近村莊的女子德賀樂（Bertrande de Rals）結婚。葛爾才智平庸、個性懶散，又無才能。兩人結婚後沒有生育，經過八年，偶然有位老女巫來到村裡，小夫妻經法術治療，果然生下一個兒子。但不久，葛爾決定放棄農耕，自行從軍，遠赴西班牙，而且與鄉人完全斷絕音信。到了一五五六年，有位男子自稱是葛爾，返回阿提加。他的真名叫帝樂（Arnaudu du Tilh），也是法國南部隆吉多（Languedoc）省裡的村夫。當兵期間曾經與葛爾在同一部隊裡，因此閒聊家常時，彼此敘述家鄉裡的親朋好友。帝樂的面貌有點像葛爾，不過身材較高瘦，皮膚顏色稍微深

一點。由於他的記性過於常人，口才便捷，到了阿提加時能一一的回憶「往事」，村裡的人一開始都相信葛爾回來了。更重要的是，德賀樂也接納了這位丈夫；往後的三年，他們生了兩個女兒，其中之一早夭。這位新的葛爾返鄉後，不僅對家人溫柔體貼，而且辛勤工作。在自給自足的農莊裡，一般人只知日出而作，日落而息，而葛爾卻嫻熟商業行為，知道如何處理過剩的農產品。尤其他向叔叔提出平分財產的要求，依法有據、辯才無礙，與離家出走前的葛爾判若兩人。於是他的叔叔在私心作祟下，開始懷疑葛爾的身分。事情也就越鬧越大，最後上了法庭。

一五六〇年的四月，葛爾的案子首先由希俄（Rieux）地方法庭審理。為了這個案子，整個阿提加有一百五十人前來作證，其中四十五人說這位不是真的，六十人左右不敢確定，四十八人表示肯定真實。德賀樂本人也說是真的，還有葛爾的四個姐妹也站在德賀樂這一邊。這個案子於同年夏天轉移到成立一百七十年之久的都路斯（Toulouse）法庭。當時的問案法官之一，名叫卡哈（Jean de Coras），正值中年四十五歲。審問時，原告、被告以及證人都聚在一起，沒有隔離分別提訊。案子進行接近尾聲，在場的法官幾乎都快認定這位丈夫真實無疑時，真的葛爾即時趕到了都路斯。葛爾在當兵作戰期間，因受傷斷了一隻腿，本來他不是有意返鄉的，然而「真偽葛爾的案子」自從發生後，一傳十，十傳百，不僅在法國南部而且在西班牙也能聽到這個消息。葛爾得知這則有關他自己的故事，才一拐一拐地跋涉到都路斯。案子也因為他的出現而了結，「假冒的葛爾」帝樂被問吊處死。

「真假葛爾的案子」因為情節非常傳奇，尤其「居然有一位村婦如此愚昧無知，分辨不清自己的丈夫，以及一位偽冒者有如此驚人的記憶力」，所以審問的法官卡哈在同年的十月就寫成故事的第一稿。一五六一年，正式出版，書名叫《判決回憶錄》（Arrest Memorable）。一五六五年這本書改在巴黎印行，而後一五七二、一五七九、一五九六、一六〇五、一六〇八……陸續地再版。

卡哈所敘述的這段故事因此再傳下來。[3]

　　甘迺迪被暗殺的事件，自從一九六五年起，就不斷有人著書質疑華倫委員會的調查報告。在六〇年代至少有四種（如 Harold Weisberg's *Whitewash*；Mark Lane's *Rush to judgment*；Edward Jay Epstein's *Inquest*；Sylvia Meagher's *Accessories After the Fact*），到了七〇、八〇年代，這類的作品有增無減，其中包括一九八八年新奧爾良的檢察官葛里森（Jim Garrison）撰寫的《論謀殺案的審判》（*On the Trail of the Assassins*）。[4]電影導演奧立佛・史東（Oliver Stone）深受葛里森的作品影響，因此葛裡森也成為《誰殺了甘迺迪》中的主要劇中人物（由凱文・科斯納〔Kevin Costner〕飾演）。依據這部電影的解釋，真正射殺甘迺迪致命的不是奧斯華，而是躲在另一角落樹旁矮牆後的射手。至於暗殺的動機，與當時候美國軍火商、情報人員、右派主戰政客，甚至連來自德州（Texas）的詹森總統都可能有點關係。史東的解釋嚴格地說並沒有太大的創見。不過，他是第一位以有劇情的影視媒體，表達甘迺迪遇刺的經過和原因。相對於「原始事實」而言，《誰殺了甘迺迪》是一部翻案性質的影片。

　　「真假葛爾的案子」除了有卡哈以法文寫的「傳奇」外，在一五六一年也有位法官蘇爾（Guillaume Le Sueur），以拉丁文寫了一本相關的作品。他們二人所描述的情節免不了有些出入。不過基本上都對真的葛爾有點偏見，對假的葛爾的記憶力大為嘆服，而對德賀樂的「無知」、「受人愚弄」表示同情。[5]他們兩人的作品都流傳下來，後來有人依此改編成劇本、小說以及小型歌劇。一九八二年，法國的導演維納（Daniel Vigne）有意將這個故事搬上銀幕。正

3　Natalie Zemon Davis, *The Return of Martin Guerre* (Cambridge, Mass.: Harvard University Press, 1983), pp. 94-103.

4　James N. Giglio, "Oliver Stone's JFK in Historical Perspective," *Perspective* (April 1992), pp. 18-19.

5　Davis, *The Return of Martin Guerre*, pp. 104-113.

巧當時美國普林斯頓大學（Princeton University）的女史家達維絲（Natalie Zemon Davis）因主修法國近古史，閱讀了前述兩位法官的作品，覺得內容頗有戲劇性，值得拍攝成電影。於是在這種機緣下，達維絲教授不僅擔任顧問，而且還軋了配角（可能飾演葛爾的姐姐）。按照《返鄉第二春》（參見網址：https://en.wikipedia.org/wiki/The_Return_of_Martin_Guerre#/media/File:Le_retour_de_Martin_Guerre.jpg）這部影片的解釋，德賀樂當初一見到假葛爾時，就知道他不是自己的丈夫，不過在羞怯之中，她接納了他。其後，她經常幫這位新丈夫「惡補」有關家鄉的事情，協助他度過一些尷尬的場面。換句話說，在影片中德賀樂不再是可憐的犧牲品，而是主動為自己爭取權益的女人。假的葛爾能在村子裡一住達三年多，德賀樂不失為靈魂人物。所以，毫無疑問地，這部影片也有意翻案，否定「原始事實」，而另作解釋。

影片的真實性和說服力

《返鄉第二春》自從一九八二年發行後，在歐美各地的票房都不錯，電視上也屢次播映。我在美國期間曾買了一卷錄影帶，每當有家庭聚會時，偶爾播放給大家欣賞。通常在播映前，都不說明這部片還有所謂的「原始事實」，等影片結束了，才和大家討論。回來臺灣的這幾年，有時也如法炮製，與友人或學生同樂。結果讓人非常驚奇的是，到目前為止，所有的觀眾都寧可接受影片的說法，尤其女性們肯定的口氣更是斬釘截鐵，直截了當。當然這種「問卷調查」的方式不是十分科學的；不過觀眾朋友的反應，足已說明《返鄉第二春》的說服力。

其實，首先批評《返鄉第二春》這部影片的不是外人，反而是達維絲教授本人。她在一九八三年出版《返鄉第二春》（*The Return of Martin Guerre*），這本書的內容，主要批評影片中許多地方和她的本意不合，以至於減弱了應有的說服力。例如，依達維絲教授的考證，當初帝樂到阿提加之前，現在鄰近的另一個村子（Pailhés）打尖；他告訴旅社主人他名叫馬旦·葛爾；不久，葛爾

的四位姐妹聽到消息先趕到旅舍相認；德賀樂緊跟著也來了，並且接受了這位新丈夫。剛巧，這個時候假冒的葛爾生病，繼續留宿旅舍，而只有德賀樂單獨陪著照顧他。達維絲教授說：「這個機會使他〔指假冒的葛爾〕得以學到更多有關葛爾的舊事。」[6]另外，這本書也陳述了許多有關十六世紀法國社會、經濟、宗教和風俗習慣，目的在論證故事的新說。例如，她指出，十六世紀時阿提加的居民大都是天主教徒，然而德賀樂和假冒的葛爾信仰新教；依照一五四五年日內瓦（Geneva）新教的新婚姻法規定，夫妻兩人只要彼此相許並且稟告上帝就可以了。所以，對德賀樂而言，她與新丈夫之間已是「真正的夫妻」，在心理上他們可以免除任何罪惡感。[7]另外，德賀樂對外一再說謊，那是因為在父權的社會裡，她必須「大智若愚」般主導她所願意的事情。至於假冒的葛爾，人財兩得本來就何樂不為，再說德賀樂外貌清秀，更值得憐愛。只不過，他假冒成葛爾，好比劇場裡的演員總要戴個面具，而且似乎永遠要遮蓋住自己的真面孔。達維絲教授進一步指出，德賀樂身為女人，從「男人的接觸」（the touch of man on the woman）一定曉得真假葛爾的不同。這項重要的理由可以支持德賀樂主動接納了新丈夫的事實。[8]總而言之，達維絲教授寫書，與其說為了責怪這部影片，不如說有「補強」的作用；她有意使這種翻案性的新說更有憑有據。

雖然達維絲教授使這個故事的解釋更合理合情，但難免還是有異議。一九八八年美國史家芬雷（Robert Finlay）於《美國歷史評論》（*American Historical Review*）發表專文：〈馬旦‧葛爾的重演〉（The Refashioning of Martin Guerre），以逐項討論的方式，反駁達維絲教授立論不足的地方。其中比較突出的一點是，他指出從心理上的因素，以「男人的接觸」推論德賀樂的想法，

6　*Ibid*, pp. 42-43.

7　*Ibid*, pp. 33, 50.

8　*Ibid*, pp. 43-44.

理由不免失之牽強。依照芬雷教授的推算，葛爾夫婦七年的婚姻中，真正有性生活的時間，頂多數個月而已，這麼短暫的經驗應該難有「男人的接觸」的感覺。[9]就我個人所知，到目前為止，芬雷教授似乎是唯一公開批評達維絲教授的人。而達維絲教授在同一期的《美國歷史評論》中，也撰文〈論瘸腿〉（On the Lame）回應芬雷教授。[10]大約兩年前，賀爾教授（Phyllis A. Hall）在大學中主講歐洲近代史時，為了訓練學生分析的能力，特別指定閱讀芬雷和達維絲兩位教授的文章，以及觀看影片《返鄉第二春》。結果學生在分別指出兩位教授的缺失時，大都還是支持新的歷史解釋。[11]由此可見，雖然影片《返鄉第二春》捏造了一些情節，省略了許多論證，但是基本說法：「德賀樂主導這段新婚姻」，仍然具有說服力。**由此可見，一部有許多虛構情節的歷史劇情片，有時候憑著其核心問題的「真實性」，反而否定了具有權威性質的「原始事實」**。影片《返鄉第二春》的意義也許在此。

《誰殺了甘迺迪》對社會觀眾，乃至於學術界和政治界所造成的震撼力可能遠勝於《返鄉第二春》，當然與內容主題實在引人注意有關。由於缺乏統計資料，我們不曉得一般大眾是否接受導演史東的解釋：「甘迺迪被暗殺，事出於美國當時一批右派主戰的人士」。不過，從影像、音效以及論述而言，這部影片的張力一直咄咄逼人，相信許多觀眾從此而懷疑華倫調查報告的說法：「兇手奧斯華行刺純屬個人動機。」就這一點而言，這部影片的說服功效已達成百分之五十了。然而，值得留意的是，自從這部影片發行後，不斷有人撰寫文章批評史東虛構史實。例如，專門研究甘迺迪總統的吉里奧教授（James N.

9   Robert Finlay, "The Refashioning of Martin Guerre," *American Historical Review*, vol. 93, no. 3 (June 1988), p. 558.

10   See Natalie Zemon Davis ,"On the Lame," *American Historical Review*, vol. 93, no. 3 (June 1988), pp. 572-603.

11   Phyllis A. Hall, "Teaching Analytical Thinking though the 'AHR Forum' and The Return of Martin Guerre," *Perspective* (Jan. 1990), pp. 14-16.

Giglio）曾表示：「《誰殺了甘迺迪》歪曲了歷史，這對於比較沒有受教者以及不知情的大眾而言，毫無疑問地，會有很大的危險。」[12] 又如，最近一期的《美國歷史評論》（於 1992 年 4 月發行）內有三篇文章專門討論史東的影片。其中提供了一項重要的訊息，那就是史東無中生有在影片裡塑造了一位同性戀者歐基夫（Willie O'Keefe），而且甘迺迪被暗殺，似乎與他不肯屈服於同性戀者的脅求有關。[13] 其實，稍微用心一點的觀眾，直接觀看電影，也可以發現史東有意魚目混珠，把真假紀錄片穿插在影片裡。為了強調導致甘迺迪致命的子彈不是來自奧斯華，而是從樹林中矮牆的背後來的，史東拍攝了一個場景，鏡頭對準那個射手的背影，然後是矮牆，最遠處才是甘迺迪等那一干人馬。由於這段情節以黑白影片表現，影像故意顯得模糊粗糙，看起來像事件發生時當場拍攝的「紀錄片」。這也就難怪有這麼多的專業學者指責史東的不是了。

　　《誰殺了甘迺迪》和《返鄉第二春》各有不少虛構的情節，然而本文比較關心的議題是，兩部都是歷史劇情片，同樣有相當程度的張力和說服力，其中涉及翻案性的關鍵問題，為什麼《返鄉第二春》的「真實性」比較容易被肯定，而《誰殺了甘迺迪》卻遭致較多的批評？本文擬從歷史因果關係處理方式的角度來討論（有關《誰殺了甘迺迪》影片請參見：https://www.imdb.com/title/tt0102138/）。

兩種認知和傳達取向的對抗

　　當史家解釋歷史現象的時候，必然會思考事件因何發生，因此就涉及了歷史因果關係的問題。從理論層次而言，有些學者比較偏愛從「普遍性的原因」（universal causes）來解釋現象，有些卻重視「個別性的原因」（individual

---

12　Giglio, "Oliver Stone's JFK in Historical Perspective," p. 19.

13　Michael Rogin, "JFK: The Movie," *American Historical Review* (April. 1992), p. 503.

causes）認為因此往往改變事件的發展。當然這兩種分法並不是絕對的二分法，非此即彼；而是，相對地程度上的不同。不過，史家往往兩個人在這方面的立論「失之毫釐」，導致最後整個解釋「差之千里」。

　　《返鄉第二春》這部影片，依達維絲教授的指正，其中有不少虛構的細節和動機，有部分是影視傳達媒體不得不然。例如，在大約兩個小時長的影片中如何展現整個故事情節，尤其考慮到票房利潤時，更不得不添增一些戲劇效果。不過，《返鄉第二春》裡這些虛構的細節，也就是個別性的原因，只是陪襯輔助說明的作用。它們的存在，還不致於以一個偶然的、個別的因素扭轉了全局。影片裡，假冒的葛爾直接回到阿提加，先遇見幾個村裡的老朋友，接著他與家人擁抱相認，最後才見到德賀樂。這種敘述表達方式，達斯維教授認為少了一段在旅舍「惡補」的「因」，所以假葛爾被村人無疑義地接納的「果」，條件不夠充分。這部影片刪減省略了許多「真實的細節」，已犯了廣義性的虛構，同時也因此它必要誇張假葛爾的記憶力和反應力，這又添加了另一種方式的虛構。不過，這部影片卻仔細地描寫（describe）德賀樂的心理。她需要一位丈夫，更不願失去一位令她滿意的丈夫。影片從這個心理上的「因」，解釋德賀樂如何主導假葛爾的「果」。這種心理上的原因，按理相當具有普遍性，合乎人之常情。芬雷教授卻有意挑戰這項說理，認為「男人的接觸」這個通則不能應用到葛爾夫妻的個案上。不過，芬雷教授把「男人的接觸」說得太狹隘了。他應該知道，夫妻同床，「長期沒有接觸」其實就是某種類型的接觸。達維絲教授因此反駁說，「男人的接觸」應該指廣義的，包括丈夫的身高體型都包括在內。[14]影片《返鄉第二春》的解釋，當然沒有把整個事件化約成單一因素造成的；但是很顯然地，德賀樂身為女人的心理因素的確被列為必要條件。由於這項因果關係上的必要條件，這部影片似乎已取代了法官卡哈的「原始事

14　Natalie Zemon Davis, "On the Lame," *American Historical Review*, vol. 93, no. 3 (June 1988), p. 578.

實」。

甘迺迪總統被暗殺屬於現代史上的事件，牽連複雜，加上華倫委員會的調查報告長達數百頁，要一五一十樣樣釐清並不太容易。三十年來，不斷有人著書反駁調查報告的論證，然而至今尚沒有聽說哪一本書完全推翻舊說。導演史東的歷史解釋難以被學術界認同，並不足以為怪。

《誰殺了甘迺迪》敘述大量細節。影片的前端經常出現達拉斯市街上的計時器。隨著電子儀器一分一秒的跳動，影片的敘述性相當有歷史意識，或者說有變動的意識（the sense of change）。於是所有的細節都隨著時間流動。史東以原有的紀錄交織著新拍的「紀錄片」，顯示所謂的三交叉火網早已置甘迺迪於死地。整個影片進行到 X 先生出現時，進入另一個高潮。X 先生是位情報人員，他和葛里森相約在華盛頓市的林肯紀念堂會面。影片中隱約出現林肯的塑像，使人聯想起上個世紀也有一位被暗殺的總統。X 先生告訴葛里森說：「我給你背景，你負責細節。」然而，影片以 X 先生的口述表達歷史的背景。他不斷地說，美國好戰的右派人士、軍火工業商、情報人員……等等，「他們」這一群人有意阻擾甘迺迪的外交政策。X 先生口述的這些背景，毫無疑問地，就是這部影片所要傳達的普遍性原因；說得更具體一點，「政治就是爭權」。甘迺迪被暗殺是政變（coup d'État），「他們」存心設計奪取甘迺迪的生命和權力。平心而論，這項普遍性原因言之有理，頗有證據，並非空穴來風。然而，為什麼 X 先生的普遍性原因加上葛里森的個別性原因（此即史東的歷史解釋），不能像《返鄉第二春》般那麼讓觀眾信服？導演史東的說法總是使人有缺少臨門一腳之憾。論虛構性，《返鄉第二春》未必比《誰殺了甘迺迪》少。

本文淺見認為，《誰殺了甘迺迪》的普遍性原因和個別性原因之間，至少尚欠缺一道「鏈環」（link）。如果說，他們真的企圖政變奪權，同時也真的有三交叉火網，那麼「他們」如何和奧斯華等射手掛勾在一起？史東並沒有交代，更提不出任何證據。其實，史東最清楚自己的論述弱點在哪裡。所以，在

影片中，他透過葛里森的角色說：「自己也盼望在事隔七十五年，檔案開放之後，有新的證據。」在影片快結束時，葛里森（應該就是史東本人）對準鏡頭（也就是面向觀眾）說：「決定權操在你們手上。」這些話充分表示，史東也為那道「迷失的鏈環」（missing link）而感歎。

反觀《返鄉第二春》裡，最必要的普遍性原因（女人對於男人接觸的敏感）全在德賀樂一個人。還有，影片中許多個別的細節都因德賀樂「大智若愚」式的主導而起。換言之，這部影片的解釋中，普遍性原因和個別性原因之間，完全以一個女人的心理為聯繫，所以順理成章，沒有漏洞。觀眾有意反駁，似乎只有從「男人的接觸」這個大前提下手才有可能。芬雷教授看準了這個關鍵性的問題，曾經撰文嘗試反駁，結果並不見得成功。這也是為什麼我所知道的觀眾普遍接受《返鄉第二春》的原因。

《返鄉第二春》和《誰殺了甘迺迪》這兩部影片，很明顯的都是把普遍性的和個別性的原因交織在一起，以敘述的方式表達出來。人類本來一直習慣以敘述的方式表達事件的始末和因果，十九世紀以前，知名的史家幾乎都是敘述的高手。然而，到了十九世紀末，科學派史學（Scientific school of History）興起時，卻主張分析式專題論文寫作。於是，敘述的和分析的兩派取向之間，展開一場論戰。英國史家屈維廉（George Macaulay Trevelyan）在一九〇三年發表〈克麗歐——一位繆司〉（Clio, a Muse）批判科學派史家分析式的方法。他說：「歷史家的主要技術是敘述的藝術。」又說：「歷史和文學除非相互聯繫起來，否則不能充分理解，更不能充分欣賞。」[15]屈維廉的呼籲，其實象徵那一次論戰中敘述式史家的最後叮嚀，也象徵長時期以來敘述式史家的沒落；或者說，克麗歐這位專司敘述的歷史女神已經死亡了。從十九世紀來到現在，學院裡的史家要發表學術論文或著作，幾乎非分析式的表達和認知取向莫

15 George M. Trevelyan，"Clio, A Muse"（克麗歐——一位繆司），錄於《西洋現代史學流派》，弘文館出版社編輯部譯（臺北：弘文館出版社，1986），頁 206、313。

屬。站在這種取向的立場，史家不太可能有雅量容許任何敘述式的歷史「文本」（text）。

然而，學術界的爭論有時道高一尺，有時卻魔高一丈，很少有永遠的贏家。六〇年代或七〇年代初以來，史學界有兩件事值得留意。第一，以文字書寫的、敘述性的取向似乎又復興了。第二，以影視傳達的、敘述性的歷史「文本」，似乎逐漸受到學院裡專業化史家的重視。就前一點而言，一九七九年時，英國史家勞倫斯·史東（Lawrence Stone）曾經撰文，表示敘述式的歷史已經東山再起。[16]他的說法立刻引起霍布斯邦（Eric Hobsbawm）的回應。霍布斯邦同意最近敘述式的歷史取向有興起的趨勢；不過他強調，敘述式的取向不可能轉敗為勝，完全取代分析式的取向。他主張這兩者之間應該可以和平共存。[17]

就第二點而言，正是本文在結語之前所要討論的。當克麗歐在上一次論戰中「死亡」的時候，正巧人類開始使用影視這一種全新的傳播媒體。克麗歐因而藉此「轉世投胎」。從早期有電影起，不久便有歷史影片出現。例如：一九一五年美國導演葛里菲斯（David Griffith）拍攝了《一個國家的誕生》（*The Birth of a Nation*），是以林肯總統遭暗殺及美國內戰為背景的影片。當然，那個時代學院裡分析式取向的史家不可能正視這位新的克麗歐。不過，到了六〇年代，漸有學院裡的史家注意「影視的且敘述式的歷史文本」：於是，他們主動討論這種新的歷史文化，甚至，有的類似達維絲教授乾脆親自投入這個行列。《返鄉第二春》和《誰殺了甘迺迪》足以證明，轉世投胎後的克麗歐如今也有潑辣的一面，而且直接威脅到「書寫的、分析的且專業化的歷史文本」。

---

16 See Lawrence Stone, "The Revival of Narrative: Reflections on a New Old History," *Past and Present*, no. 85 (Nov. 1979), pp. 3-24.

17 Eric Hobsbawm,"The Revival of Narrative: Some Comments,"*Past and Present*, no. 86 (Feb. 1980), pp. 3-8.

我們可以預期，史家在學術文化界將扮演某種新角色；史學界思想及史學史的研究也將有新的發展。上述這兩種不同的認知和傳達取向相互對立，如同霍布斯邦所說的，不必要求統一，但也應該和平共存。只是，在達到這個理想以前，美國史家羅森史東（Robert A. Rosenstone）的這一段話更值得參考：

> 我們不可能單獨只憑「書寫歷史」的標準來評論「影視歷史」，因為每一種媒體都必然各有各的虛構成分。[18]

本文原刊於《當代》，74 期（1992.06），頁 48-61。

18　Robert A. Rosenstone, "History in Image/ History in Words: Reflections on the Possibility of Really Putting History on Film,"*American Historical Review*, vol. 93, no. 5 (Dec. 1988), p. 1181.

七、辛德勒的選民：評史匹柏的影像敘述和史觀

黑、白、紅的影視敘述

　　雙手劃著一根火柴，引燃了白色的蠟燭，暈紅的火光烘托出室內無限的寧靜和肅穆。隨著蠟燭的燃燒、融化，那一點燭光最後轉化成一縷白煙，裊裊上升。正當白煙牽引著觀眾的注意力時，剎那間，銀幕上來了個蒙太奇的手法，影像由淡彩變成黑白，一部龐大無比的火車不斷向天空噴出濃密的蒸氣，隨著巨輪隆隆的響聲，正面地逼向觀眾。

　　影片《辛德勒的名單》（Schindler's List）就是這麼展開了。一般觀眾應該曉得，剛開始的那個蒙太奇是為了連接兩段敘述的時間：從「現在」回溯到「過去」。這一部長達三個小時的影片，除了片頭和片尾各有一節彩色的影像以外，全部以黑白圖像呈現第二次世界大戰所發生的一段往事。

　　導演史匹柏（Steven Spielberg）曾經說：「一遍又一遍的看了不少紀錄片和堆積如山的檔案照片。等我看完了這些資料，不得不決定把電影排成黑白片。」[1]這句話說的不錯，史匹柏有意以黑白影片傳達出他對大屠殺（Holocaust）的印象，或者說，傳達出一段歷史的真相。然而，我們的世界本來就充滿色彩，按理，彩色的圖像應該給人更真實的感受。無論為了記錄「現在」的事實，或者呈現「過去」的往事，以彩色影片當作傳達的媒體合情合理。有

1　周從郁，〈辛德勒的名單—史匹柏的銀色菜單〉，《中國時報》（中華民國八十三年三月二十六日），四七版。

誰敢說，摩西（Moses）《出埃及記》（*Exodus*）的那段遠古史事如果用彩色底片拍攝，便觸犯了任何敘述禁忌？反過來說，如果完全以黑白影片拍攝「現在」所發生的事實也非不可啊！因為黑色加上白色並不等於沒有顏色，而是兩個顏色。黑白兩色構成的畫面和水墨畫一樣，也能傳達人們對現實世界的感覺。由此可見，彩色或黑白影片與歷史的真實性之間，並沒有絕對孰優孰劣的關係。然而，《辛德勒的名單》中，彩色與黑白剪接在一起的時候，觀眾卻一眼便能分辨「現在」和「過去」。所以，只有當黑白與彩色對比運用時，才能意味出五彩繽紛的現實世界隨著時間的消逝，日漸褪色，終於模糊而被人們所淡忘。

《辛德勒的名單》裡，黑白的影像其實非常的清新，既不像一般泛黃褪了色的照片，也不像幾十年前拍攝的紀錄片（documentary film）粗糙而且模糊。我個人覺得，以清新的黑白影像，傳達過去的史實並無不可，只要導演能達意、而觀眾也能意會就夠了。史匹柏在這方面倒是規規矩矩的，不耍任何花招。相比時下，史東（Oliver Stone）所拍攝的《誰殺了甘迺迪》（*JFK*）就不一樣了。在這部電影裡，彩色的影像敘述中，偶爾夾雜真實的紀錄片和「偽造的」紀錄片。這裡我所謂「偽造的」，是指經由導演以黑白底片新拍攝的一段模擬情節，但是在畫面上卻刻意營造模糊的效果，如此魚目混珠，讓觀眾以為那是往日拍攝的紀錄片，以便加強影片裡論述的說服力。由於現今大多數觀眾辨偽的能力仍然有限，說實在，類似史東的作風並不值得鼓勵；還是像史匹柏這樣比較誠懇可靠。我想大概不至於有人把《辛德勒的名單》當作真實的紀錄片吧！

雖然《辛德勒的名單》幾乎都是黑白的影像，但是片中「紅色的」意象或景象卻經常主導影視的敘述內容。以下的闡釋分別就三個較突顯的例子而說明的。

一九三九年九月德軍占領波蘭不久之後，境內的猶太人集體被送到科拉科（Krakovo）接受管制。一向唯利是圖的主角辛德勒（Oskar Schindler）看準

了猶太人正是最廉價的勞工，因此收購了一家琺瑯瓷鐵鍋工廠，企圖藉戰爭發
一筆橫財。一天早上，滿街滿地的大雪，這也是本部電影中出現的第一場雪
景，一批辛德勒所屬的勞工井然有序的走在路上，準備前往工廠上班。突然
間，來了一部軍車，載滿了武裝的軍人。他們紛紛從軍車上跳下來，並且脅迫
這些勞工拿起鏟子除雪。這時候有位斷臂的勞工由於年老力衰、反應遲鈍，當
場被德軍從頭部射殺倒地而死。影像中，先以近鏡頭拍攝汩汩流出來的鮮血，
慢慢地滲透到白雪之中。而後，再以一個蒙太奇手法剪接到一位德國軍官的臉
上，他說：「叫猶太人除雪是含有宗教儀式性（ritual）的意義」。

　　鮮血滲透到白雪裡是種隱喻的手法，象徵日耳曼人的血統、文化，甚至經
濟社會，不斷地被猶太人所滲透和污染。而第二次世界大戰期間德國納粹的大
屠殺就是為了反污染，維護日耳曼人的純潔。關於日耳曼人種族主義的起源，
說來非常複雜，史家也經常為此爭論不休。雖然種族主義的歷史背景不可以採
用單一的因果解釋；不過，在不久以前重新解讀斐希特（Johann Gottlieb
Fichte, 1762-1814）的《告德意志國民書》（Reden an die deutsche Nation）時，
我發現一個很有意義的事實，可以幫助理解日耳曼人的種族觀念。

　　稍具西洋史知識的人都知道，古代羅馬帝國的後期，發生了日耳曼民族大
遷徙。當時屬於日耳曼民族中的東哥德人、西哥德人、法蘭克人紛紛往南移
動，並且進入帝國的版圖之內。斐希特的書上告訴我們：這些「移出」的日耳
曼民族極力的想接受拉丁文化、同化為羅馬人。「因而所謂的『羅馬的』一
語，反而被人認為是尊貴的同義詞了。」另外，一直沒有移出、而長時期留住
下來的族群，就是今天大家所通稱的日耳曼人，由於幾乎不曾受到羅馬文化的
薰陶，所以反而把「自己的風俗看作是下流的」，而且「凡是羅馬式的外國文
物，都比本國的一切更好。」[2]說到這裡，斐希特一語道盡了日耳曼人（指狹

2　斐希特，《告德意志國民書》，臧廣恩譯（臺北：中華文化出版事業委員會，1995），頁 81-
　　82。

義的、未遷出的這部分人）長時期以來的自卑感。然而，十八世紀末、十九世紀初正是日耳曼人積極建構民族主義的時代，知識分子，例如赫德（Johann G. von Herder, 1744-1803）、黑格爾（Georg W. F. Hegel, 1770-1831）、蘭克（Leopold von Ranke, 1795-1886）等，他們的著作紛紛為日耳曼民族主義效力，斐希特自然也是其中一位佼佼者。在《告德意志國民書》裡，他把日耳曼人原有的自卑感轉化成一股強烈的自尊心。「未移出」本來一直被日耳曼人當作一種負面的心理因素，到了斐希特的手裡，反而將之轉化成正面的自尊心理。他說：「留在日耳曼境內的日耳曼人，經常保持著他們國內的一切德行：即忠實、坦白、名譽、樸實等美德」。[3]

從斐希特的說法我們不難理解，為什麼近兩百年來日耳曼人總是想辦法維護他們在種族上的純潔性。白雪是最純淨的東西了，史匹柏在《辛德勒的名單》裡以第一場雪景象徵日耳曼人，而猶太人的鮮血滲透到白雪裡，不就是表明了猶太人對日耳曼人的污染嗎？鏟雪的象徵意義也許所指的就是這層道理。**雪與血的特殊關係，在影片中以白與紅的意象呈現出來。**

《辛德勒的名單》裡，猶太人要不是經常地被槍決，就是集體慘遭機關槍殺戮。影片中，有一幕描寫科拉科的街景。在夜幕低垂時，每棟建築的窗內火光閃爍，槍聲四起，令人觸目驚心。非常清楚地，史匹柏在這部影片裡企圖重現當年大屠殺的情境。大屠殺的原文 "Holocaust"，本來指以火焚燒滅絕的意思；中譯為大屠殺只是說對了一半，卻沒有道出烈火焚燒的感覺。在《辛德勒的名單》裡，觀眾除了看到槍火的紅光之外，一定不會忘記那焚燒屍體的場面，還有奧斯維茲（Auschwitz）的那口大煙囪，因為集體毒殺猶太人，不斷向空中噴出熊熊的火焰，灰燼像雪花一樣灑落大地。每位觀眾都會瞭解，這些槍火和大火都是德國納粹用來滅絕猶太人的。

3　同上，頁 102。

　　相對於德國納粹的摧毀性大火，這部影片中另有象徵著猶太人生命和精神的火光。片頭一開始，以火柴所引燃的那幾根白燭，其實代表了猶太人的存在。然而，自從那部巨大火車出現以後，銀幕上再也看不到任何白燭散出些微光。當納粹集中營司令官蒙哥德第一次施展全面性的屠殺以前，他對德國軍人發表精神喊話，內容大意是：「六百年前猶太人本來一無所有，他們移民到波蘭境內以後，卻逐漸在各行各業擁有不少成就和地位，猶太人自以為這六百年中他們創造了歷史；不過這些都不能算數，它們必須被毀棄。」接著，蒙哥德大聲嚷嚷說：「今天才是歷史的時刻」。觀看這部影片時，我個人最強烈的感覺是，德國人以炬火一方面想改寫自己的歷史，同時另方面也消滅他人的歷史。所以，炬火在影片中一度吞噬了微弱的燭光。這兩種不同亮度的紅光在銀幕中的消長，正象徵著大戰期間兩種民族及其歷史意識的衝突。

　　猶太人可能是人類之中最早具有濃厚歷史意識的民族，在他們的宗教信仰和經典中，一再重複和亞當與夏娃之間的傳承關係，並且肯定他們是耶和華唯一的選民（Chosen people）。我們可以說，猶太人的宗教信仰和歷史意識是其民族長期賴以生存綿延的基本資源。至於德國人，從他們的學術思想來看，不妨保留一點地說，他們最遲在十八、十九世紀之交已發展出高度的歷史意識；同時，民族主義與歷史思維已密切的結合在一起。[4]然而，造化弄人，當猶太和德國這兩種都具有濃烈歷史意識的民族碰在一起時，不僅彼此在肉體上要拚個你死我活，甚至連歷史的認知，也要在「毀滅與創造」中作出抉擇。影片敘述到戰爭末期，德國投降的前夕，辛德勒在捷克家鄉所開設的炮彈工廠中，暗示猶太人可以準備自己的宗教禮拜了。而後，一群猶太男人圍繞著一盞白燭，火紅的光芒這個時候終於又照亮了整個房間，猶太「長老」（rabbi）朗誦經文的歌聲，悠揚地傳遍了整個工廠和場外負責守衛的德軍耳中。此時此

4　See Georg Iggers, *The German Conception of History, The National Tradition of Historical Thought from Herder to the Present* (Middletown, Conn.: Wesleyan University Press, 1968).

刻，猶太人不僅獲得了生命的安全，他們的歷史也如同燭光，可以再度傳承下去。

在《辛德勒的名單》中，史匹柏先後有兩次略施了一點小計，在黑白底片中塗上了淡淡的紅彩，以便突顯他的敘述效果。第一次是德軍在科拉科市區展開首次的全面大屠殺時，辛德勒和太太騎著馬，站在高崗上眺望。**山腳下，一片槍林彈火，猶太人四處奔竄，哀嚎之聲響徹雲霄。這個時候，突然出現一位小女孩，身穿紅色的外衣，孤零零地隨著人群，尋找隱蔽的地方（參見網址：http://www.impawards.com/1993/schindlers_list_ver2.html）。**

銀幕上辛德勒的目光隨著小紅女孩而轉移時，戲院裡原來充斥的驚惶吵雜的殺戮聲，戛然停頓下來，一變成為柔和溫馨的音樂。這個時候辛德勒終於動容了。他的眼神自然地流露出一股悲天憫人的關懷。**史匹柏以「紅」衣女孩的出現，刻劃出辛德勒心路歷程中的第一次大轉折。**而後緊接著出現的場景是，辛德勒一方面盡力討好司令官蒙哥德，另方面小心翼翼地規勸他如何善用個人的權力。影片也從這個時候開始，不斷描述辛德勒如何照顧猶太人。

納粹司令官蒙哥德畢竟是個失去理智、殺人如麻的魔王。有一回，他命令德軍一一挖掘出所有已遭槍殺而掩埋的猶太人屍體。死屍堆積如山，總數超過一萬餘人，在巨火中焚燒，熊熊的烈焰震懾人心。然而就在這個時候，銀幕中出現一具被運送至火場的屍體，也是身穿紅色的衣服，辛德勒在火場邊一直注視著這具死屍，同時，戲院裡又響起了柔和溫馨的音樂。**顯然地，史匹柏以「紅」衣屍體的出現，再度刻劃辛德勒的人道關懷和心理轉折。**緊接著這一場景之後，辛德勒已經決定以他這幾年所賺取的巨額現鈔營救猶太人的生命；回到家鄉捷克，建立炮彈工廠。在這部黑白影片裡，史匹柏先後以「紅」衣女孩和「紅」衣屍體，點出辛德勒的人道關懷。這一招敘述上的小計謀，稱得上是神來之筆。

新保守主義的歷史觀點

　　從報章雜誌的記載中得知，許多猶太人觀看過《辛德勒的名單》以後，不但無限唏噓，心有餘悸，而且以肯定的口吻說這部影片是真實的歷史。例如，在德國科隆（Cologne）有位五十四歲的家庭主婦以他個人對納粹的一點點記憶，強調說：「這部電影不僅在德國，而且在各地都應該公映。我們閱讀過有關大屠殺的作品，也看過有關這類的影片，但是，從來未曾像看這部影片一樣地瞭解它。這部影片是多麼的真實啊！」[5]

　　這類的評價，應該相當的合理。史匹柏的確成功地營造了當時大屠殺的情境。他以黑、白、紅的敘述手法描繪了歷史上的一件大事，而且其影像視覺的效果可能遠超過任何書寫的歷史。不過，《辛德勒的名單》不只描寫大屠殺的往日情境，而且還刻劃以及評論一位歷史人物——辛德勒。所以這部影片也可以算是人物傳記。有些影評說，這部影片大量虛構情節，濫情和誇張事實。這些話也不無道理；然而，本文想補充說明的是，《辛德勒的名單》裡的種種缺點，主要不是源於史匹柏運鏡或電影製作上的差錯，而是來自於他的人物價值判斷，或者說，他的歷史觀點。如果有人也以肯定的語氣說：「這部影片裡的辛德勒是多麼真實、栩栩如生啊！」可能要引起一場爭論。

　　辛德勒其人，如同影片裡所記載的一樣，是位德國人，而且具有納粹黨員的身分。他一向務實重利，懂得如何在官僚體系中打轉。第二次大戰期間，他僱用廉價的猶太勞工，先後經營兩家工廠，也都合乎事實。如果說，他所僱用的猶太人，把他的工作視作天堂，而且把辛德勒當作「救世主」，也是人之常情。然而，這部影片並非純粹以猶太勞工的眼光來看辛德勒的為人，因為憑這種角度，不可能知道許多有關辛德勒的私生活以及他與德國高級軍官之間的關係，然而這些訊息在影片中卻占了相當多的篇幅。

5　James O. Jackson, "Schindler Schock," *Time*, no. 11 (March 14, 1994), p. 49.

反過來，如果說，史匹柏純粹以個人的立場評論辛德勒，那麼他的確有美化辛德勒之嫌。例如，我們不難察覺到史匹柏幾乎都以仰角拍攝辛德勒，使得這位身材遠比別人高大的主角更顯得突出偉大。當辛德勒從奧斯維茲的集中營營救猶太女工，並帶回自己的工廠時，在隊伍中行走的辛德勒，真有點像摩西率領猶太人脫離埃及的困境。有一回，辛德勒在陽臺上向蒙哥德述說權力與正義的真諦時，畫面上以俯角拍攝蒙哥德斜靠著坐在椅子上，卻以仰角拍攝坐在桌面上的辛德勒，一低一高，形成強烈的對比。甚至於有個鏡頭描寫辛德勒躺在床上休息的過程，觀眾絲毫不會覺得他累了或倒下去了。辛德勒似乎永遠堅強挺拔，他要開動的火車要停下來就停下來，一點都不含糊。

德國納粹迫害猶太人本來應該是歷史上巨大的衝突事件。然而，這部影片以一位德國納粹黨人為主角，描寫他悲天憫人、機智救人的經過情形。這種拍攝的角度即使是辛德勒確有其人、確有其事，也會降低大屠殺的衝突性，替德國納粹的罪行漂白。如果我們拿《辛德勒的名單》與亞倫・派克（Alan Parker）的《烈血大風暴》（*Mississippi Burning*）和《來看天堂》（*Come See the Paradise*），以及凱文・科斯納（Kelvin Costner）的《與狼共舞》（*Dances with Wolves*）作比較的話，不難發現一九八〇年以前好萊塢有關種族的影片幾乎有一共同的主調。

《烈血大風暴》描寫一九六〇年代美國南方黑白種族衝突的問題，憤怒的黑人因白人三 K 黨的欺壓起而反彈，故事的主角是位白人，而且是聯邦調查局（FBI）的幹員。他大公無私，無懼地方的惡勢力，一心一意調查罪首直到水落石出，替黑人伸冤。《來看天堂》描寫第二次大戰期間，日裔美國人在珍珠港事件後，囚禁在加州集中營的史實。故事主角是位美國白人軍官，他與在集中營內的女主角共譜了一段羅曼史，而且還生下愛情結晶。《與狼共舞》的主角鄧巴（Dumber）是位白人英雄。他的英勇事蹟勝過印第安人更早察覺水牛群的來臨、協助蘇克族擊敗獵頭族、以美國國旗包紮印第安女人的傷口……這些影片都是以白人為主角，描寫種族衝突的大環境裡，如何對他族（黑人、

日裔美國人、印第安人以及猶太人）付出深切的同情心，甚至冒著生命危險，協助或營救他們。總結地說，這些論述都是以白人為中心的父權思想（paternalism）。非白人雖然在影片中視之為同情的對象，然而施恩者永遠都是高人一等的白人。

在《辛德勒的名單》裡，最後的高潮是，辛德勒準備返回家鄉捷克，另外籌設一家炮彈工廠。這個時候的他，已經不再是汲汲營營的逐利之徒。他想藉設廠之名，拯救一批猶太人。影片中，一邊是辛德勒猛抽煙，唸著猶太勞工的名字，另一邊是其會計師史坦恩（Itzhak Stern）坐在桌旁，猛敲打字機。一個個凡是上了名單的猶太人，好比成為耶和華的「選民」一樣，可以安全登上「天堂」。最後，名單上總共列了一千一百個人。影片播映到這個情景時，劇情豁然開朗了，原來所謂《辛德勒的名單》，其實也就是「辛德勒的選民」。

史匹柏和亞倫派克以及凱文・科斯納一樣，都是以白人為中心的父權思想為論述的基調。或者說，他們都以新保守主義的史觀評論影片中的主角。《辛德勒的名單》裡，大部分虛飾濫情的情節其實都肇因於史匹柏的這種思想。

沒有希特勒的大屠殺

有些影評者責怪《辛德勒的名單》沒有分析德國納粹何以迫害猶太人，沒有清楚交待許多情節史實何以發生。所以說，這並不是一部成功的歷史影片，我個人私下倒覺得這是一部歷史劇情片（historical drama film）。雖然宣稱根據不少資料和圖片，但是史匹柏的影片還是以肯納利（Thomas Keneally）所撰寫的歷史小說《辛德勒的名單》（Schindler's List）為本。小說也好，影片也好，這兩部有關辛德勒的作品，其創作動機都忘不了「因文生事」。這與「因事生文」的歷史作品之間，應該仍然存在一條鴻溝。所以評論這部影片時，應該側重的是，史匹柏所要營造的時代情境是否已如實地傳達出來，進而能引起觀眾的共鳴？還有，他所要刻劃的人物是否栩栩如生？尤其他是以怎樣的觀點從事道德價值判斷？至於有沒有分析歷史因果關係？解釋大屠殺何以發生？應

該不是這部歷史劇情片的重點。

　　觀看《辛德勒的名單》，的確無法得知大屠殺何以發生；同時，更有趣的是，這部影片中幾乎沒有感覺到希特勒（Adolf Hitler）的存在。從頭到尾希特勒只「出現」兩次。一次是在德軍辦公室的牆上，鏡頭偶然掃過一幅小小的希特勒肖像。另一次是，集中營司令蒙哥德在戰後服絞刑之前，喊了一聲「希特勒萬歲」。除此之外，整部影片裡完全沒有希特勒的影子；可是，觀眾卻一直感覺到大屠殺在進行之中。目前我們無法瞭解，史匹柏如此安排是有意或無意。然而，一部沒有希特勒的大屠殺似乎更能告訴所有的觀眾和世人：大屠殺並不一定要由希特勒才能引發。我心裡有個想法：

　　八〇年代以來，德國的新納粹主義漸有死灰復燃的趨向。或許這種壓力的出現，史匹柏有意以美國猶太人的身分，藉著這部影片，向全世界的猶太人發出警訊：即使沒有希特勒，大屠殺也可能發生。由此可見，這部歷史劇情片的用意並不是僅僅重建一段歷史情境以及刻劃一位歷史人物而已，其真實含有濃厚的歷史教訓；或者說，具有現實意識（presentism）。

本文原刊於《當代》，96 期（1993.04），頁 44-53。

八、玻璃與近代西方人文思維

物質材料與思維取向

　　人們解釋歷史的時候，必須面對理論層次的核心問題，追問到底精神思想的因素重要呢？還是經濟物質更具有影響力？如果以簡單的二分法歸類的話，贊成前者的應該是唯心論（idealism），而強調後者的便是所謂的唯物論（materialism）。唯心與唯物之間，看起來只不過是光譜（spectrum）中的兩個極端而已，但歷來的學者無不在兩頭之間打轉。一部史學史儘管多麼複雜，令人目眩眼花，然而所有的史家總是在光譜系中找個立足論，發展自己的見解。所有學術之間的爭論，無不在唯心與唯物之間喋喋不休。

　　十九世紀上半葉，西方學術界和史學界百家爭鳴，相當精彩。黑格爾（Hegel）、蘭克（Ranke）、卡萊爾（Thomas Carlyle）等都偏向唯心的一端，但細說彼此的理論卻都各有所本，不容一視同仁。另外，馬克思（Karl Marx）不僅反對英國古典政經學者亞當史密斯（Adam Smith）、馬爾薩斯（Thomas Malthus）等人的偏頗，更竭力駁斥費爾巴哈（Ludwig Feuerbach）的唯物論。由此可見，不論唯心或唯物的理論，絕非草率選個立足點就算了事，更不是在兩端之間乾脆採取中間路線，表面中庸，不偏不倚，其實十足的鄉愿心態。

　　討論世界史或人類文明的發展，通常有種講法，以石器、銅器到鐵器時代為主軸，一路說明下來。這種宏觀的、通貫全局的解釋，如果只是以物質材料當作象徵，說明每個時代的社會和文化，自有其可取之處。然而，如果望文生義，誤以為某種物質可以主導文明，那可能就落入決定論的窠臼了。世界上各個文明裡，的確某些地區大量運用某種物質材料，某些地區卻一無所有。或者

保留一點講，某些地區擁有某種豐富的物質材料，某些地區卻相對地少之又少。本文無意以物質材料的多寡當作單一的原因，而是強調不同文化使用某種物質材料時往往有不同的取向。這問題所牽涉的，不僅是精神思想可能影響人們怎樣使用物質材料的，而且物質材料也可能左右人們的精神思想，二者之間不斷呈現互動辯證的關係。例如，古代文明中許多地區都擁有青銅器，然而依張光直的說法：「從本質上，中國青銅器等於中國古代政治權利的工具。」[1] 相對的，在別的地區卻不見得有此特色，「瑪雅文明產生的財富的累積和集中的程序，主要不是政治程序，二是技術、貿易程序」。[2]

　　不知從什麼時候起，瓷器稱為 china？也不知道什麼時候起，China 指的是東亞的一個大國？然而 chain（瓷器）與 China（中國）之間給人連帶的印象卻是不爭的事實。自從世界文化交流以來，似乎少有哪種物質材料被拿來和某個國家民族連在一起的，其中箇就當然不是三言二語，立刻可以回答的。不過，本文想舉出一種物質材料，是中國人少有的，但在西方卻承擔了重要的地位，尤其與近五百年來西方人的思維取向密不可分，那就是我們現在通稱的玻璃（glass）。如果在此容許我們把「瓷器─中國」聯結在一起的話，「玻璃─西方」應該也可以並列。當然所謂的西方，其時空範疇必須加以界定，不可以空泛模糊，這正也是本文依時序論述這個主題的緣故。

早期的玻璃與日常生活

　　玻璃的形成，可分成天然的和人造的。天然玻璃（obsidian）主要來自火山岩漿，大約在新石器時代人們便發現它的存在。[3] 人造玻璃（glass）起源也

1　張光直，《中國青銅時代》，第二集（臺北：聯經出版公司，1990），頁 121。

2　同上，頁 129。

3　Robert Raymond, *Out of the Fiery Furnace: The Impact of Metals on the History of Mankind* (South Melbourne: MacMillan Company of Australia Pty Ltd., 1984), p. 7.

很早,從西元前七○○○年至五○○年之間,在埃及、兩河流域、波斯地區,已有塊狀的成品。只不過這種人造的、具有裝飾作用的高貴物質,是誰發明的?已經不可考了。現代的學者發現,原產於上述地區的結塊玻璃或琉璃珠曾流行於中國北部、日本、印度、臺灣等地,可見玻璃是項主要的世界性貿易商品。[4]

大約在西元前一五○○年以後,玻璃才製成瓶罐的形狀,可以當作容器使用。[5]然而,由於製造技術困難,即使是埃及和兩河流域,玻璃容器的產量仍少,以至於物以稀為貴,流傳不廣。到了羅馬時代,統一的政權便利商賈來往,玻璃製品日漸普及。尤其大約在西元前五十年左右,發明了以口吹玻璃製造瓶罐的技能,從此大量生產,連屬於帝國邊陲之地的不列顛也有玻璃器皿。[6]不過,玻璃這種易碎的物質,儘管在羅馬帝國時代多麼普及,仍然屬於中上層社會的日常用品,一般百姓似乎難以享受這種亮麗透明的奢侈品。再說,從各種文獻中,我們似乎還看不出來玻璃與羅馬時代人們的思維有任何直接的關係。

從五世紀開始,原來羅馬帝國的西北部地區淪為日耳曼民族統轄的範圍,而後就是所謂「西方」的「中古時代」。大約從五世紀到十二世紀之間,西方社會及其文化長期陷於低潮,各種工藝和生產技術拙劣粗糙,既比不上古典時代的羅馬,也遠落後於同時期的回教世界和拜占庭帝國(即通稱的東羅馬帝國)。以玻璃而言,這個時期回教世界所生產的器皿精緻典雅,獨冠全球。相反地,西方世界只能製造簡單笨拙的玻璃容器,而且數量銳減,在日常生活中根本不可能擔負任何角色。

4　參見劉其偉,〈中國古籍中的夜光璧和琉璃珠〉,《藝術家雜誌》(1991.10),頁 174-178;劉其偉,〈印度與中國的古代琉璃珠〉,《藝術家雜誌》(1992.03),頁 284-285。

5　Chloe Zerwick, *A Short History of Glass* (Corning, N.Y.: The Corning Museum of Glass, 1980), p. 12.

6　*Ibid*, p. 21.

　　十二世紀的西方仍然屬於中古時代。然而從這個時期開始，西方文化好比旭日初昇，第一道曙光已照射大地。美國史家哈斯金（Charles Homer Haskins）為了突顯這個時期在文化轉折上的重要性，曾撰寫專著，稱之為《十二世紀的文藝復興》（*the Renaissance of the Twelfth Century*）。[7]

　　西方的玻璃，隨著近代文化的第一道曙光，而展露鮮麗的色澤。阿爾卑斯山以南的義大利和西西里，新興的教堂喜歡採用馬賽克（mosaic），拼貼各種宗教性的圖像，馬賽克表面上的色彩和琉璃使得整棟建築十分耀眼奪目。山北的地區，最早發展哥德式的建築，幾乎所有的主教座堂尖塔都高聳入雲。然而，更引人入勝的，非每道窗戶所裝設的彩色玻璃（stained glass）莫屬。由紅、黃、藍、綠各種顏色鑲嵌而成的圖案，一則美化教堂的內部，絢麗之餘卻又不失莊嚴。一則過濾了戶外大量的光線，使得信徒一進入教堂，自然而然注目著前方的祭壇，同時靜下心來，向神祈禱。如果問，這個時期的玻璃與西方思維有何關係的話？答案當然是宗教性的，玄思性的。如果換個角度來說，這個時期的玻璃與「透明化」、「視覺觀看」還沒有什麼關聯。這正如同此時西方教堂上的大吊鐘一樣，每段時辰在空曠的莊園裡，所傳播的悠揚的聲音，僅屬於人們「宗教生活的時間」。至於「商業時期的鐘聲」以及與「透明化」、「視覺觀看」有關的玻璃之出現，則屬於近代西方社會與文化中的一環。

玻璃與透明化觀看之道

　　玻璃工業的再起，就時間和空間而言，大致與西方商業復興一樣，都是從十二世紀的義大利開端的。這種現象反映了社會與文化之間的互動性和整體性，絕非哪個是因哪個又是果所能簡化說明的。威尼斯的特殊地理位置和歷史背景使之成為最早的商業城市。聖馬可教堂（St. Mar's Basilica）中金碧輝煌

7　參見 Charles Homer Haskins, *The Renaissance of the Twelfth Century* (Cambridge: Harvard University Press, 1971)。

的馬賽克裝點及其戶外的廣場，足以讓人流連忘返，同時也是義大利、拜占庭和阿拉伯商人聚集交談的場所。值得留意的是，十三世紀初威尼斯已形成玻璃製造業的基爾德（guild），即同業行會的組織。西元一二九一年，玻璃工廠且進一步集中在慕拉洛島（Murano island）上。這個蕞爾小島緊鄰威尼斯北部，船隻來往快速一點的僅需一、二十分鐘，但卻有隔離的作用。所有的技工按規定長期居住孤島中，不得離開，以預防工業技術的外流。[8]可見威尼斯從中古末期到文藝復興時代，不僅是歐洲重要城市之一，而且也是最重要的玻璃生產中心。

西元一二八○年，義大利佛羅倫斯人發明了眼鏡，這可能是人類史上首先使用玻璃鏡片，矯正視覺的偏差，解決了「視茫茫」的問題。環視臺灣的居民，當今大多數人鼻樑上架著一副眼鏡，又回想一千年前，臺灣原住民胸前掛著一串琉璃珠，古今文化交流相互對比，不禁令人莞爾。

西元一五○○年以前，玻璃仍然是貴重物品，並非人人都可以享用的。西方思維得自玻璃的視覺觀察仍然有限，不可以過分的渲染。研究科學史的學者喜歡以哥白尼（Nicolaus Copernicus）的天文學體系，當作革命性的象徵。這種說法當然可取，只是一旦更深入哥白尼的思維取向時，正反褒貶的意見就不一而足了。例如，當代英國史家巴特菲爾德（Herbert Butterfield）在所著《近代科學之起源》（*The Origins of Modern Science*）裡，便直言不諱的指出哥白尼的「保守」心態。哥白尼的新說純粹基於信仰，篤信天主所創造的宇宙天體，應該非常簡美，可以用正圓形的數學觀念來描述。[9]換句話說，他的科學理論並非建構在觀察或實驗的基礎之上。巴特菲爾德對哥白尼的評論，應該正確的，不至於引起重大的爭論。然而，他的論點尚有值得質疑之處。按巴特菲

8　Zerwick, *A Short History of Glass*, p. 45.
9　Herbert Butterfield, *The Origins of Modern Science, 1300-1800* (New York: The Free Press, 1965), Ch. II.

爾德本人的認知取向，屬於二十世紀的新觀念論（neo-idealism）。他偏好從「思想」、「理念」（idea）等因素著手以及解釋歷史的變遷。[10]當他強調哥白尼的保守心態時，表面上似乎貶低哥白尼在科學史上的成就，其實卻突顯「思想」、「理念」改變科學的發展，而非外在任何物質、經濟、社會的因素。

近代科學與觀察、實驗有密切的關係，至今成為公認的事實，沒有再申論的必要。連巴特菲爾德在書中，也大談文藝復興時期藝術家對生理學的貢獻。不過，巴特菲爾德終究忽略以肉眼觀察外在世界所達的極限，更沒有注意到玻璃正日漸發揮在視覺和思維上的效果。

伽利略（Galileo Galilei）喜好觀察與實驗，是位標準的近代科學家。人們常說，伽利略因觀察天體，而證明了哥白尼的學說；言下之意，哥白尼的結論靠信仰推理而來，而伽利略則是依觀察實證而得的。他們兩人的兩種思維取向完全背道而馳。值得注意的是，伽利略的觀察靠自製的望遠鏡，以放大三十倍功效的透鏡完成的。設想那時代要是缺乏玻璃，沒有光學知識，伽利略可能只好「乾瞪眼」了。同樣的道理，當望遠鏡的鏡片日漸精緻，人們觀察物象的距離得以不斷延伸之際，另一種鏡片卻反其道而行，可以觀察得更細微更近距離的物象。那就是虎克（Robert Hooke）所使用的顯微鏡了。

望遠鏡與顯微鏡的效用儘管相反，然而這兩種儀器都利用了玻璃的光學原理，試圖擴展人們肉眼的極限，可見它們使用的物質材料始終一樣，思維取向也維持不變。五百年來這兩種儀器如果有何演變的話，只不過越來越精巧而已。二十世紀末葉以來，科學家所使用的太空望遠鏡和電子顯微鏡也都透過鏡片，觀看世界百態！

近代西方人士除了應用玻璃的光學性能，也善用「透明性」以完成觀看的效果。無色透明的玻璃可以製成瓶、罐、管、杯，供化學實驗。十六世紀時，

10 參見周樑楷，〈卡耳機巴特菲爾德史學理論之比較〉，錄於《近代歐洲史家及史學思想》（臺北：唐山出版社，1990），頁75-112。

西方各門科學突飛猛進，然而化學卻遲滯不進。巴特菲爾德認為這是因為「燃素論」（phlogiston）引導學者誤入歧途，阻礙化學的成長。[11]解釋這個歷史問題時，他仍然以「燃素論」這種「理念」為主要原因，這回可能有幾分道理。不過，我們在此不想追問為什麼化學曾經一度落後其他學門，而是關注由玻璃製造的瓶瓶罐罐在化學實驗室中的重要性。設想如果沒有這些透明的物品及其表面上的刻度，人們大概只能憑藉經驗和想像的能力，而不是觀看之道了。

人類史上有許多事情實在難以用單一原因來回答。例如，透視法（perspective）的起源為何發生在十四、十五世紀的義大利？史書上儘管記載：勃魯涅列斯基（Filippo Brunelleschi）發現透視法的數學原理，馬薩喬（Masaccio）將透視法應用到繪畫中，佩魯齊（Baldassarre Peruzzi）採用透視布景設計舞臺，還有達文西（Leonardo da Vinci）也勤練素描，以透視法切入各種事物與生命的真實面，但是，沒有任何作者回答，何以透視法在這個時候應運而生？並且成為近代西方藝術創作的主流？本文在此並無意立下宏願即刻回答上述的問題，然而只想提供三點意見，以供參考。

第一，透視法與望遠鏡、顯微鏡、透明玻璃（瓶罐）大約同時在西方出現。這裡所謂的西方，如果以城市為基點的話，那就是由威尼斯北方經維也納、布拉格到柏林所連成的一條線以西的歐洲。這個地區近五百年來的社會與文化具有相當程度的同質性。近幾百年來從這個地區開始，人們把玻璃的「透明性」及「觀看之道」充分發揮出來；在這個地區之外，即便有玻璃材料，也未能盡用這兩種與思維有關的特性。

第二，玻璃和近代西方社會與文化既然有整體性的互動關係，所以絕對不可以採用分析法，企圖得到通則新的因果律，否則必然掛一而漏萬。相反地，如果採用詮釋性的敘述法，反而比較可能闡明這種整體性的變動現象，不過，

---

11 Butterfield, *The Origins of Modern Science*, Ch. XI.

這需要以一本專著的篇幅才能善盡全功。本文在此僅先借用德國思想家史賓格勒（Oswald Spengler）的說法。他在《西方的沒落》（*The Decline of the West*）裡，以「浮士德的靈魂」象徵西元一千年來的西方文化。他從窗戶的建築感受到「浮士德靈魂」蘊藏「一種從內部掙向無窮的意志」。[12]這種「無限延伸的力量」正是西方人企圖從玻璃材料上尋獲的。幾百年來，望遠鏡的功能不斷加強，顯微鏡的放大倍數不斷增加，這不都是以玻璃透鏡協助「靈魂之窗」掙向無窮的表現嗎？另外，以人類為觀看主體，不斷增加透明度，認清宇宙世界，這種主客分立的思維方式也是西方文化的特質。本文無意宣揚史賓格勒式的認知取向，但他的敏銳直覺，有時候更能掌握整體文化和社會的特質。

第三，任何事體都可能正反辯證，相依相成。當西方人士發揮玻璃的透明性和觀看之道，得以認清許多客觀世界時，反過來，西方人眼中的「人」也變成了客體，易位為受別人觀看或檢視的對象。英國史家湯尼（Richard H. Tawney）曾經指出，西元十六、十七世紀之際，喀爾文（John Calvin）及其領導的教派，要求每個信徒心靈清澈無暇，不論公私生活都不得違反教規。為了這種理想的臻至，喀爾文甚至要求日內瓦（Geneva）的住戶不得懸掛窗簾，連白紗蕾絲也在禁止之內，因為這樣教會才能時時刻刻監視室內的行為。湯尼說，喀爾文把日內瓦變成了「玻璃之城」（a city of glass）。[13]由此可見，凡事有利有弊，玻璃與西方思維的關係也有負作用、傷及人性的一面。

多元文化中的玻璃

十七世紀中葉以後，西方社會與文化的中心逐漸轉移到西歐。英、法等北大西洋國家的經濟蒸蒸日上，國力遠及海外各殖民地。有些史書往往將啟蒙運

12　史賓格勒，《西方的沒落》，陳曉林譯（臺北：華新出版有限公司，1975），頁136。

13　R. H. Tawney, *Religions and the Rise of Capitalism* (New York: Mentor Books, 1963), p. 103.

動只當作學術思想上的成就，以及東西文化優劣消長的轉捩點。其實，人們也應該重視當時工商業的發展與思想文化之間的關係。這不僅僅是量的問題，同時也是質的問題。因為啟蒙運動的思維取向本質上，仍然有承先啟後的意義，可以當作西方主流的文化。從十九世紀到今日，雖然有各種反啟蒙的浪潮，啟蒙的傳統仍然屹立不搖。如果我們以「工商社會／玻璃工藝技術與其產品／透視視覺／思維取向」為一環狀鏈鎖，似乎可以道盡近代西方不少的特質。

法王路易十四（Louis XIV）時代，法國的學術與經濟突飛猛進。西元一六六六年創立的科學研究院（The Academic of Sciences），除了獎勵學術研究，同時也配合工業發展的政策。總長科爾伯特（Jean Baptiste Colbert）在任內，還成立了許多王家的工廠，以便開源，提升中央政府的財富。其中之一，便是由威尼斯挖角，請來一批製造玻璃的技工，在巴黎附近建廠。因此威尼斯和義大利各城市逐漸喪失昔日的光芒，取而代之的，是巴黎凡爾賽宮（Palace of Versailles）。這種巴洛克式、富麗堂皇的建築，長期以來成為歐洲宮殿模仿的對象。凡爾賽明鏡殿裡懸垂一排巨型吊燈，燭光先直射在立體多邊的玻璃墜片上，閃爍發亮，相互輝映，而後整座吊燈又映像在兩旁牆壁的鏡面上，不僅亮度加倍增添，同時也延長室內的縱深。十七、十八世紀之際，蠟燭的價格之於一般平民仍然屬於奢侈品。每當夜幕低垂，從明鏡殿向外放射出來的光輝，對周遭四周而言，可說是另一種「啟蒙」的象徵。"enlighten" 這個動詞的本意就是照耀、有光：有了光人們的視覺才能發生作用。《聖經‧創世紀》裡，一開始便記載著：「天主說『有光』，就有光。」由此可見，營造光明是多麼重要。只不過《聖經》時代裡，人們篤信光來自於神，如今啟蒙人士卻創造屬於自己的光。這又好比這個時期貴族仕紳、中產人士家中豪華客廳裡頭的座鐘或立鐘一樣，每隔數十分鐘，傳出叮噹的聲音，絲毫沒有宗教的意味，純粹屬於社交性的了。

一般人討論啟蒙思想的本質時，不外乎強調以「理智」為本的思維取向，以及尋求放諸四海而皆準的通則（universal laws 或 natural laws）。這種見解

如果不以偏概全，應該沒有什麼爭議的。然而，我們何妨再增添「光／透明／視覺」這項特質呢？因為從這個時期以來，「眼見為真」（seeing is believing）已漸成為衆人的信條。掌握這個特質，才能迎刃而解「觀察／實證」何以在西方思維中扮演如此重要的地位。同時，也從這個特質，我們才能明瞭「浮士德的靈魂」比以前更活躍，那股「由內外向無限延伸的意志」一直有增無減。

十九世紀這一百年裡，西方美術界曾出現印象主義，強調透視法和天然光線的變化。這並非少數藝術家的一時之興，更不是歷史的偶然。社會文化的趨勢（tendencies）應是總體的、宏觀的，不是單一因果論可以解說清楚的。所以，當有人以彩筆記錄大自然剎那間的印象，同時也有人或以各種透鏡玩弄視覺光線之間的趣味，或以照相和電影的儀器，捕捉自然與人世間的種種真實圖像。一直到二十世紀，所謂新寫實主義、直接電影以及新聞紀錄等，都是順著這種趨勢具體而微的表現。西方人的確曾經一陣子十分得意自豪，以為真正掌握了時代的趨勢和社會文化的脈動，因而有一八五一年舉辦的水晶宮博覽會（the Crystal Palace Exhibition）。當年在倫敦的這座主題展覽會場，除了鋼架，還採用巨幅的透明玻璃，所以美其名曰水晶宮。博覽會中主要展示的各種新型重機械，都是用來「生產機器的機器」。這好像向世人宣示，各類工商產品日後將加速且加倍不斷增產。這也難怪許多史書以這次博覽會象徵工業資本社會的勝利。玻璃建造的水晶宮正如同皇冠上的鑽石一樣，代表了維多利亞時代的繁華和高傲。

二十世紀下半葉，最能象徵「工商社會／玻璃／透明視覺／思維取向」這條鏈鎖的，可能就是聳立在大城市裡的玻璃帷幕摩天大樓。現代化大樓的外型，從遠處看幾乎都與英文字母"I"（大寫的）一樣。"I"也是「我」的意思。那一棟一棟的「我」，憑著雄厚財力，不斷往上延伸，充分展現了「浮士德的靈魂」。有些大樓的外觀一律採用玻璃建材，白領階級生活其間，由內往外遙望，展現一片「視野」（view），既是種美感，又可能只是種快感，能滿足「浮士德靈魂」那股外向的、不斷「侵略的」（aggressive）慾念。然而如果從戶

外街道往上眺望著大樓，玻璃帷幕並非透明的，人們只能看見附近建築和白雲青天的反射映像，以及感受到玻璃特有的冰冷（cool）質感。馬克思批判資本社會的疏離感（alienation），或許玻璃摩天大樓的"I"字造型和冰冷質感最具代表了。

美國紐約州水牛城（Buffalo）有座馳名世界的現代美術館（Albright-Knox-Art Gallery）。館內典藏一件雕塑品，或者更正確地說，是間「玻璃屋」。這間玻璃屋由許多大約一尺見方的玻璃鏡片建造而成，呈立方體，裡裡外外，上上下下全是鏡片，沒有其他材料。參觀欣賞的人需依規定排隊，每次兩個人，一律脫鞋才能入內。「玻璃屋」六面牆整齊劃一，中間只放著一張四方桌和兩把椅子，也是用玻璃鏡片製成的。走入屋內，首先使人感受某種莫名的趣味，環顧四周，每個影像都是自己。接著，從這些無限複製（copy）的「自我」，馬上聯想到世間的直覺和虛幻。不曉得原作者的創意是什麼？但一股冰冷的、真偽莫辨的感受默默湧上心頭。尤其當「玻璃屋」外的守衛說：「兩分鐘到了，該出來了」，不免又增添了另種心境，似乎說「輪到我了，就走進去；時間到了，就得出來」。人生在這個世界有限的時空內，就這麼來去走一趟嗎？

藉著玻璃的透明性或反射性，人們得以向外觀看，同時他人也可以注視我、監視我、各種正反意義、利害關係、全憑人們如何使用。二十世紀是個大起大落、變化節奏強烈的時代，也是個朝向多元社會和文化發展的時代。玻璃已經和大眾生活緊密的結合在一起，也與人們的「視覺─思維」息息相關。我們已經很難想像一個缺少玻璃的世界？

然而，玻璃在被善用之餘，也會被改造和批判。不曉得何方人士首先發明毛玻璃？顯然，這種材料有意消除玻璃的透明性。以毛玻璃當窗戶，有隔間保障隱私的作用。電視新聞訪問錄影為了保護受害人（尤其女性）避免遭受二次傷害，往往隔著一片毛玻璃，若隱若現的，只聞其聲。新聞記者的處理手法基本上無可厚非。不過，廣大的閱聽者可曾考慮，毛玻璃背後的論述者所傾訴的

一定都是真實的嗎？有人故布疑陣，可能以「毛玻璃論述」騙取閱聽者的同情心和戒心，贏得說服力。社會上其實有不少廣義的「毛玻璃論述」，面對這種現象，閱聽者又不具備神力，可以開口說「有光」就有光。而對各種「偽造」影像及實景，那又應如何處理呢？

　　一九二八年，西班牙名導演布紐爾（Luis Buñuel Portolés）與畫家達利（Salvador Dalí）合作，拍製短片《安達魯之犬》（*Un Chien Andalou*）。這部公認為超現實主義的經典作品。影片一開始，便有一段「以剃刀割傷女子眼球」的特寫。這段鏡頭已經留名電影的青史，因為這一刀否定了「眼見為真」那句名言。布紐爾以鏡頭拍製電影，供人觀賞，當然並非教人閉上眼睛，放棄視覺。只不過這一刀卻狠狠地斬斷了「工商社會／玻璃／透明視覺／思維取向」這條鎖鏈。細心觀看布紐爾歷年來的新片以及他的《自傳》，我們不難瞭解他的創作心意。[14]布紐爾以這一刀，警告世人不能只看表象。他主張採用個人的心境、直覺的思維，接觸宇宙人世的真實面。他徹底地反啟蒙，反對五百年來近代西方的思維取向，然而，他並非企圖重返哥白尼之前以信仰為中心的時代。布紐爾創作影片，一輩子不斷否定（negate）和叛逆，是位屬於二十世紀「永遠的左派」。

　　玻璃與近代西方有特殊的連帶關係，可是世上有許多地區缺少「玻璃的時代」，便無法施展「透明觀看的思維取向」。在武俠小說裡，常常有類似這樣的記載：

> （某）跳下房來，壓著腳步聲音，走到西房的窗前。閉氣待了一會，然後用指甲沾點口液，輕輕地將窗紙刮破了一個小窟窿，向裡一望……[15]

14　參見路易斯・布紐爾，《布紐爾自傳》，劉森堯譯（臺北：遠流出版公司，1989）。

15　王度廬，《鶴驚崑崙》，第一冊（臺北：聯經出版公司，1985），頁250。

　　面對類似以上的情節，人們要不是靠「偷窺」，只好憑「經驗」、「想像」或者所謂的「體驗」。這些人因為長期受這種思維習慣牽制，即使工商社會發達，到處有玻璃產品，然而面對透明的玻璃杯中大約有兩指寬的陳年威士忌，多少人懂得「觀賞」杯裡琥珀般的色澤？或者還像從前使用瓷器（china）或陶器的酒瓶酒杯，大口豪飲，享受乾杯「體驗」的美感。

　　貿易來往互通有無，全球化固然可以促進世界各地的同質性。但是，不同社會文化的人們使用某種物質材料時，往往無意中仍然保留原有的取向。玻璃這種物質材料，最能反映近代西方人文思維的一大特性。

本文原刊於《當代》，112 期（1995.08），頁 10-25。

九、臺灣影視文化的歷史意識，1945-1979：以《源》為主要分析對象

導論

　　一九四五年臺灣的統治權由日本轉移到中華民國手中。這種轉變不僅僅是兩個政權的嬗替，同時也是兩種傳承意識（the sense of continuity）的交互取代。當日本政府殖民臺灣的期間，歷史科於一九二二年正式成為公學校教育的課程，並且陸續不斷以「日本史」或「國史」（national history）為名發行教科書。至於教科書中的論述幾乎以「天皇中心史觀」或「皇國史觀」為本，臺灣只是日本史脈絡中微不足道的一環而已。[1]如果說教科書屬於正典（canon）學術思想中的部門，在正典之外與大眾文化息息相關的歷史文化（historical culture）裡，也不難找到證據說明日本以文化霸權（cultural hegemony）積極營造臺灣人民的傳承意識。[2]在皇民化運動時間，臺灣人民被迫更改姓名，把自己家族和日本的傳承關係銜接起來。例如原本有些周姓的家族改為「吉本」。「吉本」這兩個漢字加在一起頗具日本色彩，可以迎合當局的要求，然而「吉本」卻隱含周姓人家不願忘本，要記住「ㄇ」內有個「吉」字。以上的現象正符合了傅柯（Michael Foucault）所說的：

1　周婉窈，〈鄉土臺灣在日治時代公學校教科書中的地位〉，錄於國立中央圖書館臺灣分館推廣輔導組編輯，《鄉土史教育學術研討會論文集》（臺北：國立中央圖書館臺灣分館，1997），頁129-140。

2　有關「歷史文化」一詞的定義，參見周樑楷，〈歷史數字的現實意識〉，《當代》，104期（1994.12），頁125。

現在（國家或資本）已設置了一套機器（apparatus）（指通俗文學、廉
價的通俗讀物、以及教育體制內填鴨給學生的教學材料）以阻礙人民記
憶的傳播與流通。[3]

　　然而，戰後臺灣人所面臨的轉變，是將歷史傳承的源頭從日本的一端拉到
中國的一端。戰後另一套國家機器有意教化島上所有的居民都是黃帝的子孫。
五十年來，我們似乎不難發現許多例證，說明臺灣的歷史意識是如何在權力的
運作下建構起來的。本文有意探討臺灣歷史意識的形成過程和特性，不過為了
集中焦點，本文只側重大眾文化的層面，尤其與影像視覺媒體相關的部分。本
文一方面分析影片中的思想意識，另一方面扣緊這些觀念和政治、社會權力的
關係。至於討論的時代範圍，大約從一九四五年到一九七九年，因為這段期間
政府對影視文化的管理政策基本上沒有多大的差別，而且影片中所表述的歷史
意識也幾乎雷同。臺灣影視文化從一九八〇年起才有較顯著的轉折，因而所謂
的「新電影」才能開風氣之先。由於近二十年來臺灣整體社會文化變遷快速，
檢討「新電影」的歷史文化應當以更多的篇幅和不同的取向，本文所討論的範
圍只以一九七九年為限。再說，一九七八年及七九年間正是《源》（參見網址：
https://www.imdb.com/title/tt7775824/releaseinfo）這部電影發行及普遍上
映的時候，本文將以《源》為主要對象，分析影片中的歷史意識，並以此象徵
一九四五年到一九七九年間臺灣影視歷史文化的總結。《源》是不是臺灣電影
史中的佳作？這並不是本文所想回答的問題，但《源》為何在臺灣影視歷史文
化中具有象徵的意義？則是本文有意探索的主旨。

3　Michael Foucault，〈電影與人民記憶：《電影筆記》訪傅柯(1)〉，林寶元譯，《電影欣賞》，
　　44 期（1990.04），頁 11。

一九七〇年代以前貧乏的歷史意識

一九七〇年以前，也就是中華民國政府統治臺灣的前二十五年期間，臺灣地區所生產的影片有所謂的臺語片和國語片。但不管哪類的影片，都必須在政府的監控或輔導之下完成。影響之下，反而造成內容貧乏，而且與現實社會或歷史疏離，其中以臺語片的情形遠較國語片更為嚴重。

臺語片的誕生可以從一九五五年所拍攝的《六才子西廂記》算起。其間經過一九六〇年代量產的高峰期，到了一九七〇年代末期，則一蹶不振，完全式微。臺語片的製作水準，在國際影壇上毫無地位可言，尤其最後十年所拍攝的成品大多粗製濫造，品味低俗。[4]初步觀察臺語片與歷史的關係，大致有兩個現象：第一，直接涉及歷史主題的影片少之又少，僅占所有影片中的極少比例。第二，這些少數的歷史影片，內容要不是強調臺灣居民與中華民族的血緣關係，就是表現臺灣居民英勇抗日的民族精神。這種現象推究原因，與握有國家機器的政府和政黨最密切。

當日本政權剛撤離臺灣不久，一九四五年十一月臺灣行政長官公署成立了宣傳委員會電影攝影場，接收原來日本人所設立的「臺灣映畫協會」和「臺灣報導寫真協會」。這個新單位，以拍攝新聞紀錄片為主，後來曾經幾度改組，一九五七年時正式改名為臺灣省電影製片廠，屬於省政府新聞處。另外，原來在中國大陸直屬國民黨中央宣傳委員會的中央電影攝製場，於一九五四年改組，成立了中央電影公司，主要負責反共宣傳的文化工作。[5]

臺語劇情片從一九五五年起到一九六〇年止，這五年初創的時間內，外省人的主導力比本省人還多。[6]其中最值得留意的是，臺灣省電影製片廠由白克

---

4 黃仁，〈臺語片二十五年的流變與回顧〉，《電影欣賞》，53 期（1991.05），頁 15-18。

5 李道明，〈臺灣紀錄片與文化變遷〉，《電影欣賞》，53 期（1991.05），頁 81。

6 黃仁，〈臺語片二十五年的流變與回顧〉，頁 13。

指導，拍製了臺語發音的《黃帝子孫》劇情片。內容大要是：有位自大陸來臺灣的林姓歷史老師為排解兩位因省籍觀念產生口角互毆的事件，而訪問臺籍學生家長。老師與家長不僅同姓，而且訪談後，得知是同親近支。林姓家長於清末來臺灣，在日殖時期，還師承遺志，繼續教授中國文化。故事中，且安排一位臺籍青年與一位旅居美國的粵籍女子由相識而結婚，禮堂設在光復節臺北中山堂光復廳。婚禮中，學校學生集體作畫致賀。畫中有位笑口常開的巨人，身邊圍繞無數稚子，上有題字「黃帝的子孫」。[7]很顯然地，這部電影的主題所要呈現是：無論原來居住在臺灣的、從大陸來的和遠在海外僑居的，所有同胞都是黃帝的子孫。類似這種重構歷史傳承意識的影片，另外有於一九六二年由洪信德執導的《盤古開天》。內容是一位相士講盤古開天的故事給一群小孩子聽。片中一脈相傳地提起有巢氏、燧人氏、神農氏、伏羲氏，直到軒轅氏降世為黃帝，奠立了中華民族的基業。[8]

　　臺語片中真正由歷史事件改編拍製而成的並不多。從目前整理出來的片目中，得知有《青山碧血》（1957）、《血戰噍吧哖》（1958）、《霧社風雲》（1965）。這三部影片全是在描寫「山地同胞」抗日的英勇事跡。抗日就是拒絕接受日本人的傳承意識，以中華民國政府的邏輯而言，當然可以「等同」維護中華傳統，值得拍成電影。

　　雖然臺語片中有上述以傳承意識和抗日歷史為主題的劇情，但是這類影片所占的比例微乎其微。推究原因，與當時的電影檢查制度和政治高壓氣氛有關。[9]依據導演林福地的回憶：

　　　　可能由於臺語是地方性語言，政府為推行國語而從不制定政策輔導改善

7　未具名，〈電影資料館館藏臺語影片、影帶介紹〉，《電影欣賞》，53 期（1991.05），頁 53。

8　未具名，〈電影資料館館藏臺語影片、影帶介紹〉，頁 57-58。

9　葉龍彥，〈臺灣光復初期（1945-1949）的電影檢查〉，《電影欣賞》，55 期（1992.02），頁 11-16。

臺語片，甚至希望臺語片早日絕跡……例如新聞局就曾因為我拍了很多臺語片而將我列入黑名單，故意從片中挑毛病，勸我改拍國語片……所以拍臺語片的環境著實困苦……[10]

臺語片所面對的待遇，如果拿一九五〇及六〇年代的國語片來對比的話，更可以發現何以臺語片中嚴重缺乏歷史意識和社會意識。例如：一九五一年四月，國防部總政戰部宣布展開軍中文藝運動，成立新聞通訊網軍中電臺、刊物、歌曲、劇團、組織電影隊，巡迴放映宣傳影片。一九五二年四月，教育部制訂「戡亂時期中等以上學校、學生精神、軍事、體格及技能訓練綱要」，其中規定專科以上學校增設中國近代史選修課程。一九六二年六月，臺灣首部彩色劇情片開拍，片名及故事是大家所熟悉的《吳鳳》。同年九月十七日首屆金馬獎頒獎，最佳劇情片是以抗日戰爭為背景的《星星、月亮、太陽》。一九六五年《西施》開拍、描寫勾踐復國的故事。另外，有一些標榜健康寫實的電影，如《養鴨人家》、《蚵女》、《貞節牌坊》、《再見阿郎》等劇情片，但是這些影片仍然只在現實表面上兜圈子，未必真正落實反映臺灣居民的種種問題。

七〇年代的現實背景與《源》的歷史意識

自從一九七〇以來，臺灣的社會與文化面臨轉型的關鍵時刻。如以農民價值取向為例，在七〇年之前與之後，臺灣農民已由「與自然和諧或順服自然，轉變為主宰自然」，他們雖然「仍以內修取向為主，但表現取向亦有相當的比例」，大多數人的「時間取向，趨向於現在」，使得整個「社會價值正處於『傳統』與『現代』的交會」，連帶著政治意識，諸如制衡權、自主權及平等權大

---

10 井迎瑞主持、蔡明燁整理，〈「如何保存臺灣電影文化的資產」座談會紀錄〉，《電影欣賞》，47 期（1990.09），頁 9。

為提升。[11]其實除了農民之外，中產階級人數增加也促進反抗權威的意識，提高本土文化的地位。不過，我們應該留意，每種文化媒體的經濟成本和傳播方式都不相同，它們從事反抗權威和主流意識所需付出的代價和時間也不一致。如以文字書寫和印刷出版的文學作品而言，當然要比以影像拍攝和院線發行的影片來得經濟和迅速。所以早在一九六四年《臺灣文藝》雜誌創刊時，臺灣鄉土文學運動就已逐漸展開，尤其到了一九七〇年以後，隨著這股文化生命的蓬勃成長，引發了鄉土文學論戰。[12]反觀電影界，在一九七〇年代仍然缺乏與權威主流意識對抗的作品，所謂的國策電影，如《梅花》和《筧橋英烈傳》等，其製作的動機，說穿了，只不過是在外交一再挫敗的情況中，負起一點鼓舞士氣和莊敬自強的時代使命。

　　隨著時代的趨勢，七〇年代十年之間鄉土文學運動日漸與黨外政治運動合流。整個臺灣的社會充滿了反抗權威爭取民主的聲浪，文化出版界中的臺灣意識好比「野火燒不盡，春風吹又生」。中華民國政府在杜絕不成的情況之下，其文化政策逐漸採取「導正」的取向。例如，在一九七二年八月三十日國民黨中常會宣布，「中國通史」和「中國近代史」成為每位大學生的必修課，目的當然是為了提升大學生的民族與文化認同點。又如，一九七六年十月二十五日臺灣史蹟研究會的年會上，會員共同簽署〈鹿耳門宣言〉，強調「臺灣與中華民國大陸地緣、血緣以及人文的關係自為一體，臺灣是中華民國的臺灣」。[13]這份宣言很露骨地表達臺灣與中國之間的不可分割性，尤其兩者之間的傳承意識絲毫不容置疑。從這兩個官方及半官方的文化策略來看，我們不難理解為什麼一九七九年國民黨所屬的中央電影公司製作《源》這部影片。

11　廖正宏、黃俊傑，《戰後臺灣農民價值取向的轉變》（臺北：聯經出版公司，1992），頁161-163。

12　葉石濤，《臺灣文學史綱》（高雄：文學界雜誌，1987），頁143。

13　參見《聯合報》（中華民國六十五年十月二十六日），三版。

　　《源》由留美導演陳耀圻執導，張永祥和張毅負責編劇，王道、徐楓及美國影星約翰・菲利浦勞主演。這部影片幾乎完全模仿好萊塢主流的電影語言。首先它任用了「明星」演員，以便增強觀眾對劇中角色的認同。其次，它以流暢的敘述，中庸的速度，單軌式直線型的（linear）時間順序和平易近人的蒙太奇，爭取廣大觀眾的好感。同時，又運用近鏡頭和特寫鏡頭刻劃溫馨感人或震撼衝突的場面，以增強情感的流露。《源》與好萊塢電影不同的是，影片中的景物、服裝、道具甚至色彩都充滿中國及臺灣的「語彙」。例如，片中的男性演員個個都剃光頭、留著辮子，寫實的造形與以往大包頭加辮子不倫不類的樣子迥然不同。又如，影片裡有一幕漢人集結往苗栗後龍溪移民墾殖的場景，攝影機從高空俯視迤邐的隊伍，很容易讓人想起美國西部片中類似《篷車傳》（The Wagon）中的景像。只不過馬車換了牛車，美國西部大平原換成臺灣山間崎嶇蜿蜒的道路。這些看起來相當寫實的電影「語彙」，毫無疑問的是為了加強影片中鄉土意識和傳承意識，無怪乎影片公開上映時普遍獲得好評。

　　依照《源》的描述，吳霖芳於童年期間隨母親渡海來臺。當他們登岸時，吳霖芳雙手並非提著沉重的行李和家當，而是捧著祖先的牌位。他一上了海岸，就先跪拜天地及祖先，而後回答母親說他是廣東嘉應人。這一幕已足於流露影片中的傳承意識。然而，之後因母親去世，吳霖芳賣身到鹿港福生染坊為長工。染坊老闆的獨生女江婉驕縱孤傲，但卻喜好詩書。片中特別描寫她從廣西梧州買來整套木製書櫃。這段情節與其說為了呈現她的生活品味，不如說是為了強調臺灣與大陸文化的傳承關係。

　　當吳霖芳在染坊工作一段期間後，因謠言他與江婉私通，所以雙雙被逐出家門。從這段情節可以發現，被趕離家門的女性與娘家隔絕斷裂，比正式出嫁那般被潑出門的水還不如。這種斷裂感（the sense of discontinuity）與整部影片所要呈現的傳承意識形成強烈的對比，頗有戲劇性的效果。吳霖芳與江婉結為夫妻後，隨著移民隊伍來到苗栗的石圍牆。他們在那裡胼手胝足，開荒墾地，先後生育兩個兒子，老大庭蔭，老二庭昭。影片裡描寫村裡請來一位教

師，在私塾中教導孩童三字經等啟蒙書籍。可見中國文化源遠流長，恩澤偏遠地區的黃帝子孫。

電影劇情的發展，從吳霖芳無意中在河谷裡發現黑油（即石油的原油）起，又邁向新的轉折。吳霖芳一心一意想要開採黑油，因為它可以點燈照明，供學童讀書。他和私塾教師以及村民合作，出錢出力，聘請外國技師和購買大型的鑿井機器。於是有關臺灣出磺坑早期開採石油的故事呈現在銀幕之上。

對一般不太熟悉臺灣史的觀眾而言，《源》頗有史詩（epic）般的氣勢，片中敘述清朝期間一段可歌可泣的往事。在此暫且不討論這部影片的真實性如何，但從片名就可以看出導演和編劇的巧思。「源」這個單字直接讓人聯想到能源和石油。一九七〇年代國際間發生能源危機，衝擊整體經濟、物價和民生。製片公司抓緊這項現實題材，拍製有關臺灣石油開採的歷史，頗具意義。不過，我們更應該留意，《源》的英文片名叫做"Origins"，指「來源」或「起源」。從英文片名不難證明，影片有意呈現臺灣漢人的血緣和文化傳承與中國大陸綿亙不斷。其實，在七〇年代有部美國電視影集《根》（Roots）在臺灣也名噪一時。許多觀眾深受美國黑人探源追潮家族史感動，一九七八年還出版這本小說的中譯本。[14]「源」這個字與「根」相同，一語雙關，都有隱喻（metaphor）的效果。

這部影片的後半段幾乎以鑿井為主軸。「井」給人的意象（image），除了可以提供泉源不斷的水，在影片中，井是口油井，所出產的黑油，有時可以變成「熊熊烈火」，燒毀一切，形成斷裂（discontinuity）。影片中吳霖芳後來就是死於油井爆炸的一場大火之中。不過，也可以是傳承或連續（continuity）的象徵，所謂薪火相傳的古意正是如此。影片中吳霖芳的兒子後來繼承父志，鑿井成功，並且慷慨答應村民自由取用，以便取火、點燈讀書。井可以是「水

---

14 參見 Alex Haley，《根》，張琰譯（臺北：好時年出版社，1978）。

源」，也可以是「火源」。在影片中井的意象，更是「能源」，而且也是英文裡的「來源」，或者「歷史的淵源」。在影片裡，當外國技師架起鑿井的及其進行探勘時，私塾的教師一邊查閱《天工開物》，一邊對吳霖芳說：西方人鑿井的科技原理，其實與中國這部古典作品時一致的。言下之意，臺灣第一口油井可謂其來有自了。

評論《源》在影視歷史文化中的地位

按照《源》的表述，是以客家漢人墾殖苗栗石圍牆以及在出磺坑開採石油為背景的歷史劇情片（historical-drama film）。本文並不主張以專業史學的眼光評論歷史劇情片，因為專業歷史著作與歷史劇情片之間仍有段距離，研讀這兩種文本應該各有不同的標準。[15]不過，檢驗歷史劇情片的真實性，卻有助於我們瞭解影片虛構情節時所隱含的動機。

從地方鄉土誌的記載，的確有吳琳芳其人，只是影片中的「霖芳」與真人「琳芳」同音不同字。吳琳芳的出生年代從西元一七八六年至一八五一年，享年六十六歲，祖籍廣東嘉應。乾隆年間，吳琳芳的先祖居住在今日臺中縣社口地區，為地方富豪。可見吳琳芳並不是渡海來臺的第一代移民，童年更非孤苦伶仃，賣身度日。吳琳芳於一八〇七年移居今日銅鑼樟樹村，成為當地墾主及紳耆。一八一七年，六庄人士（今日苗栗）因無人扼守後龍溪上游防止「蕃害」，於是推舉吳琳芳為首，到今日公館石圍牆築牆造舍，鑿圳闢田。[16]依當年所簽署的墾約，總共八十一股中吳琳芳僅占有兩份。[17]石圍牆的防禦工事，我曾經前往實地考察，得知幾乎已經完全傾塌剷除。不過，依當地耆老口述，

15　Robert A. Rosenstone, "The Historical Film: Looking at the Past in a Postliterate Age," in *Visions of the Past: The Challenge of Film to Our Idea of History* (Cambridge: Harvard University Press, 1995), pp. 65-71.

16　公館鄉誌編纂委員會編，《公館鄉誌》（苗栗：公館鄉公所出版，1994），頁 569。

17　公館鄉誌編纂委員會編，《公館鄉誌》，頁 24-25。

石圍牆的實景，無法呈現當時漢人與原住民衝突的情形。這或許是有意為漢人諱過的原因吧。[18]

有關後龍溪上游出礦坑開採石油的歷史背景。其實最早發現原油的是當時淡水廳所任用的通事，廣東籍，名叫邱苟，而不是影片中所說的吳霖芳。邱苟為人器量窄狹，驕縱倔強。一八五七年他在偶然的機會發現原油，因此以人工開掘，深約三公尺，每日可得原油四十多臺斤，零售供點燈火。[19]這段史實值得我們留意的是，邱苟發現原油時，吳琳芳早已過世六年，可見影片中的吳霖芳完全與開採石油無關。影片中他盡心盡力，不辭辛勞，甚至最後死於油井爆炸的火場中，完全是虛構杜撰的。至於吳霖芳聘請外國技師開採石油的故事，也同樣犯了時代錯置的問題。事實應該是：一八七六年兩江總督沈葆楨巡視臺灣，主張以官辦方式開採出礦坑石油，而後福建巡撫丁日昌奏呈清廷開發石油之利，准奏之後開始收歸官辦，當時即由美國採購鑽機一部，並委託旗昌洋行延聘英國技師一人和美國技師二人共同來出礦坑鑽鑿，隔年得原油每天大約一百公斤。不過，大量開採的事則要等到一九○三年日本政府殖民的時代。[20]影片中，吳霖芳的次子庭昭開採石油成功，受鄉民擁戴歡呼的場面，更是莫須有的事。

影片《源》把不同時代的人物和事件錯置在一起，成為既有移民開發石圍牆的事跡，又有臺灣開採第一口油井的故事。純就戲劇而言，虛構使得內容更為豐富，並無可厚非之處。莎士比亞的歷史劇不是也虛構了不少的故事情節嗎？甚至於《哈姆雷特》（Hamlet）改變成卡通電影《獅子王》（Lion King）之後仍然有可觀迷人之處。可見戲劇小說等文學作品有權可以虛構。至於歷史

---

18 陳漢初，〈石圍牆越蹟通鑑〉，《苗栗文獻》，6 期（1991.06），頁 159。

19 中油公司地質探勘與石油鑽採編輯委員會編，《臺灣石油探勘紀要》（中油公司臺灣油礦探勘處編印，1971），頁 11-12。

20 中油公司地質探勘與石油鑽採編輯委員會編，《臺灣石油探勘紀要》，頁 12-13。

作品，雖然永遠免不了主觀虛構之嫌，但史家絕對無權可以觸犯杜撰的禁忌。

　　《源》這部影片主要的缺失：第一，在於它大量模仿好萊塢的語彙，少有創造的電影語言。儘管它的拍攝水準超越了從前的國語片和臺語片，卻又比不上後來的「新電影」足以讓人耳目一新。第二，它的故事內容完全受意識形態（ideology）所圍，從中英文片名、故事情節到服裝道具等，都有意無意突顯臺灣人的血緣、社會和文化都「源」起自中國。這種意識形態與《黃帝子孫》和《盤古開天》等幾十年來的歷史劇情片如出一轍，完全出自黨政的文化政策。《源》於一九七九年八月正式發行，同年同月十五日正逢《美麗島》（Formosa）雜誌創刊。兩件事實的發生也許完全巧合，但深層的意涵顯示，《源》和《美麗島》同樣屬於政黨或政治團體的文宣產品。只是《美麗島》出自民間抗爭性的文化出版刊物，而《源》總擺脫不了官方文化霸權的工具。這部影片所呈現的歷史意識或許應該如此判定。

　　本文原刊於臺北金馬影展執行委員會編，《1997 國片專題影展節目特刊》（臺北：財團法人中華民國電影事業發展基金會，1998.11），頁 18-24。

十、歷史劇情片的「實」與「用」： 以《羅馬帝國淪亡錄》和《神鬼 戰士》為例

好萊塢的羅馬史影片

《神鬼戰士》（*Gladiator*）的廣告海報在媒體上出現時，第一眼根本無從引人注意，因為時下臺灣播映的影片諸如《神鬼莫測》、《神鬼奇兵》，太多雷同和庸俗的片名，往往令人反胃，失去了觀賞的興趣。這也許就是臺灣電影文化的現象之一。

假使《神鬼戰士》的海報不以古羅馬軍人的圖像為主題（參見網址：https://www.imdb.com/title/tt0172495/mediaviewer/rm2442542592/），可能很難引起我的注意。美國好萊塢（Hollywood）已經有一段長時間不再製作以羅馬史為背景的影片了，莫非是因為搭蓋大型的仿古外景建築既耗費成本，又得用盡心思。如今電腦合成的技術興起，取代了傳統拍製技術，難怪有關古羅馬史的影片又重現銀幕。

五〇年代到六〇年代初期是好萊塢拍製古羅馬影片的高峰期，一方面是第二次世界大戰的浩劫已經遠離，經濟恢復景氣；另一方面則與新興的寬銀幕製作技術有關。這種大型畫面，配合立體音效在大型電影院播放，頗能展現古羅馬磅礡的氣勢。這段期間，有關古羅馬的影片大致可以區分為兩種：一是為了光輝早期基督教精神，一是為了頌揚偉大的羅馬帝國，以便呈現「美國帝國」

的原型。[1]前一類的影片有《暴君焚城錄》（*Quo Vadis, 1951*）、《十誡》（*The Ten Commandments, 1956*）和《賓漢》（*Ben Hur, 1959*）；後一類的影片有《凱撒大帝》（*Caesar, 1953*）、《萬夫莫敵》（*Spartacus, 1960*）、《埃及艷后》（*Cleopatra, 1963*）、和《羅馬帝國淪亡錄》（*The Fall of the Roman Empire, 1964*）。[2]

相隔三十多年之後，好萊塢製作的《神鬼戰士》應該屬於上述第二類型的影片。這部影片對觀眾而言，年長的一代可以重溫欣賞史詩般劇情片的感觸，而年輕的一代可以見識一下古羅馬的情景和氣勢。除外，喜歡知性角度的觀眾，可能會追問，好萊塢在相隔數十年後拍製古羅馬的影片，到底與現實意識（presentism）有什麼關係？在西元二〇〇〇年所發行的《神鬼戰士》反映了美國現實上哪些問題？本文擬以《羅馬帝國淪亡錄》（參見網址：https://www.imdb.com/title/tt0058085/mediaviewer/rm2914323968/）與《神鬼戰士》相互對照，先從史實的真實性（reality）考察這兩部影片所製造的歷史圖像。之後，從「虛與實」的角度，研判好萊塢如何「利用」歷史？看看三十多年來美國的現實環境發生了怎樣的變遷，以至於影視歷史文化也隨著起伏擺動。

歷史劇情片的虛與實

把《羅馬帝國淪亡錄》與《神鬼戰士》並列討論，主要是兩部電影都與羅馬皇帝奧理略（Marcus Aurelius Antoninus, 121-180），執政時期（160-180）有關。奧理略是「羅馬和平」（Pax Romana, 意思是「羅馬太平盛世」）時代

---

1   馬克·費侯（Marc Ferro），《電影與歷史》，張淑娃譯（臺北：麥田出版社，1998），頁 234-236。

2   同上，另請參見馬克·卡尼爾斯（Marc Carnes），《幻影與真實》，王凌霄譯（臺北：麥田出版社，1998），頁 78、87。

最後一位皇帝，也是所謂「五賢君」（The Five Good Emperors）之一。當時，帝國的版圖遼闊，橫跨歐、亞、非三洲，地中海早已綏靖，形同帝國的「內海」。奧理略繼承前四位皇帝（即，Nerva, 96-98; Trajan, 98-117; Hadrian, 117-138; Antonius, 138-161）的業績，行政幹練，為人務實，同時他本人也是位哲學家，著有《沉思錄》（*Meditations*）一書，流傳至今。奧理略在學術史上可以說是斯多噶學派（Stoicism）的集大成者。他相信：「所有的事物都是經過編排，共同協助組成一個有秩序的宇宙。因為只有一個集合眾物而成的宇宙，並且只有遍存萬物之間的上帝，同時也只有一種本質，一部法則，一個理性之倫所共有的理性；來自同一根源、擁有同樣理性的有生之倫，也可以說是只有一個至善之境。」[3] 這本語錄中，處處都在宣揚宇宙與人世間的理性與和諧。奧理略名列「五賢君」之一應該名不虛傳的。這也是為什麼十八世紀啟蒙時代（Enlightenment）、強調理性主義（rationalism）的英國史家吉朋（Edward Gibbon, 1737-1794）把奧理略放在《羅馬帝國衰亡史》（*The History of the Decline and Fall of Roman Empire*）第一章的原因。吉朋有意彰顯「愛國心是古代的公德之一，淵源於個人高度關切其本國自由政府之維護與昌隆。這種情感足以使羅馬軍隊成為所向無敵的勁旅，但屬於專制帝王的奴性傭兵來說，他們的愛國心是極為單薄的。」[4] 這兩部歷史劇情片都與奧理略有關，而且都把他刻劃成開明君主，大致而言與史實頗為相符。

　　然而，在「羅馬太平盛世」的表面下，奧理略執政時代已經開始由盛轉衰，暴露衰相。奧理略總共在位十九年，並非舒舒服服、安穩地坐鎮羅馬城內。相反地，有十八年之久一直駐守前線，東征西討，對抗來自北邊的日耳曼

3　奧理略（Marcus Aurelius），《沉思錄》，梁實秋譯（臺北：協志工業出版公司，1974），頁69。

4　Edward Gibbon, *The History of the Decline and Fall of the Roman Empire*, ed. by J. B. Bury (London: Methane Co., 1909), vol. I, pp. 10-11.

民族（Germans）。為了解決邊政問題，不僅耗費帝國的國庫，引起貨幣貶值，而且還造成軍民傷亡，人口凋敝。這兩部電影都無意描繪這些現象，只把鏡頭焦距對準奧理略以及他苦心抗敵。這種拍製手法屬於歷史劇情片的特色：喜歡以菁英人物為劇中主角，描述他們之間的喜怒哀樂和矛盾衝突，尤其把這些人物放置在戰爭或亂世之中，以便增加戲劇的張力。[5]

這個特色較可以深入歷史人物的內心，也可以展現激烈戰爭的場景；但往往失之主觀煽情，虛構史實。觀眾閱聽歷史劇情片時，不妨把所有的對白和故事細節都當作虛構的，因為這兩位古人在深宮裡、宮闈內或荒郊野外，談和、親熱行為能留下「實錄」的實在少之又少。《神鬼戰士》中的主角羅馬將領馬斯穆士（Maximus，由 Russell Crowe 飾演）深愛遠住在西班牙家鄉的妻子，影片中有一段影像是他臨終之前，在昏迷彌留之際，懷想太太，兩人的靈魂再度相聚。這一段情節，毫無疑問地，加深了觀眾對馬斯穆士忠貞愛情的印象，但是，大概很少人以為那一幕是歷史的「實錄」，果然有如此誤解，也不能完全責難導演和編劇。歷史劇情片本質上就是屬於戲劇的一種。

《羅馬帝國淪亡錄》和《神鬼戰士》都描述奧理略晚年有意思把皇位傳給手下一位愛將，而非由兒子柯瑪多士（Commodus）繼任。另外兩部影片也表現奧理略的女兒與這位愛將之間有深厚的情誼。這兩部電影都相同地以這四位人物為劇中主角。

按照《羅馬帝國淪亡錄》的描述，奧理略的這位愛將名叫勒維爾斯，勇敢善戰，而且一心一意追隨奧理略的仁慈之心，只想以溫和的方法，撫平日耳曼人及其他鄰國的亂事，取得永久的和諧。他與奧利略的女兒（名露西拉）真摯相愛。奧理略曾親口告知勒維爾斯，有意傳位給他，不過勒維爾斯謙讓，沒有允應。倒是柯瑪多士，雖然身為軍人，卻偏好競技場中的個人式比武，而不善

5　Robert B. Toplin, *History by Hollywood* (Chicago: University of Illinois Press, 1966), p. 5.

於統帥兵馬、決戰沙場之上。除此，柯瑪多士主張以高壓的手段，不惜死傷流血，達成平定日耳曼人的目的。與父皇相比，他顯然是位不肖之子，這是奧理略無意傳子的主因。

在《羅馬帝國淪亡錄》中，柯瑪多士為了奪取皇位，毒害奧理略，犯了弒君又弒父的大逆之罪，既違背公德又抵觸了私德。據一般史書記載，柯瑪多士繼位初期尚能稱職，不久因為親信小人，喜好賽車比武，更由於防禦邊疆日耳曼人和亞洲鄰國的侵擾，國庫日漸萎縮，導致賣官鬻爵，軍隊缺乏訓練。柯瑪多士死於西元一九二年，執政共達十二年，不算太短暫。之後，元老院推舉的新皇帝（名 Publius Helrius Pertinax），由於過於嚴酷，財政措施不當，在位不久被刺身亡。緊接著，羅馬軍人公開拍賣皇位，底都斯（Didus Julian）以高價獲得擁立，但即位後卻無法支付，所以又被軍人殺害。軍人於是再度拍賣皇位，有三人「競標」最後由色維魯斯（Septimus Severus）取得皇位。他執政期間，大肆搜刮，軍紀敗壞，幣制由原來的金幣、銀幣變為鍍銀，加速了帝國的衰亡。一般史書都以西元一八〇年奧理略的過世當作「羅馬太平盛世」的結束，而柯瑪多士的即位也象徵帝國由盛轉衰的轉捩點。吉朋的《羅馬帝國衰亡史》前三章先論述了「羅馬太平盛世」的後半期，而後就急轉直下，從第四章起整部史書（共七大卷）都在描述帝國的衰亡。影片《羅馬帝國淪亡錄》在人物和故事上雖然沒有一一遵照史書，但大體上把握了柯瑪多士的所作所為及其時代情境，劇終於軍人高價拍賣皇位的擾攘之聲。

這部電影一開始的時候，以字幕提醒人們歷史的因果關係本來是複雜的而且多元的，不過有時不妨以某個因素為主軸。這應該是歷史劇情片的另一種特色：影片在有限的幾個小時之內，很難如同長篇的史書細述歷史的因果關係，取得較完整的分析；相反地，影片只能掌握重點，以某個主軸帶動歷史的發展。「羅馬帝國淪亡史錄」以悲劇為主調，奧理略死於非命，未能壽終正寢，而勒維爾斯與露西拉的戀情也一波三折，最後兩人被判處火刑，險些喪命。雖然影片中虛構不少史實，然而其主軸總是扣緊帝國是怎樣由盛轉衰的。在電影

結束後，出現一段字幕說：「這是羅馬帝國衰亡的開始。偉大的文明是不會被征服的，除非自己從內部毀滅自己」。

《神鬼戰士》的虛構成分遠多於《羅馬帝國淪亡錄》。按照《神鬼戰士》，奧理略也是有意傳位給愛將馬斯穆士，不過馬斯穆士婉謝這番美意，因為他想在平定邊疆的亂事後，立即歸鄉與家人團聚，共享天倫之樂，過著務農的生活。影片中馬斯穆士智仁勇樣樣俱全，而且又是位感情專一的好丈夫和好父親。他因受柯瑪多士的猜忌和排擠，不僅妻子被姦殺，家園被焚毀，連自己也被判處死刑。在九死一生之中，馬斯穆士淪為奴隸身分，專事比武決鬥，娛樂羅馬中上層社會人士。"Gladiator" 原意指古羅馬競技場中的鬥士，英文片名以這個名稱特別用來指馬斯穆士，臺灣有些觀眾可能不解其中的含義。

馬斯穆士由於武藝出眾，在羅馬競技場中聲名大噪。柯瑪多士和奧理略的女兒都特地前來觀賞比武大賽。他們發現這位鬥士原來就是昔日的馬斯穆士。柯瑪多士在驚訝之餘，心存畏懼，一日不除馬斯穆士，永遠如鯁在喉。至於奧理略的女兒，按照《神鬼戰士》的敘述，早已是位有夫之婦，然而她對馬斯穆士心懷愛慕之情。他們兩人追隨奧理略在前線防禦日耳曼人時，就彼此相互欣賞對方，可是從未越軌，影片中未曾出現任何熱吻的鏡頭。當奧理略的女兒得知馬斯穆士健在時，喜出望外，設法拯救他。不過，在他們兩人的情感關係之間，奧理略的女兒又多了一分母愛，或者說是為人母的私心，她有意剷除柯瑪多士，並非純為了輔佐馬斯穆士，而是希望由她自己的兒子繼位。電影最後一幕，馬斯穆士和柯瑪多士在一場令人心驚膽顫，懾人魂魄的比武中，雙雙死亡。奧理略的女兒在悲喜交加之下，將兒子（大約只有十歲左右）擁立在皇位上，她為馬斯穆士的過世而悲傷，但也終於如願以償。這部影片暗示，這位年輕的皇帝繼位後，羅馬帝國彷彿雨過天晴，又恢復了昔日的繁榮和太平盛世，而為國除害的英雄正是故事中的主角馬斯穆士。

歷史劇情片含有虛構的成分，不一定就是影片的缺點。影片中的細節、對白以及情節，虛實夾雜在一起，都只能屬於表象中的「虛」。假使藉著這些表

相的虛構，反而呈現歷史的真實面，或人性及世間的普遍現象，那就是「虛中實」了。評論歷史劇情片的方法之一，應該注重分析虛構中的表相和殊相中，含有多少真實性和共相。「虛」中之「實」的真實性和共相越多則越合乎常理，而歷史劇情片所應得的評價越高。相反地，歷史劇情片假使淪為「虛中虛」，都應歸類為劣作，不值得稱讚。《神鬼戰士》以影視史學的觀點而言，應該接近「虛中虛」，除了娛人耳目外，少有可嘉許之處。至於《羅馬帝國淪亡錄》則頗為接近「虛中實」。在相隔三十多年後，仍然值得再度觀賞。這或許是製作比較嚴謹，並且聘請史家威爾・杜蘭（Will Durant）擔任顧問的成果吧！

電影利用歷史

奧理略皇帝在《沉思錄》中有一段話，值得引用：

> 要不斷的想著目前存在的東西遠在我們有生之前即已存在，而且須知在我們身後將依然存在。把你經驗中所看過的，或從歷史上學得的，一幕又一幕的重複的戲劇表演，都放在你的目前溫習一遍。例如哈德利安諾斯（Hadrian）、安東耐諾斯（Antonius Pius）、菲普（Philip）、亞歷山大（Alexander），或克羅索斯（Croesus）執政時期的朝廷。這些憧憬與我們目前所見毫無二致，只是淒美不同。[6]

這段話很清楚地說明，古今以來有許多事情不斷反覆重演，人世間好像有許多常規存在。以下不妨再引用奧理略的語錄，而且已成為大家的一句口頭禪來補充說明，那就是：「太陽底下沒有新鮮事；因為向上看、向下看，到處都會發

6　奧理略，《沉思錄》，頁 116。

現同樣的事物，古代的、中古的、近代的，歷史都充滿了這種事物」。[7]

如果把奧理略的說法轉換成學術上的用語，那就是歷史上有許多「通則」（universal laws）、「模式」（model）、「理論」（theory）或「理想類型」（ideal type）等。許多學者研究歷史的時候，偏好尋找這些具有普遍性的相似現象，尤其把古今中外的歷史拿來類比。按理來說，這種歷史類比思維所得的結論是否純淨和超然？在一大堆的資料、統計數字和專業術語底下，是否隱含某些意識形態和現實意識？歷史文本，不管是所謂學術的或大眾化、通俗化的，在運用歷史類比思維時，往往受意識形態或現實意識的支使。奧理略在《沉思錄》中未曾提起這個層次的問題，他只鼓勵人們不斷溫習一幕又一幕、重複的戲劇表演。不過，聰明的奧理略應該知道戲劇也會利用歷史的。而今天，我們並不難找到許多例證，說明電影在利用歷史。

《羅馬帝國淪亡錄》和《神鬼戰士》都以西元一八〇年左右的羅馬史為背景。觀察前一部影片時，閱聽者可以感受到奧理略身亡後，帝國就急轉直下，走向衰亡之途。然而在後一部影片裡，不甚熟悉羅馬史的閱聽者可能無法察覺帝國的悲劇即將來臨。為什麼同樣的歷史背景會呈現兩種迥然不同的時代情景呢？

《羅馬帝國淪亡錄》發行於一九六四年，正值美國「六〇年代」社會動盪、政治起伏不定的時候。一九六〇年，黑人民權運動正如火如荼展開。一九六三年八月間，馬丁路德・金恩（Martin Luther King）在首都華盛頓，面對林肯紀念堂前的二十萬人發表演說，句句「我有一個夢」振奮了有色人種的心坎，但也震驚了所有保守派的白人。同年十一月間，甘迺迪（John F. Kennedy）總統在訪問達拉斯時，慘遭暗殺，全國因此譁然，並且以這件政治暴力為國家不祥之兆。除了內政問題如麻，國際事務上，一九五七年蘇俄領先美國

7　同上，頁68。

發射第一顆人造衛星進入太空，一九五九年古巴發生政變，卡斯楚（Fidel Castro）建立了共產政權，蘇俄將配備原子彈的飛彈設立在古巴的基地上，於是一九六二年引發了古巴危機，當時遠東的北越正逐步以游擊隊向南越進行顛覆行動。《羅馬帝國淪亡錄》拍製的時間剛好就在美國國力和政治的轉捩點上。影片中雖然沒有明白比較：昔日的日耳曼民族入侵，如同今日共產勢力的威脅；或者奧理略皇帝被弒等於甘迺迪總統暗殺事件的重演。不過，從五〇年代末期至六〇年初期以來，美國「衰退論」已顯著浸染人們的史觀。這部影片劇終時的最後一段字幕：「偉大的文明是不會被征服的，除非是從內部毀滅自己」，表面上看起來只是整個故事的結論，但是更像是警世之語，好萊塢的製作群已向美國人提出嚴重的警告——國難當頭。

當代美國學者杭廷頓（Samuel Huntington）曾撰文討論一九五〇年代以來前後總共五波的美國「衰退論」。他認為，第一波出現在一九五七年和一九五八年，當時蘇俄發射了飛彈和人造衛星；第二波在一九六零年代末期；第三波在一九七三年，當時石油輸出國組織宣布石油禁運，造成物價飛漲；第四波出現在一九七〇年代末期，因為美國在越南挫敗，尼克森（Richard Nixon）水門事件爆發，蘇俄在阿富汗等地擴充勢力；而第五波發生在一九八〇年代美國經濟衰退霸權不保的時候。[8]杭廷頓的分期說法不失具體而且細緻，值得參考。不過，人們最好把這五波所指的時間當作「衰退論」的高峰點。其實不在這些高峰時期內，美國「衰退論」仍然不絕於耳。我們或許可以說，美國自從第二次世界大戰以後的一九五〇年代，曾出現一種自負自滿的心理，以自由世界的領導者自居，但是從一九五〇年代末期開始，到一九八〇年代末期之間，美國一直懷有「衰退」的隱憂。例如，一九七六年正值美國革命，獨立建國二百週年的光彩日子，然而，當時美國國內卻提不起歡慶的喜氣，許多史家似乎

8　杭廷頓（Samuel P. Huntington），〈美國：衰落或復興？〉，錄於保羅·甘迺迪，《世界強權的興衰》，王保存等譯（臺北：風雲時代出版公司，1989），頁444-445。

喪失了昔日的傲氣，他們想到的反而是一七七六年那一年吉朋出版了《羅馬帝國衰亡史》。這本鉅著描述羅馬帝國衰亡的原因和經過，其中西元四七六年西部的羅馬帝國正式滅亡；而西元四七六年距離一九七六年恰好是一千五百年。[9]由此可見，時間數字上的巧合，加上國勢困頓，民心悲觀，史家難免以歷史類比的思維，聯想起古代羅馬的噩運和吉朋的名著。他們深恐歷史重演，感傷不已。

一九八〇年代末期，「衰退論」的陰霾尚未完全消逝。一九八七年間，美國歷史學者保羅・甘迺迪（Paul Kennedy）出版《世界強權的興衰》（*The Rise and Fall of the Great Powers*）。這本書甫出版，旋即熱賣，一時之間洛陽紙貴。當時美國讀者感興趣的，不是好奇從前西班牙或英國等大帝國衰亡的原因，而是二十世紀末美國是否如同該書所預言的已走向衰亡。[10]在臺灣，這本書於一九八九年立刻有中譯本，讀者中有人真以為美國「叱吒風雲的黃金時代已一去不返」，並且站在東方人的立場，幸災樂禍，拿這本書與史賓格勒（Oswald Spengler）的《西方的沒落》（*The Decline of the West*）相比較印證。[11]

可見現實意識可以影響人們的歷史類比思維，並且決定歷史文本的書寫；專業學者如此，電影的製作者也是如此。「衰退論」既然生產了《羅馬帝國淪亡錄》，「美國的世紀」（American Century）之說也可以反過來塑造另類的歷史劇情片，《神鬼戰士》就是實例。

一九八九年，雷根（Ronald Reagan）的時代正式過去，布希（George Bush）就職總統，當時國際事務上，蘇聯解體，許多國家的共產黨政權紛紛垮臺，全球的政治秩序面臨重整。一九九一年波斯灣戰爭後，美國儼然躍升為

---

9   Stefan Kanfer, "The Score: Rome 1500, U. S. 200," *Time*, vol. 108, no.8 (Aug. 23, 1976), pp. 58-59.

10 Charles Krauthammer, "American Rubes: Thanks God," *Time*, vol. 150, no. 5 (Aug. 4, 1997), p. 20.

11 參見甘迺迪，《世界強權的興衰》，頁 1-4。

全世界唯一的霸權。連早已退職，而且過氣的尼克森也不甘寂寞，在一九九二年出版《新世紀》（*Seize the Moment*）一書，宣稱：「我們並非歷史的過客，而是歷史的導航者。我們有機會塑造第二個美國的世紀。」[12]這裡尼克森口出狂言是基於當時的現實，美國的確「形勢比人強」。至於他所謂的「第二個美國的世紀」是根據「第一個美國的世紀」之說而來的。西元一九四一年，美國正式捲入第二次世界大戰。這在這一年，《生活雜誌》（*Life*）和《時代雜誌》（*Time*）的創辦人亨利·魯斯（Henry Luce, 1898-1967）首先公開撰文，宣稱「美國的世紀」的來臨。[13]而後，此說經常出現，直到一九五〇年代。不過，當美國「衰退論」興起後，魯斯的「美國的世紀」之說已形同神話，不再受人重視。尼克森於一九九〇年初期重提「美國的世紀」即根據於魯斯，只不過現在他號稱是「第二個」。

繼尼克森後，「第二個美國的世紀」之說日漸水漲船高。一九九三年，克林頓（Bill Clinton）就任總統。他本人並無雄才大略，執政期間且因緋聞案，頻頻在媒體上向國人道歉；然而，美國國內的財經狀況蒸蒸日上，同時在國際外交上，美國唯我獨尊，幾乎無往不利。一九九七年，有些知識分子已為美國人的「高傲」（arrogance）感到隱憂，提出警告。[14]不過，美國人的自負心態似乎日漸高漲。在相隔一年出版的《世界之道》（*The Way of the World*）裡，作者David Fromkin 直言不諱「又一個美國人的世紀」來臨。[15]從近幾年來的現實意識來看，我們可以迎刃而解《神鬼戰士》裡為何缺乏羅馬帝國「衰退」的論調。這部影片不談帝國的衰亡，卻轉移了觀眾的目標，集中在一位英雄身上。

---

12 尼克森（Richard Nixon），《新世界》（*Seize the Moment*），丁連財譯（臺北：時報文化出版社，1992），頁 305。

13 Donald W. White, "The American Century" in *World History*, "Journal of World History," vol. 3, no.1 (Spring 1992), p. 105.

14 Jordan Bonfante, "America, The Brazen," *Time*, vol. 150, no. 5 (Aug. 4, 1997), p. 15.

15 David Fromkin，《世界之道》，王瓊淑譯（臺北：究竟出版社，2000），頁 291-318。

　　好萊塢製造《神鬼戰士》的英雄馬斯穆士時，並非毫無憑據，純屬虛構，相反地，影片的製作群從另個角度利用了歷史。西元十八世紀美國革命成功，創建了共和國。對於當時開國的元勛來說，他們並不認為自己完全「創新」了政體，因為美國的立國精神是效法羅馬共和國而來的。羅馬共和國的拉丁文簡寫為 "SPQR"，意思是指國家屬於「元老院與羅馬人民」。美國憲法的起草者認為，他們的使命好比西元前三三九普布里厄斯（Q. Publilius Philo）為羅馬立法。他設定每兩位執政官（Consul）中便必須有一位平民（Pleblian）出身；有了這條法律之後，共和國的精神才算真正落實。除外，華盛頓（George Washington）最崇拜辛西納忒斯（L. Quinctius Cincinnatus）。西元前四五八年，當外敵埃魁人（The Aequi）入侵羅馬，圍困一支由執政官率領的軍隊時，辛西納忒斯接受徵召，擔任「獨裁者」（dictator）。他一天之內化解危機，拯救了羅馬軍隊，但毅然辭去「獨裁者」和婉謝任何公職，並且返回故里，繼續原來的務農工作。[16]據說華盛頓在一七九六年個人聲望臻於巔峰之際，公開在報紙上發表退職演說，而後回到維農山莊（Mount Vernon），他的這項選擇就是學習辛西納忒斯的精神。在《神鬼戰士》裡，觀眾可以發現馬斯穆士念念不忘「自由」和「共和」，尤其他謝絕奧理略的美意，無意繼承皇位，一心一意只想在邊政綏靖後，返鄉務農。從《神鬼戰士》裡，西元一八○年左右時代的馬斯穆士（儘管是虛構的）可以說是古羅馬時期辛西納忒斯的化身，同時也是華盛頓的先行者。換句話說，好萊塢存心塑造一個「道統」，那就是從古羅馬時代的普布里厄斯、辛西納忒斯，經華盛頓、美國開國元勛，再到二○○○年《神鬼戰士》中的英雄，也就是劇中主角馬斯穆士。

　　從《羅馬帝國淪亡錄》、《神鬼戰士》以及專業學者「美國衰退論」、「美

16　Livy, *The Early History of Rome* (New York: Penguins Books, 1976), p. 286.

國的世紀」之說可以得知，閱聽任何歷史文本時不僅應該考察「虛實」的問題，而且更要追問這些「虛實」的現實意識和意識形態之間有何關聯。專業史家和歷史劇情片的製作者一樣，經常都在利用史實。

本文原刊於《當代》，156 期（2000.08），頁 48-61。

十一、影像中的人物與歷史：
以《白宮風暴》為討論對象

前言

　　國君或政治領袖位居要津，因而一舉一動常常引人注目，尤其當他個人的生涯大起大落、充滿曲折傳奇的時候，更容易成為人們關注的焦點。莎士比亞（William Shakespeare）所編寫的歷史劇中，如《理查三世》（*Richard III*）和《朱利斯凱撒》（*Julius Caesar*）等，也都敘述具有戲劇性的國君。不過，我們也可以反過來說，莎士比亞把這些國君戲劇化，以便突顯他們的某些特質，增強吸引觀眾的注目。電影剛發明不久的時候，美國導演葛里菲斯（David Griffith）立刻選擇了林肯（Abraham Lincoln）當作寫作特寫的對象，拍攝《國家的誕生》（*The Birth of a Nation*）和《林肯傳》（*Lincoln*）。[1]葛里菲斯在這兩部影片中對林肯情有獨鍾，顯然因為這位總統與美國史上最具衝突性的內戰（the Civil War）密不可分，同時也因為他的出生背景和生命終結是歷任總統之中最特殊、最不凡的一位。所以，從這個角度來說，葛里菲斯的史觀與中西傳統的歷史書寫偏重從上而下、以帝王國君為主軸，頗有幾分類似。

　　一九九一年，美國導演史東（Oliver Stone, 1946-）攝製了《誰殺了甘迺迪》（英文原名 *JFK*，是以甘迺迪的全名為片名，參見網址：https://www.imdb.com/title/tt0102138/mediaviewer/rm2640657664/）一時引起轟動以及熱烈的討論。這不僅是因為總統遇刺的事件本身已經十足具有票房的價值，更

1　David A. Cook, *A History of Narrative Film*, 2nd ed. (New York: W. W. Norton & Co., 1990), pp. 77-82.

何況影片中的論述再度激起美國人民內心的漣漪，回憶往事。[2]相隔只有五年，史東又選擇另一位總統尼克森（Richard Nixon）當作片名以及影片的主要人物，再度勾起人們對水門案件（Watergate scandal）的記憶，反思那段最具爆炸性的日子。臺灣把這部影片中譯為《白宮風暴》（參見網址：https://www.imdb.com/title/tt0113987/mediaviewer/rm2585074176/），雖然模糊了劇中主要人物的角色，但還不至於偏離劇情和主題，算是差強人意，可以接受。史東前後以兩位總統為對象拍攝影片，是否為了創造票房的佳績暫且不說，不過故事情節涉及當代人物及懸疑未解的案件，勢必面臨棘手的問題，萬一失手，可能反而弄巧成拙。史東曾經參加越戰，擔任新聞記者，而後改行影劇事業，他如何對待戲劇與歷史？如何處理虛構與真實？這是他所必須面對的事實。還有，他以總統為傳記主，要以怎樣的手法呈現在銀幕之上呢？個人菁英與整體歷史的關係又當如何安排呢？這也是他所必須抉擇的問題？

由於《白宮風暴》所涉及的光影、音效和剪輯製作非常廣泛，牽連的人物故事也十分複雜，文本不能逐項討論，而只想探討影視媒體中非史學專業的導演如何論述人物與歷史的關係。這個主題又可以分為兩個層次：第一是這位歷史影片的「作者」（即導演）對「歷史的看法」（concepts of history）和對「人的看法」（concepts of man）。這兩種看法（或觀念）彼此的關係，可以稱作某人的史觀（historical perspective）或歷史的認知取向（approach of historical cognition）。第二，是這位「作者」在表述人物時，如何定位傳記（biography）的功能；換句話說，在歷史與戲劇之間，他比較傾向哪種敘述方式。本文雖然有意建構影視史學在知識論上的基礎，但只能點點滴滴，以一部影片為例，思考幾個重點問題，至於影片豐富內容和面向，並非本文全盤所能顧及的。

2　周樑楷，〈銀幕中的歷史因果關係：以《誰殺了甘迺迪》和《返鄉第二春》為討論對象〉，《當代》，74 期（1992.06），頁55。

戲劇解釋與歷史解釋之間

評論任何史書和文本，一開始就得觸及版本的問題。本文所閱聽的《白宮風暴》，原屬於光碟片，而後轉成錄影帶，在家中的電視機播出的。這套錄影帶除了正片之外，還附有一段「自白」，史東敘述他如何創作這部歷史劇。依照史東的說法，這部電影原來片長四小時十五分鐘，然而因為受戲院時空的限制，必須認同割捨一些場景，成為三小時十分鐘。[3]類似這種外在因素的考量，是任何學術和藝術創作者共同的問題，即使無奈也不能抱怨。傳統文字書寫的史家，必須考量篇幅的長短和出版經費的多寡，有時被迫得刪減內容，這種現象與電影導演常面臨的問題沒有兩樣。本文特別重視參考史東的「自白」，因為他傾訴了製作過程中如何增減，完成剪輯。

《白宮風暴》正片裡任何影像還未出現前，先以文字書寫的方式表達：

> 這部電影是對事件和人物的戲劇性解釋（a dramatic interpretation），它根據大眾媒體的資料以及不太充足的歷史檔案。其中有些場景片段和零星事件是可以混合構成的，或者是凝縮而假設而成的。[4]

> 人縱然賺得了全世界，卻賠上了自己的靈魂，為他有什麼益處？（聖經，瑪竇福音，16：26）

這兩段引文首先讓我們得知，影視論述時常還得借重傳統文字表達作者的思想和感觸。在第一段裡，史東聲明他進行的工作是種「戲劇的解釋」，換句話說，它並非「歷史的解釋」。接著，他引述《聖經》評論尼克森，既然大帽子扣頂，這種寫作的目的，好比中國正史中的論贊一樣，以簡要的警語總結人物

3　*Nixon*, directed by Oliver Stone, produced by Dan Halsted als., 1995, color, 190 minutes.

4　*Ibid.*

的一生。只不過，論贊一向放在列傳的文後，這段引文則安排在影片開始之前。一般人觀看電影多半不太留意片頭的文字說明，以至於忽略了導演的基本立場，這是因為影片放映的速度往往讓閱聽者來不及深思文字的涵義，除非以聽歌的方式觀看錄影帶。以上這兩段文字雖然呈現了史東的用意以及道德判斷的標準，然而，影片中實際的表現又如何呢？

　　其次，史東聲明《白宮風暴》是一部混合構成、凝縮假設的戲劇，但也根據了一些歷史檔案。由此可見，這部影片既不是純屬虛構的戲劇，更非完全真實的歷史，而是介於兩者之間的歷史劇（historical drama）。平常當有人以二分法說，戲劇純粹是虛構的，而歷史完全是真實的時候，勢必引起強烈的質疑。尤其接受後現代主義（postmodernism）的學者一定強力反駁。事實的確如此，因為任何小說、故事和戲劇等都不可能無中生有，完全與現實人生脫節，同時，任何歷史作品絕不可能客觀真實呈現過去。然而為了討論的方便之故，本文假設有一光譜（spectrum），光譜的一端指純粹虛構作品，有許多小說、故事、戲劇、神話比較接近這一端；而光譜的另一端是客觀真實的作品，有許多歷史屬於這一類。光譜之間，虛構與真實並非絕對黑白兩半對分的，而是依程度差別漸進的。史東說他所描述的尼克森是部戲劇，應該不是謙虛之言，也不是藉口的遁辭方便他瞎說胡扯一番。影片中，他的確虛擬了不少場景和對白，例如：尼克森在白宮裡面對林肯畫像自言自語、他與夫人在臥室裡的爭吵或甜言蜜語、白宮官員兩人私下密謀的神情與默契……，這些細節和言談根本不可能留下任何紀錄，外人永遠不得而知的，需要史東自己「想當然耳」才能完成。不過，虛構的內容是否合乎「常理」，是否更有效呈現「內在的情境」；如果答案是肯定的，那麼虛構中的「常理」或「內在情境」不僅不是小說、故事或戲劇的缺失，反而是這種文體的特色或美學標準，我個人簡稱之為「虛中實」。在《時代雜誌》（Time）和《新聞週刊》（Newsweek）上，有些影

評批判《白宮風暴》許多不合乎史實。[5]然而，在此值得特別強調的，是否合乎史實不見得就是戲劇或歷史劇的致命傷，莎士比亞的歷史劇中也有不少背離史實的例子，但卻無損於他的盛名。羅馬時代的希臘作家普魯塔克（Plutarch, 45-120）在《希臘羅馬名人傳》（*Lives of the Noble Grecians and Romans*）內文表示：

> 大家不要忘記，我現在所撰寫的並非歷史，而是傳記。從那些最輝煌的事蹟之中，我們並不一定能夠清晰地看出人們的美德或惡行；有時候，一件不太重要的事情，依據笑話，或者片言短語，會比萬人傷亡的戰場或慘烈的戰爭更能呈現人們的性格。因此，肖像畫家在作畫的時候，特別用心在描繪最能表現性格的臉部輪廓和眼神，而對於身體的其他部分則不多加注意；同樣地，請讀者們也容許我對人們的靈魂的跡象和徵兆多加注意，藉著這些來描寫他們的生平，而把他們的偉大的事功和戰績留待其他作家們去描述。[6]

可見在上古時期，普魯塔克已為西方人開創了一條寫作傳記的取向，他直截了當區別傳記和歷史之間的差異。傳記寧可藉著一些瑣碎的事情和對白，突顯傳記主的靈魂和內心深處。或者說，傳記容許虛構事件以便顯現更底層的真實。

依我的分析，史東原則上繼承了普魯塔克的寫作傳統。《白宮風暴》主要描述六〇年代至七〇年代初期之間的尼克森，然而敘述的情節和時序，經常以片段影像安插他在二〇年代至三〇年代的童年。依照史東的刻劃，尼克森有股強烈的自我防衛心態，而且力爭上游，不輕易承認失敗。這種個性支配尼克森

5　如 Richard, Corliss, *Time*, Dec. 18, 1995; Evan Thomas, *Newsweek*, Dec. 10, 1995; John H. Taylor, "Nixon on the Rocks," from *Richard Nixon the World Wide Web*, pp. 1-11.

6　Plutarch, *Plutarch's Lives*, trans. Bernadotte Perrin (Cambridge, Mass.: Harvard University Press, 1919), vol. VII, p. 225.

的一生，也是《白宮風暴》中的敘述主軸。五〇年代期間，尼克森以律師身分，接手希斯（Alger Hiss）一案，打擊有左傾嫌疑的政壇人士，結果一舉成名，家喻戶曉。雖然尼克森此舉比麥卡錫（Joseph McCarthy）更加保守右傾，但卻為他在一九五二年贏得大選，登上副總統寶座。在《白宮風暴》中，史東別出心裁，選擇舊式手搖的攝影機，以黑白底片拍攝尼克森幼年的時代。這位在加州成長的小男孩，家境小康，每天必須在雜貨店裡協助父親工作，一心一意奮鬥實幹。在學校求學期間，尼克森參加美式足球大賽，即使被絆倒了，鼻血直流，但仍不氣餒，勇氣可嘉。影片中，從這場景轉接到以彩色拍攝的一九六〇年大選，尼克森慘敗輸給甘迺迪；影片並沒有描述競選活動的熱鬧場面，而只交代尼克森不服氣地說：「去他的哈佛大學，這小子出身顯貴之家，而我卻讓人瞧不起，衣服、學校沒一樣對，他搶了我的一切，還說我沒水準。」[7]不過，緊接著，尼克森以堅忍的口氣說：「無法承受失敗」，「下一次……」。[8]到了一九六二年，他參選加州州長，不幸又敗北，一時之間，變得憤世嫉俗，幾乎失去理性。他的夫人要求他退出政壇，否則只有離婚一途。此情此景，尼克森進退兩難，然而他終究珍惜往日那段約會、求婚和結婚的甜美歲月（以黑白片拍攝），最後答應退出政壇。看起來，這似乎是尼克森一生中最大的妥協讓步，接受了現實。不過，影片又描述尼克森江山易改，本性難移。一九六三年，當共和黨在紐約舉行黨員大會時，他已難耐寂寞，蠢蠢欲動，有心重返政壇。到了年底，甘迺迪在達拉斯遇刺，尼克森心想機會果然來了。這個時候，影片從甘迺迪的死亡剪接到尼克森年輕時弟弟因患肺結核，最後垂死掙扎的鏡頭，說明他弟弟過世，家中少一口，父母才把一切寄託在他身上，讓他有機會升學讀書。尼克森親口說：他的成功機會是奠立在別人的死亡

---

7   *Nixon.*

8   *Ibid.*

之上的。[9]從一九六三年年底之後，尼克森處於沉潛之中，步步為營。到一九六八年，詹森（Lyndon Johnson）宣布無意競選連任，尼克森知道東山再起的機會真正來臨。他以結束越戰為競選口號，贏得總統寶座，如願以償。在影片中，觀眾可以得知尼克森一方面熱衷權力，另一方面百折不撓，追求勝利，這種個性和生命形態正是史東所要描寫的。自從水門案件發生後，尼克森心知肚明此事好比嚴冬的霜雪，對他十分不利，所以百般防備。他獨自一人竊聽錄音，猜忌懷疑手下官員，甚至連他夫人都看不慣了，以嚴厲的口吻對他說：「我知道你很惡劣」，「你絲毫沒有悔意」。[10]尼克森的困獸之鬥，到了最後大勢已去，才不得不宣布離職。

　　一個人力爭上游，不輕易低頭，本質上是項美德，不見得是缺點，這也是美式足球令人著迷，如癡如狂的原因。然而，問題在於追求的目標以及所使用的手段是否合理正當？「人縱然賺得了全世界，卻賠上了自己的靈魂，為他有什麼益處？」這是聖經中的箴言。史東引用這段話，對比因自卑而引起的自大和權力慾望。影片中，經常出現甘迺迪夫婦兩人的影像，其實這也是尼克森內心深處揮之不去的陰霾。他妒嫉甘迺迪所擁有的一切，包括全國青年百姓對他的崇拜。尼克森經常怨天尤人，責怪自己長相不好，出生寒微，連所讀的大學也默默無名，遠不如長春藤名校永遠是眾人的明星。為了填補內心的自卑，大權在握當然勝於一切。一九七二年，尼克森在季辛吉（Henry Kissinger）「穿梭外交」（shuttle diplomacy）之下，順利訪問中國。在影片中，沒有紫禁城或天安門廣大的場面，也沒有萬里長城壯麗的景色，甚至連周恩來也沒有亮相。對於這一次歷史上重要的外交事件，史東只安排毛澤東、尼克森、季辛吉加上翻譯人員在書房裡會面的那一幕場景。他們所交談的不僅與外交事務無

9　*Ibid.*

10　*Ibid.*

關，反而是毛澤東和尼克森的對白，彼此都不諱言出身微賤、野心勃勃。季辛吉在旁，只補一句話：「權力是最好的春藥」，結果贏得他們兩人開懷大笑，異口同聲的說：「歷史的演變是由我們主宰的。」[11]由此可見，**導演史東確實遵循普魯塔克寫作傳記的理念，或者說，他即使沒有把《希臘羅馬名人傳》如聖經般捧在手中，但這種文化基因已成為西方人士的一部分，史東並沒有把傳記和歷史混在一起。**

史東在片頭的「自白」中，坦承自己並不喜歡尼克森這位權謀深沉的政客。[12]然而，在《白宮風暴》裡，史東卻無意藉著媒體痛批尼克森，以發洩個人心中之不滿。相反地，史東仍然以人性良知賦予劇中的傳記主。尼克森有位「聖人」母親，從小瞭解他，也最細心教養他。尼克森幼年時私下抽煙，母親訓誨他不准欺騙說謊，但也護著他的自尊心，沒有嚴加怒罵處罰。尼克森終生懷念母親，記取教訓。例如：當一九六二年他競選失敗，傷心落淚，依偎在夫人的胸前時，他腦海裡泛起母親的影子；一九六八年，尼克森贏得大選時，影片中母親再度以黑白影像出現，欣慰地說：「這才是尼克森家的男兒。」[13]尤其水門案件被揭發後，尼克森頻頻竊聽錄音帶，心中也會浮現母親的影子，譴責他的罪孽。除了母親之外，尼克森最崇拜的人可能就是林肯了。尼克森經常對著白宮內林肯廳中的林肯畫像沉思；他覺得這位總統同樣出身寒微，長相平凡，而且也都面臨國家內戰分崩離析的危險時刻。尼克森的眼神中，好像以這位總統自我期許，充滿理想。一九七○年五月間俄亥俄州（Ohio）肯特州立大學（Kent State University）有四名學生被槍殺，結果引爆一場學生示威抗議。本來史東拍攝了學生萬人聚集在華盛頓（Washington, D.C.）林肯紀念堂（Lincoln Memorial Hall）前的廣場上，聲勢浩大相當具有震撼力，可惜礙於

11　*Ibid.*

12　*Ibid.*

13　*Ibid.*

片長所限，史東將這一段剪掉了。不過，他保留了五月九日凌晨四點鐘尼克森訪問學生的一節。在這一場景裡，尼克森再度面對紀念堂內林肯的塑像，百感交集。由此可見，史東盡量呈現尼克森的良知並未被權力慾念腐蝕，泯滅殆盡。從這些「伏筆」，觀眾不難理解為什麼到了尼克森不得不離職時，他要季辛吉作陪，雙雙跪在十字架之前禱告懺悔，尼克森甚至痛哭失聲，楚楚可憐。

對於《白宮風暴》，許多人持負面評價，認為他違背事實，不足採信，其中以尼克森的兩位女兒（Julie 和 Tricia）反應最劇烈。[14]這種情形並不足怪，因為家人總是為長輩護短，容不下任何虛構誇張的手法。不過，許多史家和閱聽者觀看有關歷史人物的影片、小說、或戲劇時，往往一味以客觀求真為標準，以細節上的虛虛實實評論作者的優劣，換句話說，虛構的把柄越多，作品的品質越差；他們忽略了「作者」（導演）是站在哪個立場來呈現劇中人物。**按理閱聽者評論傳記作品之前，應先分辨原作者是站在「虛中實」、以戲劇手法詮釋人物呢？還是站在靠近「實中實」的一端，以歷史的求真態度刻劃人物呢？**傳記可以採用不同的取向創作，從光譜上「虛中實」一端到「實中實」的一端，完全自由，沒有硬性限制。例如，《萬世巨星》（*Jesus Christ Superstar*）以搖滾樂舞劇的方式，描寫耶穌如何反對法利賽人，影片中以現代武器坦克和飛機來象徵羅馬軍隊。[15]其手法顯然比《白宮風暴》更接近「虛中實」的一端，所以任何閱讀者絕對不可因劇中服飾道具觸犯了「時間錯置」，便全盤否定這部影片的價值。又如，北卡羅林大學（University of North Carolina）歷史系教授托普林（Robert Brent Toplin）於一九八〇年代後期與幾位史家和影劇人物拍攝了《林肯與內部戰爭》（*Lincoln and the War Within*）。依照他的自述，他們為了這部影集，翻閱了不少檔案資料，雖然不敢保證千真萬確，但他總希

14　*Ibid.*
15　《萬世巨星》(*Jesus Christ Superstar*) directed by Norman Jewison, 1973, Color, 107 minutes.

望觀眾能以較接近歷史背景的心態來衡量影集的得失，所以他盡量以十九世紀中葉林肯及其同僚所使用的語言來對白。[16]在臺灣我們無緣閱聽這部影集，難以置評，不過，從托普林教授的自述中，顯然他是有心朝著「實中實」的取向刻劃林肯總統及其時代。就此而論，《白宮風暴》之中戲劇和虛構細節，必然多於《林肯與內部戰爭》。或者說，前者採取「虛中實」的表現方式，後者則有意偏向「實中實」。

「虛中實」也好，「實中實」也好，假使能被定位清楚之後，任何作品都可以被批評談論的。簡單地說，傾向「虛中實」的作品若是在大量虛構捏造的情節人物之中，絲毫未能呈現人性及世事的常理，內容完全空洞貧乏，便淪為「虛中虛」，是屬於等而下之的作品。同樣的道理，傾向「實中實」的作品，假使只知道堆砌零星散亂的史實，彼此毫無關聯，缺乏主題，又不能呈現世事的常理，結果頂多有「實中虛」而已，這種歷史作品僵硬呆滯，絕對不能列為佳作。喬治‧麥高文（George McGovern, 1922-2012）曾任美國參議員，一九七三年獲民主黨提名，與尼克森對壘競選總統，他慘遭敗績。然而，這位擁有美國西北大學（Northwestern University）歷史博士的政壇人物，在觀賞《白宮風暴》之餘，特地撰文推崇讚賞。麥高文覺得這部影片對尼克森的描寫相當持平，傳記主既沒有渲染誇張人格上的缺點，也沒有扭曲其政治貢獻和人物上的本質。[17]由此可見，麥高文雖然接受學院派史學訓練，但他懂得分辨「歷史解釋」和「戲劇解釋」之間的異同，以及指導虛虛實實之間應有的關係。在影視史學的範疇內，最忌諱以學院派專業的史學認識論和方法論批評歷史劇情片，同時，影視史學也反對歷史劇情片的作者以學院的專用術語生硬套

16 Robert Brent Toplin, "Inside Lincoln and the War Within," *Perspectives*, vol. 29, no. 9 (Dec. 1991), pp. 15-16.

17 George McGovern, "Nixon and Historical Memory: Two Reviews," *Perspectives*, vol. 34, no. 3 (March 1996), p. 4.

用自己的創造手法。麥高文的評論立場是正確的。倒是導演史東本人的自我剖析，令人質疑。他曾經自稱《白宮風暴》是部「心理歷史」（psychohistory）的影片，也曾說這部影片不是傳記。嚴格地講，他根本不懂什麼叫作心理歷史，在影片中他未曾引用任何心理學知識。他所謂的「心理歷史」，只不過新瓶裝舊酒，憑藉個人的直覺及閱歷，單刀直入尼克森個人的心靈。這種手法其實本著普魯塔克傳記學的傳統。史東提到《白宮風暴》並非傳記時，他的意思應該是特指「實中實」那一類的。史東處理《白宮風暴》正如他自己所說的是「戲劇的解釋」；他的確比較傾向「虛中實」一端。就人物個性描寫而言，《白宮風暴》應不失為一部歷史劇情片或傳記的佳作。

人物與歷史間的關係

不管是小說、戲劇、電影或歷史，任何敘事都得涉及因果關係，並且回答事物變遷的動力何在。西洋中古時代，人們深信基督教（指廣義的 Christianity），以神意（God's Will/ Divine Providence）當作歷史的總因；相對的，人們的力量相當有限，如果沒有神意的安排，絕對難以發生效用。到了文藝復興時代，人文學者（humanist）逐漸強調人的地位與價值，肯定自由意志（free will）的存在。馬基維利（Niccolò Machiavelli, 1469-1527）在《君王論》（*The Prince*）中曾經討論命運（fortune）和自由意志的關係。他說：

> 雖然如此，我們的自由意志不能完全消滅，我想命運雖然決定了我們一半的行動，但命運還容許另一半由我們自己決定。[18]

換句話說，馬基維利強調人們至少有百分之五十的力量可以決定自己的所作所為。到了十九世紀，日耳曼地區觀念論的學者（idealist），如斐希特

---

18 Niccolò Machiavelli, *The Prince*（臺北：書林出版有限公司，1995），頁 120。

（Johann Gottlieb Fichte, 1762-1814）等人，特別突顯自由意志，尤其以上層社會菁英分子的意志為歷史主因。屬於普魯士學派（Prussian School）的史家屈茲契克（Heinrich von Treitschke, 1834-1896）發揚這種理念，主張「人製造歷史」（Man makes history）。[19]我們應當留意，他所謂的「人」（man），真的專指男人，而且是少數菁英分子。換句話說，這句話是指：歷史是由少數菁英、男士的意志所主導的。**屈茲契克這句「人製造歷史」可以當作一種理想類型（ideal type）看待。中西傳統史學作品中有數不盡這種類型的史觀，強調上層政治或學術文化的菁英，以他們的意志和理念為主要原因，由上而下說明歷史現象的變遷。**史東在《白宮風暴》中所塑造的尼克森便是這種典型人物。尼克森從小奮發向上，意志力無比堅強，即使因水門案件不得不離職時，還以肯定的口氣說：「我從來不服輸。」[20]言下之意，他頗自信自己能主導歷史的變遷。

《白宮風暴》雖然相信「人製造歷史」的史觀；可是這部影片的作者並沒有讓尼克森「隨心所欲」，完全掌握他的命運。**人物與歷史的關係，在史學史中至少還有兩種理想類型值得重視。一是法國年鑑學派布勞岱（Fernand Braudel, 1902-1985）所說的「歷史塑造人們」（History makes men）；[21]另一個是馬克思（Karl Marx, 1818-1883）所主張的「人們製造歷史」（Men make history）。**按照布勞岱的史觀，地理環境、經濟活動、物質生活是影響歷史演變的重要因素，他稱之為「長波」（the long wave）和「連結」（conjunctures），至於事件以及君王將相人物只不過隨著趨勢走向而異動。任何人物在布勞岱筆下都微不足道。至於馬克思所指的「人們」是指多數的群眾，尤其是

19　周樑楷，〈卡萊爾的英雄崇拜：十九世紀浪漫運動的一種史觀〉，《當代》，46期（1990.02），頁 42。

20　*Nixon*.

21　Fernand Braudel, "The Situation of History in 1950," *On History* (Chicago: The University of Chicago Press, 1980), p. 10.

指那些來自社會低層，具有階級意識（class consciousness）的勞工。他們擁有自主性，在於經濟社會環境互動辯證之下，朝著一個社會理想「製造歷史」。[22]在影視媒體上，早期俄國名導演艾森斯坦（Sergei Eisenstein, 1898-1948）所拍製的《十月革命》（October）和《波茨坎戰艦》（Battleship Potemkin）便是馬克思史觀的具體表現。[23]布勞岱的史觀與馬克思的史觀不約而同，雙雙都降低了上層菁英的影響力，只是布勞岱又比馬克思更唯物，完全抹殺社會大眾的地位和價值。**導演史東在《白宮風暴》裡的史觀既與年鑑學派所強調的「歷史塑造人們」迥然不同，也與馬克思史學所說的「人們製造歷史」大異其趣。**

六〇年代至七〇年代初期，美國各地掀起民權活動、社會運動和學生運動。史東本人在這種風潮之中掙扎衝撞，體驗豐富。他所拍製的電影，如《前進高棉》（Platoon）、《七月四日的誕生》（Born on the Fourth of July）和《門》（The Doors）幾乎都扣緊這個時代的背景，至於《誰殺了甘迺迪》則更不在話下。由此我們不難理解《白宮風暴》裡免不了有些學生運動的場景。尼克森討厭學生，不在意他們的訴求，但學生運動多少是股壓力，要不然他也不至於趁著夜間，前往林肯紀念堂，探視這群叛逆的少年。所以，就此而言，頗有幾分「人們製造歷史」的取向。不過，就影片整體感覺而言，《白宮風暴》並非馬克思主義的史觀。在林肯紀念堂的那一場景中，尼克森與一群示威的學生會談，有位十九歲的女孩開門見山批評總統無能，說他被如同「野獸」（beast）般的制度（the system）所控制。尼克森沒有當場否認，只以國家大事改弦易轍並非一朝一夕所能完成為由簡單應對。可是，當他與安全人員步出紀念堂

---

22 Karl Marx，《一八四四年經濟學哲學手稿》，伊海宇譯（臺北：時報文化出版社，1990），頁 82。

23 David Bardwell，《開創的電影語言：艾森斯坦的風格與詩學》（The Cinema of Eisenstein），游惠貞譯（臺北：遠流出版公司，1995），頁 100-103。

時，私下告訴他們那個年輕女孩所說的話是正確的。[24]有關「制度」和「野獸」的對白應是史東所創作，或者說，是虛構的。他藉著尼克森和女孩的對白傾吐自己的史觀。史東所指的「制度」，並不是我們一般所理解的政治、經濟或社會上的種種制度，而是指操控美國總統及上層政治部分的力量。按照《白宮風暴》的描寫，舉凡白宮所屬官員、各層行政官僚、國會議員、CIA、FBI 的成員、軍火商和石油大王等都有意無意糾葛在一起，形成一股左右美國政治的勢力，例如，一九六八年，在大選之前，FBI 的首腦胡佛（J. Edgar Hoover, 1895-1972）為了絆倒甘迺迪，有意暗助尼克森；他們倆經安排在賽馬場裡巧遇；胡佛批評馬丁路德·金恩（Martin Luther King, 1929-1968），暗示 FBI 神通廣大的本事；最後，胡佛慢慢伸出一隻手，放在尼克森的手臂之上，輕輕一按，此時無聲勝有聲，一切盡在不言中。在《誰殺了甘迺迪》一片裡，其實也有一段精彩的敘述。史東製造一位 X 先生，透過他的說法，美國的好戰人士、軍火工業商、情報分子……等，因為有意阻擾甘迺迪的外交政策，所以發動政變暗殺總統。[25]由此可見，《白宮風暴》中那位十九歲的女孩就好比《誰殺了甘迺迪》中的 X 先生，他們所指的「制度」、「野獸」、「一群人」其實都是同一批人，而且他們都是史東恨之入骨，所要批判的對象。在史東的史觀中，這一群人才是真正禍國殃民之徒，尼克森只不過是他們玩弄的對象而已；胡佛的伸手一按與甘迺迪的致命一擊頗有異曲同工之妙。

由此可見，史東還是偏向以上層菁英分子所作所為當作塑造歷史的動力，只不過他的「人」在數量上比德國史家屈茲契克所說的「人」多得多。除此，史東的史觀一向以政治為主軸，所有的事物都為圍繞著政治打轉。這也是為什麼在《白宮風暴》之中，尼克森對夫人說：「一切都是政治，我是政治，妳也

24 *Nixon.*

25 *JFK*；並參見周樑楷，〈銀幕中的歷史因果關係〉，頁 57-58。

是政治。」[26]我們不妨在此也補上一句說：「史東也是政治」，他以影視媒體為工具批判美國六〇年代到七〇年代的政治。

影像中的人物與歷史

自從遠古以來，人類以語言、圖像或文字表達情意、敘事和刻劃人物，各種媒體都各有特色，各有自己的長處和侷限。現代影視媒體所呈現的歷史人物，有具體形象，而且言行舉止在畫面中是動態的。因此，一部歷史劇情片的成敗與演員的好壞有密切關係。尼克森是位當代人物，許多人對他都留點印象，如果演員的體型長相與尼克森本人相去甚遠的話，大概少有觀眾會接受這位演員。在《白宮風暴》中，導演史東聘請名演員霍普金斯（Anthony Hopkins）扮演尼克森，一般美國民眾頗為稱讚，可見模擬人物、詮釋角色的心靈是十分重要的。[27]不過，到目前為止，影視史學似乎尚未評論演員的技巧，這門新興的學問與戲劇並不完全相同。

以影視表現人物可以有多種不同的形式，有的比較偏向「虛中實」、接近戲劇，有的偏向「實中實」，類似歷史。閱聽者在評論作品的優劣時，按理應該先認清它的地位問題，然後再以它的角度，分析它的長短。影視史學的興起並無意顛覆原來學院裡受專業訓練的書寫歷史，而是企圖肯定沒有接受史學訓練、以影視媒體呈現的作品有時也有佳作，可以當作另一類的「歷史」。美國史家羅森史東（Robert A. Rosenstone）不斷提倡影視史學。他表示，影視媒體所呈現的歷史很難採用「分析」或「理論」的方式，而且也無法將細節放在一起形成合乎邏輯的論證，不過，它較能表達感情，突顯個別的人物角色，以

26　*Nixon.*

27　Taylor, "Nixon on the Rocks," p. 9.

影像和語音描述過去的世界。[28]羅森史東進一步肯定，影視史學（包括歷史劇情片）勢必與後現代的歷史表述合流。[29]這種歷史可以和學院派書寫的、分析式的歷史和平共存，也是一種歷史；不過，它其實也不必計較是否擁有歷史之名。這類的作者可以表達他們的史觀，提出他們各自的「對人的看法」和「對歷史的看法」。他們應該不會在意是否被稱為「史家」（不管是 Historian 或 historian）。[30]最後，我們應該再度提起普魯塔克，這位西元二世紀的希臘作家強調「傳記不是歷史」時，其目的並不在劃清界限，區隔「傳記」和「歷史」，而是另起爐灶，開創另一種描述人物的取向。換句話說，在普魯塔克心中，假設一般「史家」不接受普魯塔克是為「史家」，那麼他乾脆就不認同「歷史」算了，而以「傳記」自居也未嘗不可。史東以及其他導演應該和普魯塔克一樣，都無意計較是否擁有「史家」之名。史東不是已表明它的作品《白宮風暴》是部「戲劇的解釋」嗎？然而，人們應該承認史東的確有一套個人的「史觀」，他在影片中所呈現的歷史人物和時代情境，正是專業性文字書寫的史家所缺乏的。

本文原刊於《興大人文學報》，32 期（2002.06），頁 1101-1106。

28　Robert A. Rosenstone, *Visions of the Past* (Cambridge, Mass.: Harvard University Press, 1995), p. 117.

29　*Ibid*, p. 220.

30　*Ibid*, p. 223.

十二、編織的歷史：從拜約的繡錦畫談起：《女考古學家：消失的織錦與皇室陰謀》導讀

　　每當談起法國的視覺藝術，我首先想到的，並非巴黎羅浮宮裡的收藏品，而是距今約已有二至三萬年的拉斯高（Lascaux）和肖維（Chauvet）的岩畫，以及展示在諾曼第拜約的繡錦畫（Bayeux Tapestry）。同樣地，只要上課，不管講授「影視史學」、「西洋史學史」或「世界通史」，總要提起這些圖像的歷史意義。

　　論及拜約的繡錦畫，單就長寬幅度（長 231 呎，寬 20 呎）來說，其實已足以令人咋舌，嘆為觀止。尤其畫中內容之豐富，一直讓人目不暇給。總計有：人（626）、馬（202）、狗（55）、其他各種動物（505）、樹木（49）、建築物（37）、船隻（41）以及簡要的文字說明。這一長串的連環圖畫，敘述著西元一〇六六年英國王位繼承的一場戰爭，事關諾曼第威廉公爵入主英國的「正當性」，並且涉及日後至今整個英國王統的問題（參見網址：https://www.bayeuxmuseum.com/en/the-bayeux-tapestry/discover-the-bayeux-tapestry/explore-online/）。

　　就影視史學的角度來說，它可讓自古以來許多長篇的影視歷史文本不再專美於前，諸如：埃及第十九王朝底比斯陵墓中的壁畫，描述墓主夫婦在世時的生活與過世後的情形；羅馬帝國圖拉真皇帝的紀念柱，刻劃圖拉真執政時期遠征達吉亞人的勝利經過情形；中國北宋張擇端繪製的《清明上河圖》，細說清明時節開封汴河沿岸的風貌；日本十二世紀的繪卷《伴大納言畫卷》敘述皇室失火眾人驚慌不安的情形。要是以半開玩笑的口吻說，這些古代多場景的長篇

敘事歷史文本，應該都屬於「**人動畫不動**」的作品。意思是說，觀賞這類畫作時，每個人要不是動腳，邊走邊瞧，至少也得動手，不斷轉開卷軸。更有意思的是，天性好逸惡勞的人類到了十九世紀末發明了電影，從此可以舒舒服服地坐著，讓「**畫動人不動**」，盡情享受畫面的故事。純粹就這道歷史文化的脈絡來說，拜約的繡錦畫在影視史學裡，至少應有承先啟後的地位。

接著，如果就史學史或史學理論來說，拜約的繡錦畫可以說是一段「編織的歷史」，而且一語雙關，有幾層不同的意涵，足以讓人玩味。

首先，拜約的繡錦畫所以是「編織的歷史」，因為它的載體屬於亞麻的織線。儘管它並非真正的編織，而是一針一線刺繡而成的；不過，以「編織」為名，仍然可以表達這件巨幅作品的製造方式。

略通英國史的人大概都接受以下一段歷史的說法：英格蘭的懺悔者愛德華於西元一〇四二至一〇六六年執政，生前未留下子嗣。歐陸上的諾曼第公爵威廉與愛德華有表兄弟的血緣關係。西元一〇五一年時，威廉宣稱愛德華曾屬意他是繼承人。而後，愛德華的妻舅，屬於英格蘭貴族的哈洛德也立誓同意威廉的繼承。可是當愛德華崩逝時，哈洛德表示愛德華臨終前已指定哈洛德為繼承人，而之前他本人對威廉的誓言是淪為囚犯時，被迫不得不而說出來的。結果雙方各自宣稱為王，並因而展開有名的哈斯丁戰役。

在拜約繡錦畫裡，一開始愛德華囑咐哈洛德一行人，浩浩蕩蕩，乘船橫渡英吉利海峽，為的就是宣達這項詔令。可是不巧，哈洛德遭遇暴風雨，船隻偏離航向，在偏北的海岸上登陸，而被當地的伯爵所捕。繡錦畫中，一幕一幕地展開敘述，其中戰鬥的場面廝殺激烈，而且許多士兵還身首異處（參見網址繡錦畫標號 52 至 56 處：https://www.bayeuxmuseum.com/en/the-bayeux-tapestry/discover-the-bayeux-tapestry/explore-online/）。

按照歷史的結局，威廉公爵取得勝利，贏得英國王位。不過，現存典藏的拜約繡錦畫，最後三公尺卻不明究竟，遺失不見了，於是留給後人一段既是缺憾，又是無限遐思的空間（參見網址繡錦畫最末處：https://www.bayeuxmuseum.com/en/the-bayeux-tapestry/discover-the-bayeux-tapestry/explore-on-line/）。

　　威廉公爵有位異父同母的兄弟奧多。在這場王位繼承戰爭中，他金戈鐵馬，驍勇善戰。在拜約繡錦畫中，他飛舞著一支可作為權杖的錘矛，立下了無比的戰功。戰後，奧多成為拜約的大主教。同時，在他的策劃下，先邀請一位工藝師繪圖，接著由一個來自英格爾的團隊負責刺繡，前後總共花了十年的光陰，終於完成這幅歷史圖像。

　　其次，說拜約的繡錦畫屬於「編織的歷史」，是為了突顯：任何歷史敘述都免不了含有歷史解釋，而歷史解釋又是經由一些挑選過的史實、加上作者個人的判斷和見解而完成的。所謂「編織」，也許內容中有許多事實根據，但總免不了個人主觀的「編造」或「虛構」。其實，早在西元十一、十二世紀的史書記載中，對英王征服者威廉就有正反兩面的評價，甚至有人說他是個殘酷的殺人者，當然這是來自盎格魯・撒克遜人的說法。拜約的繡錦畫也是種歷史文本，在諾曼第拜約大主教的主持之下，當然是以諾曼第人而非英格蘭人的立場看問題。它把哈洛德及英格蘭人戰敗的原因，主要歸之於神意的懲罰，例如，繡錦畫中有一幕彗星出現的場景（參見網址繡錦畫標號 32 處：https://www.bayeuxmuseum.com/en/the-bayeux-tapestry/discover-the-bayeux-tapestry/explore-online/），的確合乎事實，但繡錦畫裡的天象卻有特別的隱喻，妙在不言中。

　　歷史的「編織」或任何「羅生門」的產生，大半都與人們的現實利害相互連結。事情發生時的當事者往往如此，日後有點連帶關係的人也免不了如此。拜約的繡錦畫自從問世後，並沒有公開展示，少有人親眼目睹過。也許如此，它才能幸運地既未遭受日晒雨淋、蟲蛀破壞，也沒有被兵燹戰火摧毀殆盡。但不幸的是，它幾度被政治人物所濫用。西元一八〇三年，拿破崙曾經計劃渡海征服英國，在「古為今用」的目的下，他先在羅浮宮展出拜約的繡錦畫，剛巧同一年，天際間也出現彗星的蹤跡。巧合的「歷史類比」為拿破崙的文宣助長

了攻勢。到了第二次世界大戰期間，希特勒也蓄勢待發，意圖跨海征服英國。他舉拜約的繡錦畫為證，信心滿滿，想「重演」威廉公爵的政績。雖然近代史上這兩位梟雄都未能如願以償，但是他們的野心，很明顯地，又給這幅繡錦畫「編織」了嶄新的現實意識。等到全世界掀起「世界文化遺產」的觀光熱潮，各地的歷史文化紛紛出籠，成為公開的展示品，西元一九八三年拜約繡錦畫的專屬博物館正式成立，連帶著市面上也出售各種印有拜約繡錦畫的小紀念品，包括男用的領帶織品。從此這幅繡錦畫更添加一筆，賦予了「現代性」的現實意識，同時也邁入新的世紀。

拜約的繡錦畫在「編織的歷史」之下能有雙重的意義，原本以為足夠有趣了，大可以藉此實例，討論史學史或史學理論上的課題。沒料想到，西元二〇〇七年這幅繡錦畫又給「編織的歷史」添加了第三種含意。

主修歷史、擁有藝術史博士學位、以及熟稔古埃及文物的戈茲，「編寫」了一本小說《女考古學家：消失的織錦與皇室陰謀》。這本小說很難定位、說它是屬於哪一種次文類。它的場景發生在一九九七年間，理所當然屬於當代。那一年英國王妃黛安娜意外發生車禍死亡。她的身分本來已經足夠成為國際上各報紙的頭條新聞，加上她與埃及情人的戀情、與英國王室之間的恩恩怨怨等，更使得這則新聞沸騰，各種八卦充斥媒體。這部小說的作者本著個人的專業知識，結合當前的時事、兩世紀以來歐陸與英國在埃及或海峽之間的恩仇、再加上西元十一世紀時一場王位繼承戰爭，寫成一部懸疑重重的小說。這本書以拜約繡錦畫最後三公尺遺失的一段為故事的起點，營造了古今宮廷文化中的種種內幕。那一段遺失的「完結篇」，如同一段「歷史的留白」，提供了戈茲創作的無限空間，這好比基督徒所遺失的聖杯也給後人提供了不少「畫題」及「話題」。

戈茲的小說人物設定在當代，可見這本書並非習慣上所謂的「歷史小說」；但毫無疑問地，它是一本「古今連線」的作品。戈茲的寫作好比拜約繡錦畫的織工一般，拿著各種顏色的針線，一針又一針，密密綿綿地，把古今許多事情

「編織」起來。坦白講，憑著現代的科學儀器，不難鑑定拜約繡錦畫的年代真偽。然而，戈茲終究將許多虛虛實實的情節巧妙地結合成一本小說。讀者只要仔細欣賞戈茲「編織」的手藝，分享那扣人心弦的情節就夠了，大可不必擺起衛道者或嚴肅的學術面孔說：「這本小說的內容不是真的。」因為這樣子不僅輕視了讀者的判讀能力，而且也太煞風景了。

　　本文錄於亞德里安‧戈茲，《女考古學家：消失的織錦與皇室陰謀》，顏湘如譯（臺北：漫遊者文化，2009），頁 7-14。

十三、盯著歷史的後視鏡：《光復元年：戰後臺灣的歷史傳播圖像》序

　　這是一本有關臺灣關鍵年代的史書。當今研究臺灣史的學者人才濟濟，無論怎麼說，都輪不到我這個主修西方史學的人來寫序文。然而，一切只因來得巧，去年十二月底有天在臺南高鐵車站與鄭梓教授不期而遇，除了彼此問候近況，他還說有本新書即將出版，邀我寫篇序文。我稍微想了一下，立刻就承接了，同時也覺得十分開心和榮幸。

　　鄭教授是我多年來在史學界的朋友。由於影視史學而志趣相投，兩人見面時總離不開這個話題，情誼之間也自然地深入一層。記得在一九九○年，那時候我正式推出「影視史學」這個新名詞，並且積極提倡這門新知識，包括在歷史系裡開課。鄭教授在另一個大學校園裡執教，很快地回應，表示支持。剛起步時，我就警覺到，這門知識一不小心，很容易被人誤解，或者變質，沉淪為聲光化電、眩人耳目的把戲。於是，選擇在知識論上，先為這門學術做點奠基的工作，談些屬於史學理論的問題。接著，日後提出了「從實中實到虛中實」之說。可是，另一方面又自覺，理論需要實例的驗證，要不然言中無物，恐怕也難以服人之心。不過，遺憾的是自己分身乏術。

　　所幸，鄭梓教授及時補位，為影視史學展開了實證的研究工作。他一向專攻戰後的臺灣史，尤其對省議會的發端及初期民主政治的演變特別用心。著作中常有真知灼見，能襲人故智。例如，他創造了「光復元年」這個名詞，頗能畫龍點睛，一語道破時代的情景。毫無疑問地，這道道地地是史識和想像力的結晶。更值得令人省思的是，他沒有接著說日後還有「光復二年、三

年……」，要不然這套歷史解釋將破功，自討無趣，淪為生硬的編年史。影視史學的外延，不僅包括電影、電視和網絡的文本。這類新媒體，而且還可以上溯、涵蓋遠古以來所有與影像視覺有關的文本。再說，它的精髓，就知識論而言，直指史學思想的核心，挑戰著長期以來人們所堅持的「有文字記載才有歷史」的定見。鄭教授應用影視史學，進行實證研究的時候，與我靈犀相通，立刻領會這門知識的要義。這本書裡所收集的論文，其中約有六篇寫於一九九五至一九九七年間，論產量和產值都相當可觀，而且前後一以貫之，把握了「以圖證史，以史解圖」雙重論證的方法。這些成果充分展現了一個人在開啟治學的新途徑時，頓然間的爆發力。

有關影視史學的歷史文本雖然源遠流長，形形色色；然而，為了解析的方便，大致可歸納成四種理想類型（ideal types）：

1. 資訊—宣導式的（informational-propagating）。這類作品旨在提供某些資訊，或表達某種理念，而且立論之間無不明示這些內容都是「真相」，屬於可信的「正典」（canon）。這種類型的文本多半來自廣義的有權有勢的人士，暫且不論出自善意或惡意，他們總是擺著「由上而下」的姿態，逼人接受他們的觀點。例如，連日常生活中，屬於所謂教育性的影視文本幾乎都透露這種訊息。

2. 觀察式的（observational）。這類文本的製作者基本上同意任何觀看之道都有觀點的（perspective），其原理好比任何鏡頭都有特殊的角度。不過，這種類型的製作者有意擺脫上述類型的高姿態，改為保持距離，以較客觀的方式，實錄相關的事件。近幾十年來，許多新聞攝影記者和紀錄片（documentary film）的導演最熱衷這種方法。其中例如拍攝鳥類的生態，各個持攝影機的人無不極盡偽裝巧扮之能事，甚至熬夜苦等，一切只求掌握絕佳時機，實錄那寶貴的畫面。

3. 參與式的（participatory）。這種類型的製作者往往也是時間發生過程中的參與者。例如，許多弱勢者或抗議人士，不僅有意識地，而且有

目的地，參加某些時間或社會運動。他（她）們毫不隱諱自己的主體價值，在作品中還把自己「入鏡」。這類作品有的是勝利的呼聲，有的卻是無奈的低吟。

4. 反思式的（reflexive）。上述三種類型儘管各具特色，但總體來講，作者都同樣地關注事件本身，全心投入事件的「第一個層次」（first order）。第四種類型的製作者有別於上述三種，他（她）們要不是深思事件更深層的結構或內在意義，就是反思影視文本生產過程中各種與知識論相關的問題。換句話說，他（她）們「欲窮千里目，更上一層樓」，超越原來對「第一個層次」的關注，轉為對「第二個層次」（second order）進行思維性的思考。

以上四種類型的區分並非絕對的，每件視覺文本中實際上難免有些混合的成分；所以我們不必心存偏見，認為這四種類型有孰高孰低之別。

作品的優劣和價值，基本上要依個案處理，而且應該有層次的。首先，可就史料的意義來說。類似《光復元年》這本書裡，採錄了許多圖像資料。其中，有的翻拍自「臺灣電影攝製場」的紀錄片，有的來自《臺灣新生報》的照片，更有的採自當年拍攝的劇情片。這些視覺史料一度曾經消失，後來才「考古出土」的。讀者看了這些史料後，應當會按讚佩服的。

其次，在大飽眼福之餘，讀者從《光復元年》的分析可以瞭解，這些影像史料都來自政府官方，深受當年權威體制的主導。它們可以歸類為上述第一種「資訊—宣導式的」類型，屬於「由上而下」的觀點。這種以正典自居的史料，如果不舉互相矛盾的資料與之衝擊對撞，一般人恐怕很難看穿事實的真相。在本書裡，鄭教授同時援引了不少當年來自民間的版畫、照片、圖畫等。這些資料都具有「由下而上」的觀點，應當屬於「觀察式的」或「參與式的」類型。他進一步分別從軍事、社會、經濟、政治、文學和人物各方面，反覆地讓「由上而下」及「由下而上」這兩類對立性的資料相互辯證。目的是為了經由不斷對質考核的過程，最後浮現出及研究結果的「第三種圖像」。那就是

「光復元年」這個關鍵年代的總體意象（image）。套句電影理論的術語，這種手法或許可稱作影視史學的蒙太奇（montage）。

最後，最值得令人深思的是，《光復元年》一再反問：「臺灣光復」是光復？還是降伏？表面上，這個問題好像只為了玩一點臺日語之間語音上的趣味。然而，實質上是鄭教授對「歷史的意義」的深層探索和追問。從一九四五年到一九四七年，經過了短時程的「一年」後，緊接著發生二二八事變。對不少臺灣人來說，這個創傷（trauma）促使這段短時程的「歷史的意義」發生大逆轉，由原先的「光復」質變為日後的「降伏」，這種歷史記憶或意象也許就是本書不續用「光復二年、三年……」的真實原因。

然而，這本書中有幾篇論文及自序、跋文寫於二十一世紀初以來這段時間。近幾年，國內外各種局勢的演變，似乎讓許多臺灣人感覺與一九九○年代有極大的差別，最起碼內心中的集體焦慮（anxiety）似乎有增無減。鄭教授從「現在」回顧到「光復元年」，同時，從「光復元年」投射到「現在」；古今之間建構了長時程的連線，這也許就是本書裡「創傷─焦慮」、「光復─降伏」一再齟齬不合的原因吧？這個也是屬於「歷史的意義」的問題，鄭教授沒有給答案，一切留白。

其實，歷史意識與現實意識永遠呈現相互辯證的關係。人們對於「過去」（歷史上）某段時間、某個事件的觀點，和他（她）們對「現在及不久未來」的心境，是難以切割的。而且時間前後，兩者之間的連線，好比蹺蹺板一樣，不斷擺盪，難得居中保持平衡。我在此引用這個比喻，是針對歷史知識論來說的，目的在討論歷史的「真相」能否不偏不倚。如果我們換個層次，就「歷史的意義」來說，歷史意識相對於現實意識又可形容為「歷史的後視鏡」。這好比人們在開車往前行進的時候，除了面對前方，也得隨時盯著後視鏡。要不然怎敢任意催油門、超車呢？尤其當雷電交加、傾盆大雨的時候，更不可輕忽後方的來車，必須盯著後視鏡。近百年來，臺灣歷史的「傷痕累累」，而且「焦慮」經常不斷，這是為什麼一波又一波的移民往外遷徙。同時，長期以來臺灣

人的歷史意識及其「歷史的意義」與國家文化的認同感交錯重疊。試問怎麼辦？我只能說，每當「創傷」或「焦慮」越凝重的時候，人們越應該盯著「歷史的後視鏡」，不要搖擺，繼續向前看、往前走。

《光復元年》這本書的結構和論述相當完善，自成一體。當初我之所以答應寫篇序文，純粹出自一己之私，只想占用老朋友這本新書的一點篇幅，抒發心中的幾句話而已。

本文錄於鄭梓，《光復元年：戰後臺灣的歷史傳播圖像》（新北：稻香出版社，2013），頁 14-17。

從高更這幅畫我所看到的，不只是遙遠的地方有位婦女在講歷史，更是這位婦女「虔誠的心」。

一、大眾史學的定義和意義

從一張海報談起

1. 口傳歷史的手勢

　　這次研討會的邀請函、名牌、海報以及會場的設計都有一幅圖畫。它是由法國畫家高更（Paul Gauguin）到南太平洋的大溪地所繪的，圖中有位當地的婦女比著手勢，正從事 oral tradition（參見本文圖一）。去年（2002）我到哈佛大學，在校園裡的博物館（Fogg Museum）親眼看見這幅畫的真跡，至今仍難以忘懷。

　　其實，大溪地的原住民哪會知道歷史和文學的差別呢？他們即使有「文」或「史」，也是混合在一起的，所以這個英文很難翻成道地的中文。學歷史或文學的人喜歡把 oral tradition 譯成口傳歷史、或口傳文學，其實都對，也都不太對，不必過分計較。高更這幅畫所以動人，因為畫面中的婦人正在口傳歷史，身邊奉祀的小雕像是他們的「創世紀之神」，她以言語表述歷史（representing the past/ the history）。從高更這幅畫我所看到的，不只遙遠地方有位婦女在訴說歷史，更是她的神情流露「虔誠的心」。

　　這幅畫又使我想起，好幾年前初次得知臺灣東部阿美族也有口傳歷史。令人感動的是，當阿美族奇美社在口傳歷史的時候，口傳者左手拿著碗，裝滿了米酒，然後用右手的指頭沾著米酒，往天空一彈，然後開始講述他們的歷史。當今在課堂上講述歷史的教師，有幾個人講課「虔誠的心」和奇美社的頭目一樣呢？大學裡有博士文憑的教授，學問再怎麼好，講課時「虔誠的心」是否比得上遙遠大溪地那位虔誠的婦女？是否比得上阿美族的頭目？這是個很值得反思的問題。

▲圖一　高更畫作
（圖片來源：Poèmes Barbares, Harvard Art Museums/Fogg Museum, Bequest from the Collection of Maurice Wertheim, Class of 1906, Photo ©President and Fellows of Harvard College, 1951.49.）

高更的那幅畫觸動了我的心靈，也渴望擁有一張複製品，只可惜空手離開哈佛。時隔幾年，赴德國 Essen 開會，當地有所美術館，正舉辦高更的畫展，收集世界各地很多高更的畫作。在欣賞之餘，我終於買到一本高更的畫集。畫集中有這幅大溪地口傳歷史的畫。這次逢甲大學主辦研習會，我們把這幅畫當作會議的主題海報，象徵「人人都是史家」。因為古今以來，不一定只有大學殿堂的博士、教授們才是史家，遠在天涯海角的大溪地婦女，那種「虔誠的心」才是普遍永恆的價值。

2. 見證歷史的手印

　　這次會議（第一期）討論的重點，集中在古文書以及口述歷史（oral interview），至於其他有關影像視覺的、文物的，將會留在第二期來舉辦。既然牽涉古文書，於是經過打聽、拜託，終於邀請到草屯的梁先生，是位古文物收藏家（antiquarian）。現在臺灣有很多的文史工作者和文物收藏者，對歷史知識頗有貢獻，都可以稱為史家。

　　各位可以看到本會場中布置許多古文書，其中有張紅色的。東方人往往認為紅色象徵喜氣，可是那張紅色古文書是賣兒子的契約，所以與其說紅色代表喜氣，不如說也是血是淚。這些古文書裡，有的蓋上印章；另外，也有手印的古文書。手印也等同蓋章的意思，現在也合成為會議海報的插圖，我把它稱為

「歷史的見證」。古文書裡的手印並非直接講歷史，但它是歷史的見證。這張見證歷史的「手印」和這幅口傳歷史的「手勢」，彼此互相呼應，構成這次會議海報的特色，同時也反映會議的主題。各位手中的會議手冊，雖然印刷不夠精緻，卻深含意義。各位不妨收藏起來，五十年以後，也成為史料了。

我們強調「人人都可以成為史家」，因為全世界許多地方都有口傳歷史，遙遠的北方愛斯基摩人、澳洲的毛利人、西非的當地人，到處都可以找到口傳歷史。除外，在還沒有文字以前，也就是距離現在五千年之前，人類長時期一直以語言或者圖像傳達他們種種的歷史記憶（historical memory）。幾萬年前不是有所謂的岩畫嗎？文字的使用倒是很後來的事，在文字之前人類老早已經用語言的、圖像的或文物的媒介傳達歷史記憶和歷史紀錄了。

3. 人人都是史家

大學歷史系教育的目標在培養所謂的專業史家（professional historian）。一九三一年美國歷史學會的會長貝克（Carl Becker）在大會中演講，講題是「人人都是史家」（Everyman His Own Historian）。這個題目相當吸引人，標榜歷史這項工作其實非常主觀，每個人都免不了偏見，而且彼此的史觀是相對的，不是絕對的。貝克從歷史知識論入手，強調歷史的主觀性。他告訴大家，不要以為所有的歷史都是客觀的，更不要以為專業史家通通都是客觀的。可惜，貝克的演說中沒有進一步強調文史工作者和非專業史家也是史家。他的演講重點旨在突顯歷史知識的主觀性而已。

「人人都是史家」，這個觀念其實在一九六〇、一九七〇年左右才逐漸為人肯定。為什麼呢？因為一九六〇、一九七〇年代，歐美社會中大量的社會運動排山倒海、應運而生，例如有族群運動、婦女運動、勞工運動、學生運動。六〇年代以前，學問一直掌握在菁英、學院派的人士手中。自從社會運動之後，人們開始注意到，大眾的文化和歷史都值得重視和被研究。不僅如此，更應該肯定大眾也有史觀，他們的主體意識也能影響歷史。

舉個例子，臺灣各級學校長期以來都在編寫校史。他們的取向（approach）不外乎：一部校史就是歷任校長、幾位主任、主管的治校理念（ideas）經營出來的，內容中頂多再穿插一些傑出校友。而所謂的傑出校友，幾乎是當過大官的、大企業家，諸如此類的。換句話說，這部校史看不出長時期中教師們教學的苦心，要是有的話，頂多只被列在名錄而已。至於大多數學生的集體記憶可能只有幾張得錦標的團體照而已。這種編寫校史的方法，在史學上屬於「由上而下的歷史」（study history from the top down），充分反映菁英主義（elitism），強調居上位者的理念才是歷史發展的主因，這類傳統式的校史看不到「由下而上的歷史」（study history from the bottom up）。

六〇年代以來，許多人注意到：不只應該寫大眾、群眾的歷史，而且要突出群眾如何影響歷史，以及由下而上的動能。更重要的是，歷史不只由少數專業學者執筆，大眾本身也要書寫歷史，人人都可以參與撰寫歷史的工作。一九七〇年代初期，學院派中有些教授也放下身段，跟大眾結合在一起。也有人標榜「應用歷史」，有人標榜所謂的 "public history"，在大學的機制裡開始培養 "public historian"。美國加州大學 Santa Barbara 分校在一九七三年開始發展所謂的 "public history"，而且成立 *Public Historian* 雜誌。三十年來不斷地發展，如今已成氣候。各位如果有興趣的話，搜尋 public history 這個關鍵詞。假使要下載資料的話，影印紙應該準備多一點，只有十幾頁是不夠的！在美、英地區講 public history，已經非常非常普遍。逢甲大學歷史與文物管理研究所之成立也標榜 public history。剛才吳密察教授說我們是臺灣最早、開風氣之先。其實我不好意思這麼講，因為在國外這門學問老早已經營三十年了。

除了 public history，歐洲大陸的學者反而不喜歡用 "public history" 這類術語，也不太用 public historian 這個名詞。德國學者似乎比較喜歡用「歷史意識」或是「歷史文化」，而法國學者喜歡所謂的「集體記憶」或「歷史記憶」。不管是歷史意識、歷史文化或集體記憶，這些名詞的區別多少反映了學者之間的研究取向各有所好。不過，它們都有共同的理念，也就是我剛剛所說

的，越來越注重大眾的歷史，而且肯定大眾在歷史所發生的動能，還有他們也鼓勵大眾參與歷史的寫作。這種趨勢到了九〇年代以來更為普及，香港中文大學也提倡 "public history"，他們採用「公眾史學」這個名詞。接著我將解釋為什麼我們使用「大眾史學」的原因。

4. 大眾史學的定義

一九七〇年代，臺灣學術界裡已經有很多人從底層關心社會大眾史，包括私領域（private sphere）和公領域（public sphere）的歷史。到了一九八〇年底，各地的文史工作室更如雨後春筍紛紛成立。這應該是時代趨勢使然。不過，當大眾史學發展到今天，包括臺灣在內的知識分子，應該冷靜下來思考，大眾史學是什麼？應該給它下一個定義。除了給定義，專業史家和大眾史家書寫歷史時，應該有哪些共同的、普遍的標準原則？我們應該嚴肅地思考。

首先，個人嘗試為「大眾史學」下定義，但不敢說是定論；只是提供一點個人想法，方便大家集思廣益。大眾史學（public history）的定義是：

> 每個人隨著認知能力的成長都有基本的歷史意識。在不同的文化社會中，人人可能以不同的形式和觀點表述私領域或公領域的歷史。大眾史學一方面以同情瞭解的心態，肯定每個人的歷史表述，另方面也鼓勵「人人書寫歷史」，而且「書寫大眾的歷史」，「供給社會大眾閱聽」。大眾史學當然也應該發展專屬的學術及文化批評的知識體系。

每個人從小隨著認知能力的成長，都漸有基本的歷史意識。當小孩在學講話的時候，不會說「西元前二二一年怎樣」，只會講「從前從前……」，或者講「昨天昨天」。值得注意的是，當他講「從前從前」的時候，其實已開始有了粗淺的時間觀念（concept of time），雖然很粗糙，但表示已經認知「過去」和「現在」的差別。人們有了時間觀念，就表示已有初期的「歷史意識」。隨著認知的發展，慢慢地從國小、國中、高中、大學、成人，認知能力一步一步地成長，每個人的歷史意識也日漸形成。可是，由於生活在不同的文化和社會

之中，人人可能以不同的觀點來陳述私領域或公領域的歷史。大溪地有特殊的文化和社會背景，他們用特殊的形式和觀點陳述他們的「歷史」。現代臺中市民有其文化和社會背景，更有其個別的書寫方式和表達方法。大眾史學強調以同情瞭解的心態肯定從前每個人的歷史表述，而且鼓勵當今「人人都書寫歷史」，並且「書寫屬於大眾的歷史」，「供大眾來閱聽」；同時，也應該發展其文化和學術知識的批判體系。

專業史家的困境

1. 專業史家的特色

所謂專業史家和大眾史家的不同在哪裡？今天的專業史家面臨了哪些問題？專業史家或大學教授也有困境。現在大學的歷史教授至少都是十年前從大學歷史系培養出來並且取得高學位。在大學中教書以及在中央研究院任職的這些人通稱為 "professional historian"。"professional historian" 的中譯可以指「專業史家」，也可以指「職業史家」。大學教授一方面要「很專業」，另方面必須「靠著薪水過日子」，二者兼而有之，才可以安身立命，英文 professional historian 正好一語雙關。

專業史家是什麼時候出現的？「專業史家」也有本身的歷史。大約在兩百年前，也就是法國大革命（1789）之前，全世界尚未有所謂的民族國家（nation-state）。國家（state）的形態自古以來有許多種類：清朝是帝國（imperial state），羅馬、蒙古都曾經是個帝國。古代希臘是城邦（city-state），歐洲中古時代只有許多封建國家（feudal-states）。法國大革命之後才正式出現 nation-state。可見 state 這種政治體制的形式一直在變。既然 state 的形式會改變，誰又敢保證再兩百年後全世界政府的組織形態仍然是 nation-state？現在的歐盟（European Union）正在形成之中，歐盟絕不是 nation-state，它是從未出現過的一種 state 的形式，未來會形成怎樣？連現在歐洲的政治人物、學者都不能確定。兩百年前歐洲開始有 nation-state 的時候，為政者為了助長全

民的國民意識（nationalism）（或譯國家主義／國族主義／民族主義），覺得「國家的歷史」、「國史」（national history）非常重要，所以開放檔案供學者研究。開放檔案不能沒有法規制度，也不能沒有人來做研究，所以需要培養專業史家來擔任這項工作，也因此才積極設立大學歷史系。**我們應該分辨清楚，歷史的表述（representation of history）是很古老的，而且十分普及，處處可見，類似大溪地的口傳歷史只是個例子而已。可是，歷史系和專業史家的出現卻是相當近代的事，充其量只有兩百多年而已。我們可以說，廣義的大眾史家其實早於專業史家，或者說，大眾史家並非新近的產物。**

　　專業史家以文字為主。專業史家做研究採用史料時，百分之九十的史料都屬於文字的紀錄。他們考訂及整理文獻，再以分析式的筆法書寫出來，最後發表在紙本的學報中。他們的觀點幾乎都以國史論述（national history discourse）為主，而且以 national state 為基本「單位」。他們先把當今每個 nation-state 的疆域、族群和文化先固定下來，並以此為「單位」，再思考過去的種種。如果「國家」的歷史過於長久，為了方便起見再分斷代來研究。如果國家牽涉的範圍很廣泛，再依主題分成經濟史、社會史、文化史、思想史來研究。由於「國家」絕非孤立的，必然對外有所來往，所以得研究外交史。其實，外交史這門專史早期也是從這兩百年才發展出來的。研究國與國、政府官員之間的來往關係，這是傳統外交史的研究取向。由此可見，近兩百年來的歷史書寫，一切出發點和思考方式幾乎都環繞在以 nation-state 為「單位」的基礎上，這是所謂的 national history 寫作和思考的基本模式。另外，專業史家撰寫方式多半是採用「大敘述」（grand narrative），或所謂的「通史」。中小學歷史教育講通史、本國通史，大一的學生必修本國的通史，這些都屬標準的大敘述。大敘述強調 national history 之中有「文化傳統」和「核心的民族」。歷史的變遷不外乎是「傳統內的轉變」，本國的通史簡稱為「國史」，例如，抗戰時期（1937-1945），日本入侵中國，錢穆撰寫《國史大綱》是本典型的國史論述。這部「國史」的思維取向好像很多人所寫的「校史」一樣，偏重菁

英人物的貢獻（指歷代的統治者和學術偉人）。相對之下，大眾或群眾的力量微乎其微，不是歷史的動力。

國史論述的思考方式，到今天仍然占據專業史學的主流，甚至寫地方史也無法脫離其窠臼。在臺灣編寫地方史、地方志的經費往往來自公家或官方，所以常規定以現行的地方行政單位為地方志的撰寫範圍。寫作的時候，明明甲村莊裡的生活文化圈跟隔鄰乙村莊比較密切，可是礙於所屬的地方行政單位不同，寫甲村莊的村史，就不可以把乙村莊納入寫作的範圍。明明甲村莊的人，在乙村子裡開設工廠而且僱用了不少當地的勞工，可是因為工廠的地點設在乙村，所以甲村的地方志不可以納入隔壁村中這家工廠的歷史。現代許多地方志等於是把國史中的「國家」再區分為很多很多「小單位」、「小行政單位」。他們以僵化的行政單位書寫地方，不敢靈活呈現一個文化生活圈的歷史。

2. 近期的困境

自從一九七〇年代以來，學院中的思潮不斷挑戰專業史家及其「國史論述」的思維。譬如，文化人類學者能以更關心社會大眾、更賦予同情瞭解的心態，設身處地，研究不同的文化和社會。文化人類學對於地方史、村史，小人物、邊緣人物的研究貢獻如今已有目共睹。又如，新左派史家也不讓文化人類學者專美於前，他們強調從底層研究「由下而上的歷史」。後現代主義者另闢蹊徑，從符號學的理論出發，企圖顛覆專業學者自以為是的看法。另外，後殖民論述者認為，從新帝國主義發展以來，資本國家到世界各地殖民，運用文化霸權主導非西方世界。這些學者提醒我們，應該正視被殖民者怎樣看待自己的歷史？以及怎樣看待異族統治者？三十年來，上述這些新理論已經威脅到傳統專業史家的觀點。所以如果採取鴕鳥的心態，不稍加留意的話，專業史家很可能被甩在時代的後面。這是個很嚴肅的問題！

專業史家還有來自外部的困境。六〇、七〇年代以來，戰後嬰兒潮已經長大成人，於是就業人口大量增加，人求職相對比從前困難。三十年以前我讀歷史系的時候，九年教育國中剛成立，所以任何人大專畢業就可到國中教書。可

是今天歷史系的學生，名列前茅才有機會選讀教育學程。畢業後，想教書成為正式的教師，幾乎要擠破頭。這表示年輕的史家找職業（profession），希望學以致用，已經難如登天。歷史系的設立，按理是為了培養 professional historian，然後從事於歷史的教學和研究工作。過去一切都順理成章，沒有職業上的困境。可是到了二十世紀末，professional historian without profession（職業史家畢業之後沒有職業），顯然外部的危機已威脅歷史系學生的求學心志。

就學術的專業來講，遇到內部學術思想上的挑戰，能挺得住的就挺起來，反之站不住的就遭淘汰。可是，來自外部的挫折，就值得同情了。內部的問題應由學者自己負責。然而涉及外部的社會問題，我們應該一起設法來處理，培養大眾史家或許是條生機。不過如果把大眾史學的目標定位在謀職求溫飽，可能侷限在工具性的價值而已，好像囿於「應用歷史」的層次。所以，我們應更深一層討論大眾史學的內在價值和意義，談談它與生命的主體性有何關係。

大眾史學的意義

大眾史學主張「書寫大眾的歷史」（書寫不僅指文字而已，還包括語音的、圖像的或文物的等等），而後這些「大眾的歷史」要「給大眾閱聽的」，更重要的是，希望由「大眾來書寫」。這三個基本概念不妨套用一下英文，不只比較有趣，而且好記。美國總統林肯（Abraham Lincoln, 1809-1865）曾經說過一段名言，他說，政府（government）應該是 of the people、for the people、by the people。這段政治理念，孫中山曾經轉化為民有、民治、民享。我想，林肯的名言也可以借用到大眾史學。大眾史學（public history）是什麼呢？第一，history of the public(s)，書寫大眾的歷史；第二，history for the public(s)，歷史是寫給大眾閱聽的。第三，history by the public(s)，大眾來書寫歷史。

大眾史學表述或表徵（representation）的形式應該是多元的。歷史文本

的媒介和形式可以有文字的、影像的、語音的、文物的，甚至用數位化的、多媒體的。可是，大眾史學面臨一項很嚴肅的問題：當我說「人人都是史家」，同時我們還應注意「並非人人都是好的史家」。學院派專業史學已有一套學術評價（criticism, evaluation）的標準，所以是種具有現代性（modernity）的知識。如果大眾史學宣稱人人都可以書寫歷史，可是怎樣評論他們的優劣？這總該也有個基本的評價標準。不然的話，大家書寫歷史固然是好事，結果卻參差不齊，魚目混珠，怎麼辦呢？今天邀請各位來，就是希望共同建構一套大眾史學的知識體系及評價標準。例如，上一次吳教授談到地方史所牽涉的倫理問題，也是建構大眾史學的重要課題之一。

簡單地講，大眾史學的知識體系及評論標準，應該分別就兩個層面來討論。第一，在專業史家出現之前，或者在始終未曾出現專業史家的社會裡，那些長期被壓抑、宰制、不受重視的邊緣人物，基本上應該付之於同情的瞭解，設身處地進入他（她）們的文化和社會體系中，瞭解他（她）們怎樣表述記憶或歷史，而且原則上先不妄加評價。當然，他們所表述的記憶或歷史「文本」，也可以視同史料處理，不過任何史料就必須先經過考訂評價。中國清朝史家章學誠的主張值得我們參考。他說地方史應該分為兩類，一是「撰述」，指含有個人看法、見解的作品，地方史的書名可以很不一樣，這也就是我們所說的歷史文本。第二種叫作「記注」，屬於史料性、文獻性的作品。章學誠強調，「記注」和「撰述」要分別清楚，如果隨意混合在一起，結果「合之則兩傷，離之則雙美」。撰述就是撰述，著作就是著作，有點主觀無所謂的。史料就是史料。剛才講過的，過去的那些人留下來的種種「文本」都可以當作史料看待。重點在於我們要懂得怎樣去應用它？去解釋它？解釋史料是非常重要的。史料有真偽，我們要先判定，然後從事解釋。這兩天的研習會，邀請幾位先生主講，田野調查的口述歷史應該如何實際操作？也講古文書的應用？更重要的是，講他們如何評論那些古文書的史料、如何去解釋？這些都是現代文史工作者必要的涵養和功夫，也是大眾史學的評論標準。但是，我還想再強調：

不屬於專業史學的歷史文本，特別是來自沒有專業史家的社會，基本上我們應先採取同情的瞭解，如果非得評比高下優劣不可，那麼先洞察該歷史文本的「作者」（表述者）是否有「真誠的心」？是最重要的標準。例如，那位大溪地口傳歷史的婦女。

　　第二個層面關於歷史表述的形式。史觀的呈現及歷史事實的敘述並不一定要一本正經的。大眾史家與專業史家有別，因為大眾史家容許採用詩意、文學的方式，甚至也可以用歷史小說、音樂、影像、戲劇、展演的方式來呈現。展演不一定只限於正式的舞臺上，也可以借用廟口、公園、古蹟等等。換句話說，歷史的呈現或表述可以用許多種形式，然而諸多種形式之中，怎樣有套基本的評論標準呢？

　　先講個小故事，而後再回答上述的問題。一九七○年初期，我在讀研究所的時候，電視節目經常上演清朝歷史的連續劇，一拖就是達一百多集，劇情荒腔走板，明顯違背史實，實在讓人看不下去。後來有幾位專業史家寫文章，批評那些歷史連續劇的不是。他們所持的理由，不外乎哪劇情不合乎歷史事實，所以總歸是爛片。可是我們換個角度想想，莎士比亞編寫的歷史劇都合乎史實嗎？他的歷史劇和史實頗有出入，雖然莎士比亞的歷史劇並不見得每部都是第一流、完美無瑕的，可是也不至於太差勁啊！可見，歷史劇中的劇情是否合乎史實，絕對不是致命傷之所在。顯然這幾位專業史家對臺灣電視歷史連續劇的評價並沒有正中要害，而且也缺乏評論的理論基礎。但是，電視歷史劇的致命傷到底在哪裡？從那時候起，我就開始思考這問題。我想，古時候的史詩、歷史劇、歷史小說、章回小說以及現在的歷史電影等等，這些文類的作品應該和專業史家的作品分別評論。換句話說，評論專業史家和大眾史家的作品應該怎樣異中求同，同中求異？有一段時間我不斷思考這問題，結果好像有了一點心得，可是又覺得很難用三言兩語表達出來。我一向有個自我要求：任何一套想法假使不能用簡潔的語彙清楚地講出來，就表示自己還沒有弄透。「歷史劇、歷史小說以及歷史學術著作應該如何評論？」一直縈繞在心裡。大概一九七○

年代末期，我帶著大一的導生集體到鹿港文物館參觀。文物館有間展覽室裡，放著一座精工雕琢的布袋戲戲臺。因為小時候我喜歡觀看布袋戲，而且常花零用錢買「尢ㄚ頭」（木偶），每個兩毛錢，買來自己表演。所以一眼看到那座戲臺，覺得特別親切，不由自主趨步向前，仔細瞧瞧。橫匾上寫著「虛中實」。「呃！」剎那間，一股力量震撼我的胸膛，這三個字正是我要想表達的觀念！於是我又回想起，小時候廟口的臨時戲臺。戲臺兩邊柱子有時候寫著一副對聯：「千軍萬馬兩三人，萬里路途四五步。」從「虛中實」到「實中實」可以畫一條光譜，這應該就是我長期理想中的一套評論標準。

　　歷史劇、歷史小說、史詩、歷史劇情片、oral tradition 及口述歷史等等文本，其實一向都含有虛構的、或不合乎史實的內容。可是，這些虛構的、不合乎史實的情節即使是缺點，可能傷及這些歷史文本，但也絕對不是致命傷。這些文類有權利可以虛構，因為有時候，虛構的情節更能反映真相。由此推論，電視上那些歷史劇的致命傷，原來犯的毛病是「虛中虛」啊！反過來講，為什麼專業史家講課有時令人昏昏欲睡，他們撰寫的史書讀起來經常沉悶不堪？假設他們一味標榜客觀求真，儘管敘述的內容都合乎史實，可是整個內涵中毫無生命，既不能呈現那個社會和時代的情境，又絲毫不能反映人生常理。這就叫作「實中虛」！歷史劇和歷史專著如果有致命傷，那個共同的要害原來在「中之虛」。於是我製作了一個光譜（參見本文表一，2001 修訂版）。

　　光譜的刻度表示歷史文本可以有許多種，有的（如 Z-z）可以像專業史家所追求的最高標準「實中實」，有的（如 A-a，B-b，C-c）可以以藝術或文學的方式，朝向「虛中實」的標準。雖然形式類別可以不同，例如，有的也可以站在光譜的中間路線（如 M-m，N-n），採取報導文學的路線，但是它們都有共同的基點，那就是：不管傾向「虛中實」，或者接近「實中實」，所有的歷史文本基本上都應含有「實」的成分（指光譜中下半部畫斜線的部分）。（註：本光譜初制訂於二〇〇一年，而後幾度修訂，最新版本請見本文集第一單元第二篇〈影視史學、知識基礎與課程主旨之反思〉之附錄 I。）

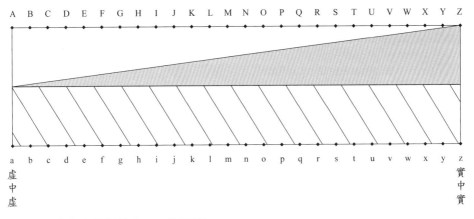

▲表一　虛與實的光譜（2001 修訂版）
　　　周樑楷制訂。

　　現代人要書寫歷史、研究歷史，都應該本著標準追求「實」那個字。在
《歷史學的思維》中（頁 37），我提出：「要當個好的歷史家的基本原則，是
在歷史認知過程中步步平實，在傳達成果的時候要力求精準，以及永遠秉持一
片誠心。」如果從這三個原則討論現代社會中大眾史學的意義及評論標準，大
眾史家（含文史工作者、古物收藏家等）和專業史家一樣，是沒有什麼區別
的。《歷史學的思維》（頁 111）進一步指出：「歷史的意義在於歷史意識、社
會意識和生命意識的不斷錘煉和昇揚。」作為史家，不管是大眾的，還是專業
的，都應該有這種理想和意義。不曉得各位是否同意？

結語

　　今年暑假期間，在臺北遇見中央研究院的歷史學者，這些老朋友知道我轉
到逢甲大學歷史與文物管理研究所專任並兼任行政工作。他們問我：「到那邊
去做什麼？」我說：「想跟同事們共同發展所謂的 public history，我把它稱之
為『大眾史學』」。他們說：「這樣很好啊！臺灣就需要有人從事史學中下游的
工作」。我回答說：「我們做的不是僅僅中下游而已，我們也從事於上游的工
作」。大眾史學其實也涉及上游的理論問題。專業史家近來也十分重視歷史知

識的普及化。他們創辦《古今論衡》，舉辦通俗性的歷史演講。這種普及化的工作，就是他們所謂「中、下游」的工作。但是，它屬於我所說的「給大眾閱聽的歷史」（history for the publics），並沒有涵蓋我所說的三個基本概念。

大眾史學含有深層的意義，並且自有學理的基礎。在座逢甲人文社會學院的李院長，佛學涵養深厚，我獻醜一下。大約三十年前，我學習佛經，並且援引，當作史學理論的核心。專業史家的成就當然值得肯定。不過，**學院派裡的專業史家就像佛教裡的小乘佛。反之，大眾史學的理想是大乘佛。人人都有佛心，人人都可以成佛，同理，人人都有歷史意識，人人也可以成為史家。**當然要成為第一流的史家，不論專業的或大眾的，還得憑個人的體用之間怎樣辯證。

最後，我想回答為什麼沒有把 public history 翻譯成「公眾史學」？**因為我們理想中的大眾史學，好比佛教裡有「大眾部」。「大眾」指人人，但是，**每個人，低層社會、邊緣人物等，卻不見得是「公眾的」。大眾來寫歷史，書寫屬於大眾的歷史，給大眾閱聽的歷史。英文是："history by the public(s)、history of the public(s)、history for the public(s)"。這種歷史工作，不只含有歷史意識，其實也和生命意識、社會意識交融在一起，而且需要終生不斷的錘煉和昇揚。

以上僅談個人的感想，並請提供意見、集思廣益。謝謝各位的光臨。

本文原錄於《人人都是史家——大眾史學研習會論文集（第一冊）》（臺中：逢甲大學歷史與文物管理研究所，2004），頁 17-24。

二、認識你自己：
大家來寫村史與歷史意識的自覺

「大家來寫村史」的緣起

　　自從一九七〇年代初期鄉土文學運動展開以來，臺灣人民熱愛本土及其歷史的情懷，由隱晦轉而明顯，一天比一天地擴展。到了一九九八年，臺灣大學歷史學系吳密察教授主持「大家來寫村史計畫」，強調從民間底層由下而上，不拘形式大家分別表述集體記憶或共同的歷史。這項計畫挑明了書寫歷史已不再屬於學院派內歷史學者的專利，同時地方史的呈現也不必受限於傳統方志的體例。

　　彰化縣政府及縣民頗能理解「大家來寫村史」的精神。在二〇〇三年底，翁金珠縣長及文化局陳慶芳局長規劃推展「大家來寫村史」，希望全縣每個村里至少有本自己的歷史。縣長一再表示這項計畫的意義是：

> 今天我們終於可以讓我們的孩子解放出來，從自己的故鄉、自己的鄉土，認識自己的歷史。透過這種由微而顯的過程，才能真正形塑臺灣集體歷史的記憶。

　　從那個時候起，陳利成、林琮盛、陳板、康原和我應邀成立委員會，積極推動村史撰寫計畫的各項業務。每月聚會一次與各村史的撰寫者面對面討論如何收集史料、考訂真偽、去蕪存菁以及撰述寫作。後來，也敬邀吳晟和宋澤萊兩位先生參與評審。回顧這一年來的過程，我們首先從近四十篇的研究計畫中挑選了十九篇，接著每位撰寫者按計畫進行，而後完成寫作，通過審查、得以出版者共有十篇。由此可見，現在呈現在眾人面前的十本村史，都是計畫撰寫

者竭盡心力的結晶，也是經過精挑細選、獲得肯定的成果（參見本文圖一）。

彰化縣推展「大家來寫村史」是種永續經營的志業。這種運動開全國風氣之先，並且以「大家來寫村史」結合「社區總體營造」和「鄉土教育」，期盼人人寫村史、村村有歷史。這個年度的工作成果只能算是整個運動的「暖身」而已，緊接著從二〇〇五年起，將全面全速進行。彰化縣民邁步向前，走在時代的先鋒。「大家來寫村史」是來自底層的歷史意識和在地意識，更重要的，是民間的自覺運動。

「大家」是誰呢？

「大家來寫村史」的「大家」是指那些人呢？

什麼人才有資格書寫歷史呢？中國上古時代所謂的「史官」，身分屬於貴族，而且可以世襲。記載歷史，美其名是他們的天職，說穿了就是他們的特權罷了。底層庶民不識文字，既不懂得書寫，官方也不准許私人著述。他們頂多只能以言語、歌謠或各種圖像表述他們的記憶和歷史。兩漢以來，先是世家大族，而後是官宦文人，由於位居知識階層才能有能耐以文字撰述歷史。眾多的百姓一直與歷史絕緣；他們無能書寫歷史，更何況史書也殊少記錄他們。所謂的「正史」，那是種經過皇權認可的紀傳體作品。而所謂的「方志」，是種地方官僚體系及鄉紳運作出來的紀錄，作為官方統治民間的參考書而已。

古代西方世界的情況與中國大同小異，書寫歷史總是屬於少數人的特權。不過，西元前六世紀的雅典曾經有次重要的突破，值得我們現代人省思和效法。上古時代雅典和希臘各城邦幾乎都屬於貴族政治，觀念上則以神話思維所有的問題。雅典北部德爾菲（Delphi）的阿波羅（Apollo）神廟，門楣上銘刻著：「認識你自己」（Know Thyself）一行字。原意是說，來此問神就可以得知你的吉凶和命運了。當時人們有任何疑惑祈求神明的指，都到廟前請示神諭（oracle）。不過，值得留意的是，詮釋神諭的工作屬於祭司的專利，或者更正確地說，詮釋權屬於統治階層的貴族，因為當時的祭司一言一行還得觀看貴族

的臉色。十八世紀義大利的思想家維柯（Giambattista Vico, 1668-1744）在其著作《新科學》（*New Science*）中指出：

> 〔雅典〕的英雄，同時也就是貴族，宣稱自己擁有神的血緣。由於這種天賦本性，他們說諸神是屬於他們的，同時也因此占卜問神的權利也屬於他們。

到了西元前五九四年，梭倫（Solon）擔任雅典的執政官，他一心一意促進雅典政治的民主化，採取不少改革的措策，因此贏得美譽。這個時期，整個希臘的思想文化也日漸進步，邁向理性，重視科學。例如，泰利斯（Thales, ca. 624-554B.C.）和安那克曼德（Anaximande, ca. 611-547B.C.）等思想家大約都生長在這個時代裡。通常我們所閱讀的希臘史都會刻劃「雅典民主政治的發展」以及「希臘思想的革新」。不過，這些作品幾乎都將這兩大事件分別描寫，好像風馬牛不相及一般。維柯在《新科學》中卻特別強調：梭倫轉化了「認識你自己」這句名言；梭倫告誡平民百姓都應運用自己的理性思維，決定自己的所作所為，而不是完全迷信神諭以及祭司之言，尤其，「認識你自己」屬於每個人自己的權力，不應完全聽命於貴族、祭司或他人。由此可見，**梭倫的貢獻在於同時促進了雅典「政治的民主化」和「思想的平等化」**。

維柯將政治社會史與知識思想史結合起來是項重要的貢獻。他的觀點不僅可以用來說明近兩百年世界各地的史學史，而且也可以解釋臺灣近幾十年來歷史意識的覺醒。

自西元十九世紀以來，西方世界的大學裡紛紛成立歷史系，以便培養專業史家（professional historian）。這些由學院派養成的學者，畢業後分別占據研究院、大學和中學，從事研究及教學的工作。他們雖然取代了過去具有官方身分或文人階層的業餘史家（英文統稱為 amateur historian），不過，相對來說他們仍然屬於社會上的少數人。尤其這些專業史家往往偏重菁英主義，只顧由上往下觀看歷史，忽略一般常民的生活和文化。他們所書寫的歷史，由於一

向標榜理性，遵守嚴謹平實的風格，難免矯枉過正，反而失之於刻板，不夠生動活潑，難以卒讀。此外，近兩百年來的專業史家多半受國家主義或民族主義（nationalism）的影響。他們有意或無意間奉國史論史（national-history discourse）為正典（canon），因而輕忽地方史、弱勢族群，以及各種「他者」（the other）的歷史。其中比較嚴重的實例，有如薩伊德（Edward Said, 1935-2003）在其著作《文化與抵抗》（*Culture and Resistance*）裡一篇訪談中所指出的：

> 〔新一代以色列歷史學家〕爬梳各種歷史資料及檔案文件，重新檢視了以色列的國族論述，發現他（以色列）的獨立和解放神話是奠基於對阿拉伯人存在的否定，或擦拭，或頑固的迴避。

近二十幾年來，全世界的政治潮流比從前更加民主化，同時思想文化也更朝向平等化，各弱勢族群逐漸取得自主發聲的權利。臺灣在這兩股潮流中，表現亮麗，不落人後。如果以古希臘梭倫轉化「認識你自己」這句名言的道理，今天我們再度將之轉化和深化時，可以說成：「認識你自己」應屬於每個人的權利，人人都有表述歷史的權利，人人都是史家。所以，「大家來寫歷史」的「大家」，是指社會上每個個人。

為了提倡「大眾史學」，我嘗試為「大眾史學」下了定義：

> 每個人隨著認知能力的成長都有基本的歷史意識。在不同的社會文化中，人人可能以不同的形式和觀點表述私領域或公領域的歷史。大眾史學一方面以同情瞭解的心態，肯定每個人的歷史表述；另方面也鼓勵人人「書寫」歷史，並且「書寫」大眾的歷史，供給社會大眾閱聽。大眾史學當然也應該發展專屬的學術及文化批評的知識體系。

二〇〇四年度參與彰化縣村史計畫的撰寫都由內而發，表示書寫村史是他（她）們的權力和職責。例如，《瑚璉草根永靖心》的作者邱美都說：

我認為在地人有權利和義務，詮釋自己村莊的常民生活史，當下選擇撰寫我成長的永靖鄉瑚璉村。我以歷史發展為主軸，以村民共同的生活記憶為枝幹，融合史料、口述歷史、田野調查、在地經驗、圖像等營養素，以報導文學方式，期待能架構一本有根有枝葉的書，一本有骨架又有血肉的瑚璉村莊史來。

又如，《油車穴傳奇》的作者巫仁和說：

對家鄉土地與人們的關愛，是本能的，因為我出生在這裡，成長在這裡。從古來的年代開始，這塊泥土便養育著無限多的生命，它們與人們的生命都有著關聯：像我們的生命歷程中，便受到無數親族鄰友的照顧和鼓勵，家鄉的每個人都有著密切的關聯。

彰化縣文化局為了促進「大家來寫村史」運動，沒有訂立任何門檻或資格限制，原則上任何縣民都可以提出研究計畫申請書，甚至已經外出、移居其他縣市或國家的「彰化人」也都可以參加。至於我們這幾位所謂的諮詢委員，只是負責審查計畫申請書的可行性以及輔導研究撰寫的工作而已。

書寫哪裡的「村史」呢？

既然「認識你自己」屬於每個人的權利，也是「大家來寫村史」的理論依據，於是我們可以進一步直言，在地人都有書寫自己的權利、在地人都有書寫在地歷史的權利。人們如果打從心裡懂得這點道理，其實就是歷史意識和在地意識的覺醒。

接著，我們要追問，在地人應該書寫哪裡的「在地史」或「村史」呢？

按古拉丁文的原意，indigenae 指「本地出生的人」，由這個名詞衍生出「在地人」的意思。由於在地人熟悉在地人、事、物，舉凡一草一木都耳熟能詳，所以在地人最能享有一切，進而對在地感覺滿足和喜愛。因為在地人偏愛

在地的一切，覺得在地的一切樣樣順心如意，有特色，比外地的更好，所以古拉丁文 indigenae 最初也含有「高貴的」意思。這種感覺就是我們今天所謂「在地意識」或「鄉土意識」的源頭，相當於英文的 indigenous 或 parochial-ism。

「在地」或「村裡」當然指某個「空間」（space）。然而「空間」是個中性的概念，只有小大之別，沒有任何主觀的含意，所以僅僅使用「空間」的概念來思考「在地」或「村里」是不夠的。**「在地」或「村里」應該指某個「所在」（place）**，其中含有社會、文化，甚至歷史等主觀的因素。另外，place 也可以是 position（地位）。「地位」是主觀上的評價，當然最好能名副其實，配合實際客觀的狀況。place 用在地理空間上，應該是漢語裡所說的「地方」。「地方」不僅有大小之別，而且隨著歷史及時間變遷，有繁榮、蕭條、開展、封閉等等不同的景象，與周遭各「地方」的相對關係，時而處於核心位置，時而淪為邊陲。當我們採用 place 指「所在」、「地方」、「在地」或「村里」時，最好應該掌握以下三項因素：

1. 它是能自成最小單元的地方。在英文裡，中古時代的 parish，指一個個的「教區」，有點類似臺灣早期漢人社會中所說的「祭祀文化圈」。教區的「區」，或文化圈的「圈」，就是最小單元的「地方」，也是現代英文中所說的 parochial。臺灣人所說的「所在」、「庄頭」、「村莊」，或原住民所說的「部落」，勉強類比的話，較接近西方中古時代的「莊園」（manor），也都各自成最小的社會單元，是最基本的 local。

2. 它結合在地文化、社會與自然為一體，形成具有特色的生活文化圈。人們朝朝暮暮生活在其間，自然而然地產生認同感，形成所謂的鄉土意識（parochialism）或地方主義、地域主義（localism）。

3. 它隨著時間和歷史而變遷。文化、社會和自然都是動態的，每個「地方」的改變只有快慢緩急的差別而已。累積微小的「量變」到了一定時候可以釀成「質變」，滄海變成桑田，小地方成為大的市鎮，農業

社會成為工商業社會。生活在其間的不只有個人記憶和集體記憶，而且進一步有變遷的意識（the sense of change）。懂得以變遷的意識思維，掌握過去、現在和未來的互動關係，就能以歷史思維（historical thinking）辨別事物的人，通稱為具有歷史意識（historical consciousness）。

彰化縣民「大家來寫村史」運動所說的「村史」，其實只是個代用的名詞，圖個方便而已。「村」指的就是具有上述三項要素的 place（地方、在地、所在、村里）；而「村史」就是這些「地方」的歷史，又稱為最小單位的「地方史」。彰化縣文化局期盼「村村有歷史」，意思是指每個「地方」都有本「地方史。」這些「地方」，我們切忌以現行地方行政單位的村、里或鄉鎮為單位，而是具有彈性的，甚至可以比村、里的範圍更小，只要掌握上述三項要素就不離題了。同時，彰化縣文化局也鼓勵「人人寫村史」，意思就是說每個人都有權利以自己的角度和視野（perspective）撰寫歷史，所以每個「地方」並不限於僅寫一本「村史」而已。「大家來寫村史」如果順利展開，其實是種社會運動，也是種文化運動。

怎樣「書寫」村史呢？

村史應該長什麼模樣？怎樣書寫呢？

任何歷史作品的生產過程，從無中生有，不外乎兩大步驟：一是史料的收集和研究；另一是史書的撰寫。針對這兩個步驟，我曾經為「歷史」下定義說：「歷史是人們對於過去事實的認知及其表述或表徵的成果」。

這個定義的前半句話，涉及史料的蒐集和研究，後半句指的就是史書的撰寫。假使我們把史料彙編成冊，留供他人使用，這是功德無量，很有貢獻的。清代史家章學誠在《文史通義》裡稱呼這類作品為「記注」。至於作者根據史料進一步加以歷史解釋（historical interpretation），然後表述或表徵（represent）出來，其成果就是史書了（指廣義的）。章學誠說這類作品為「撰述」。

史料的蒐集以及研究貴在豐富和嚴謹。史料的數量永遠不嫌多，越豐富、越多元就越好。只是應該嚴謹處理，並且加以考證排比。章學誠把這層能耐比喻成「蕭何轉餉」。三軍作戰，後勤人員負責轉運糧食軍備，不僅要定量，而且要即時抵達。這需要周密的規劃，以及辛勤的執行，所以又簡稱為「方以智」。

史書的撰寫必須以自圓其說的歷史解釋，駕馭所有的史料，使得史觀主題十分清晰。章學誠把這層功夫形容為「韓信用兵」。主帥指揮三軍，運用之妙存乎一心，所以又簡稱為「圓而神」。

撰寫村史的步驟和理想離不開「蕭何轉餉」和「韓信用兵」。踏入村史的第一步最苦惱的莫非巧婦難為無米之炊，茫茫然不知史料在哪裡？推測其因，這多怪一般的史書，包括地方志在內，往往研究得不夠細膩或忽略底層常民。例如，《甦醒中的王功》的作者魏金絨說：

> 曾參與鄉、鎮志的編寫，發現寫地方史是件難事；因為相關的史料很貧乏，查考困難；鄉野訪談所得，常有所偏，內容無法盡信；如果要求完美，就必須廣泛蒐集，大膽推敲才有所成。如今縮小範圍寫村史，又出現相同的問題，而困難度則有過之。

「大家來寫村史」運動的諮詢委員為了指點迷津，協助計畫撰寫者蒐集史料，每次都利用聚會時間，以個案處理的方式，盡量提供參考意見。我們都認為「從做中學」是最佳的途徑。在此僅能提出幾個原則：

1. 史料是多樣的，必須主動出擊，勤動手腳。
2. 文字的史料：鼓勵村民大家獻寶，每家的抽屜裡各類的文獻、筆記、收據……都可以。
3. 語音的史料：以口述歷史的方式訪談，讓每位不善於提筆的也有發聲、表述歷史的權利。
4. 圖像的史料：不會自己說話廣義圖像，例如，建築、文物、河川、一

草一木等，可以照片或速寫記實。最好是每本村史中都有幾幅自己繪製的「文化地圖」，按照不同的時代呈現出來。

「從做中學」之後，所得的甘苦經驗往往最為甜美、令人回味無窮。邱美都回憶說：

> 緊鑼密鼓的訪談和田野調查，也許是艱巨任務，對於瑚璉村而言卻是史無前例，不過村民支持、期待，也願意分享，於是週末假日，四處拜訪瑚璉村的阿公阿嬤和鄉親，聆聽他們的生活故事，一位接著一位訪談，一處接一處踏查，很快就成為朋友。外子銘欽耐心地隨同攝影，回家立刻在電腦上記錄或對比資料，經常是入夜還無法罷手，我的三個孩子都很獨立，也都成為小助手。有時將採訪的故事說給孩子或學生聽，沒想到年輕的一代比誰都愛聽，因為許多生活故事，在學校往往無法深入觸及。一年下來，有酸有甜有甘有苦，與其說是犧牲假日的休閒生活，不如說這是最有意義的另類的休閒方式。

史料固然可貴，然而「大家來寫村史」運動的理想，是完成「寫給大眾喜歡閱讀的歷史」，所以我們有「三不原則」：1.不要史料彙編的作品；2.不要類似臺灣各地方行政體系近期出版的《地方志》；3.不要學院派的專著。一般人書寫《地方志》及「村史」最容易觸犯的毛病，是未能區別「記注」和「撰述」有何差別，結果混淆一起，不倫不類。章學誠強調說，「記注」和「撰述」之間，「合之則兩傷」，「離之則雙美」。我們希望大家所書寫的村史屬於「圓而神」的撰述，讓大家喜歡，或者給學童當作鄉土史的教材。就此而言，理論上村史的表述應該多元而且多樣，凡是文字、語音、圖像、展演等無所不可。吳密察教授當年所推動的計畫也是朝著這個目標。不過，萬事起頭難，彰化縣文化局現階段所發動的「大家來寫村史」，策略上穩紮穩打，僅提倡「以類似報導文學的文體，配合多種圖像（如照片、圖畫、表格、文化地圖），綜合表述」。這種表述的體例達成一定的水準後，我們或許可再進而提倡其他體例的

村史。

就整體而言，村史應該呈現常民的生活文化圈。我們不希望只記載地方長官以及富貴人家的種種往事而已。村史的撰寫者因為生於此、長於此，與在地人的距離比較「黏」，所以個人的好惡往往主觀鮮明。每位撰寫者應當小心切忌阿諛、鄉愿。再說，除了任務和家族外，應多描述本地昔日特殊的習俗、事件、諺語、傳說、古地名、自然環境、動植物等等。面對自己成長的家園和村里，除了記載正面的「開發史」、「發展史」外，不妨多寫點昔日常民的辛酸血淚、挫折奮鬥過程。村史撰寫者熱愛鄉土之餘，何妨愛之深、責之切，對地方的整體發展寫點善意的批評以及對未來的展望？

村史運動的展望

彰化縣文化局領先全國各地，於二〇〇四年首度推展「大家來寫村史」計畫，同時為了提升縣民的興趣及研究的能力，在十一月間委託逢甲大學歷史與文物管理研究所舉辦「大家來寫村史研習會」，我有幸同時參加這兩項工作。

「大家來寫村史」是永續經營的志業，而且最終是縣民們大家自動自發，由下而上的運動。我們希望「人人寫村史」、「村村有歷史」。透過這項運動累積的成品，首先可以促進歷史意識和在地意識的結合與發展，其次可以使得村史運動與鄉土教育相輔相成，密切結合，發揮最大的效果，最後形成由下而上的自覺運動功能，由最小單元的村、里或地方將全縣連結在一起，並由此影響全國的文化取向。

本文原刊於《當代》，211 期（2005.03），頁 52-61。

村里史開世 彰化開先河

「大家來寫村史」新書發表會

陳志成／彰化報導

彰化縣開全國風氣之先，推動「大家來寫村史」，昨天出版11本，縣長翁金珠指出，作者以撰寫村里史為主，希望全縣588個村里都能有1本目標，希望全縣588個村里都能有1本自己的村里史。

為了出版村里史，文化局先徵得作者、參加研習，指導老師陳慶稱，處理甲大學歷史與文物研究所所長，每個月召集作者研討、檢視作品之外更叮嚀維度、注重品質。

唯恐撰上「只有1炮」的心，也把紀念人之賺、自己也參與、助寫寫了1本。

昨天新書發表會、作者帶來作品相、由車次傳奇（巫仁和）、主人歷史風情（洪長源）、珍惜蚵竹手藝（余金興）、蚵螺保根永晰心（邱美都）、二人仔風華（張錫池、張碧照）再見、故鄉一演寫村的故事、鹽埔（洪慶宗、林慶度）、彌陀（加上總圖體共11本、本本觸心弦曲。

開展稿稱費作者文筆細膩、撰寫的非但文字活潑、可讀性更高、也因為有他們的挖掘、歷史、鄉謠志的源流更大量社區史料出土、豐富歷史意識、蟻鄉鄉土感情、非常可貴。

▲圖一　彰化縣大家來寫村史新書發表會
資料來源：中國時報，2005 年 09 月 23 日，C1 版。

三、認識故舊，結交新人：
一本驗證「大眾史學」的傳記

　　施麗蘭修女是我輔仁大學歷史學系的同窗。她虔誠事奉天主，以靈修為本，自從大學畢業後，除了在國內外進修，先後取得碩士和博士學位，並且身兼育仁小學校長的重職，栽培數以萬計的社會幼苗。這四十年來，我先在中興大學任教，而後轉到逢甲大學。由於長期定居臺中，得地利之便，常和施修女聯絡，交換生活上的體驗，其中難免偶爾「煽動」她做點有創意的事。

　　近二十年來，因為學術及喜愛都異於往日，我積極提倡「影視史學」和「大眾史學」。前者強調史家除了文字以外，更應該利用各類影像視覺的史料，並且以影像視覺的文本表述歷史。後者主張，人人都是史家、人人都有權力以各種方式表述各種題材的歷史。其實這兩種新學問，彼此還可以互補，發揮更大的效益。例如，活學活用「影視史學」，則歷史作品不離跨越學院派的藩籬，而更貼近社會大眾；反之，人人可本著「大眾史學」的基本精神，藉著圖文並茂以具象的方式，敘述往日的人、事和一景一物，重建過去的記憶，樂在其中。

　　施修女融會貫通了「影視史學」和「大眾史學」的理念。她領導育仁小學的學生，分批從事田野調查，拍攝照片，就近研究臺中公園、臺中火車站、臺中大坑及育仁小學等地的歷史，而後把整理過的資料加以數位化上網。這些小小史家在研究時，個個興高采烈十分投入，更難得的是他們不鳴則已，一鳴驚人，研究成果贏得了國際大獎。

　　當施修女帶領小學生「書寫」臺中的歷史時，她和彰化縣田中的修女們也回溯時光隧道，進行一段人生的「集體記憶」。她們思想起原籍匈牙利的柏高理修女以及田中修女們共同成長的點點滴滴。施修女放下了「專業史家」的身

段，改以「大眾史家」的角色，負起「書寫」柏修女的傳記，並且鼓勵大家研究修女會的歷史。她們研究的視野十分開闊，還包括了修會和地方、修會和教友的互動關係。換句話說，她們的工作結合了教會史與地方社會史。

書寫歷史不能沒有史料，否則好比巧婦難為無米之炊。施修女起初曾擔心短缺柏修女的研究資料。有一天我拜訪田中修女院，交談中得知柏修女頗有藝術素養，平日喜歡作畫。由於三句話不離本行，從「影視史學」所獲得的敏感度，我推測柏修女的油畫作品大致可分成兩大類：一是宗教題材的，屬於柏修女靈修生活中生命寄託之所在，另一是風景畫，屬於一系列懷鄉之作，柏修女藉此抒發思念家鄉之情。依此靈感，施修女以柏修女的畫作為史料，一步一步展開傳記的書寫，深入柏修女的心路歷程。而後每當我和施修女見面時，她總是無限興奮地告訴我，她又發現了哪些有關柏修女的事蹟，哪些有關早期田中修女會與地方上教友互動的情形，哪些教友在接受口述歷史訪談時如何感動而落淚。還有最奇妙的是，施修女等人在造訪柏修女的故鄉時，發生了哪些一連串有如「神助」的遭遇。

如今這本傳記終於脫稿了，而且又正值柏修女百歲誕辰紀念日，無意中給這本書的出版又增添了一層意義。這本書不只是一本傳記、一本教會史，其實它也是一本宗教社會史，一本結合「大眾史學」與「影視史學」的作品。這本書不僅書寫了過去的歷史，讓人們可以認識柏修女、田中的修女們和教友，同時更難能可貴的是，因為書寫這本書，施修女以及田中修女們得以結交了匈牙利和斯洛伐克等地的修女，她們無意中展開了一頁歷史，促進了臺灣與匈牙利之間的關係。

「大眾史學」鼓勵大家來寫歷史。這種「書寫歷史」有異於「專業史學」，不僅可以更深入認識親人故舊，而且可以結交許多新人。施修女的心血驗證了「大眾史學」的意義。

本文錄於施麗蘭，《愛德常懷，馨香流遠：柏高理修女的故事》（彰化：天主教耶穌聖心修女會，2008），頁 14-17。

四、以空間思維帶動時間思維：
談大眾史家如何書寫異國的歷史文化

　　高嵩明在大學時代主修資訊科學，因而在新竹科學園區裡工作過一段時間。由於家世背景的緣故，他天生熱愛音樂。如果說失去音樂，他勢必就如同一池乾涸的生命湧泉。一九九〇年代初期，他曾經來我的課堂旁聽「西洋史學史」，這是一門專為大學歷史系而講授的課程，屬於思想史的範疇，頗富哲學性的思考。起初，我以為他只是位好學的理工科學生，畢業後特地到我的班上來進修而已。不過，在得知他有意投考歷史研究所時，我深表不以為然，因為喜歡歷史是一回事，成為專業史學家（professional historian）又是另一回事，尤其過著青燈黃卷的生活，必定要先看淡世俗的名利。

　　還好，嵩明名落孫山，沒有如願以償，所以只好繼續在資訊業或圖書文化業裡服務。有一回，我剛從捷克和德國等地回來，曾經對他說：「捷克是個有著悠久歷史與高度文化的地方。」結果沒料到這句話啟動了他日後一連串的捷克之旅。他與捷克許多知名人士成為好友，促進了臺灣與捷克之間的文化與經濟的交流，同時將十多年來所撰寫的文章和拍攝的照片集結成書。眼見他有今日的收穫，我自然無限欣喜，與有榮焉。

　　按照一般人的分類法，這本書應該屬於「深度知性旅遊」的作品；或者說，是以音樂為主軸，記述捷克「歷史文化」的一本文集。這種分類法固然可以接受，但卻很容易一筆帶過，忽視了嵩明的寫作取向（approach）、思維方法以及生命的主體性（subjectivity）。

　　首先，從「歷史文化」（historical culture）談起。這個名詞在中文和外文

世界裡已經非常普及，廣泛地被使用，甚至已成為口頭禪。但是，它指的又是什麼？卻一直缺乏明確的定義。在回答這個問題之前，必須先考量「文化」（culture）是什麼？依照個人的淺見，所謂「文化」，至少必須包含三個要素：1.與「人為」相關的；反之，凡是原始的、自然的、與人為無關的都不是文化； 2.以一群人為核心，在「人與人」或「人與自然」的互動關係中，形成某種程度的具有同質性的有形或無形的表述（representation）；3.是變動的，就如同任何有機體都非一成不變。

接著，就可以直接說到「歷史文化」的涵意了。這個名詞可以就兩方面來闡釋：

1. 「歷史文化」的「歷史」，純粹只當形容詞使用，指「過去的」、「昔日的」；所以「歷史文化」是指過去的有形或無形的文化留傳至今者。但是，理解這個定義應特別注意的是，「留傳」既有「連續」（continuity），同時又有「變遷」（change）的意思。綜合這兩層意思，「歷史文化」是指過去的文化在其傳統中轉變（change within its tradition）而留傳至今者。

2. 「歷史文化」指：自從十萬年前起，人們在不同時代、不同社會所形成的文化，其中包括上層文化和大眾文化。這些文化有的已經消逝，完全無影無蹤不可考了；有的以各種形式成為「史料」，等待人們改造，進一步成為「有意義的」產品。換句話說，「歷史文化」是「今人」對「古代」文化的探索、認知或改造，而且是，經由理性與感性交融辯證的結果。

以上所以用了一連串硬邦邦的語彙來說明什麼是「歷史文化」，主要是為了指出，「歷史文化」並非捕風捉影、十分膚淺的表相。撰寫「歷史文化」的文章，不是毫無意識的，如同拿起傻瓜相機，對準一座古蹟，就拍一張照片那樣隨性。嵩明以深厚的音樂素養為底子，長期旅行，經過實地田野調查、閱讀資料、口述訪談，並且深入捷克的歷史脈絡。他的寫作「取向」，可以說師法

了希羅多德（Herodotus, 484-430B.C.）。這位古希臘史家也是位旅行者，他從小亞細亞，先後到過希臘半島、埃及，甚至兩河流域等地，步履所及，四處打聽異國的歷史文化。由於寫作「取向」、蒐集史料的方法及敘述的方式都與前人不同，希羅多德索性為他的書籍取名為「歷史」（history），這個名詞在當時指的是「探索」（inquiry）的意思。然而，更值得注意的是，這本「歷史」在學術上是一次革命性的創舉，它並非按照「時序」（time-order）來寫的，或者說，它不是「以時間思維」為主的敘述方式，而是按照希羅多德自己的腳印，人走到哪裡，就看到哪裡，並且「探索」起那裡的「歷史文化」。針對這種創新的寫作「取向」，我特地稱之為「以空間思維帶動時間思維」。嵩明相距希羅多德的時代已有兩千多年之久，生長在今天，他可以乘飛機、坐火車、查網路及拍照片，這些一一都與希羅多德迥異。然而，他深入異國，探索其「歷史文化」，這種精神卻與希羅多德前後一致。也許有人說嵩明這本書只是文集，根本稱不上「歷史」作品，但只要明瞭希羅多德「以空間思維帶動時間思維」，應該就不會否認這也是一本史書了。

　　談到這裡，有人可能仍然不服氣，反駁地說，這本書根本不是學術性地歷史著作。這種評斷，自有道理，無可厚非。然而，我們不妨再反思一下，持此說者其實純粹站在專業史家的立場，並以學院派的標準衡量一切。可是，我們應知道，專業史家及專業史學自從成立以來，距今頂多也只有兩百年。在之前，從希羅多德到十八世紀的伏爾泰（Voltaire, 1694-1778）等人都不是專業史家。而今，自從一九七〇年以來，在大學及研究機構的圍牆之外，實際上已有不少的大眾史家（public historian）。他們以各種不同的取向或形式撰寫歷史，其中有的撰寫具有地方意識（the sense of place）的地方史（local history），有的撰寫具有生命意識的異國歷史文化。儘管他們彼此間存在異質性，但是總而言之，他們都既不標榜「理智」、「求真至上」，也不書寫冷冰冰的學術著作，而是融合了理性與感性，具有濃厚個人風格的歷史作品。

　　我無意稱讚嵩明已是位第一流的大眾史家，或者說他的作品是本上乘的佳作。我希望人們不要只以一般「深度旅遊」的角度來歸類這本書，更不要擺起專業史學的嚴肅面孔來評論它。大家不妨試著從大眾史學的角度，隨著這本書的敘述，來認識捷克的歷史文化。**再說，這本書所記述的有許多是專業史家所不知的，或者說，是他們永遠無法得知的。**

　　本文錄於高嵩明，《捷克經典》（臺北：柿子文化視事業有限公司，2009），頁 6-10。

五、塔特拉山腳下的意象天地

　　大約十年前，高嵩明撰寫了一本有關捷克歷史文化的書籍。而後至今不斷再版，顯然它帶動了國人到捷克深度旅遊的熱潮。

　　當時候，嵩明曾邀我寫篇序文。除了深感榮幸，我更佩服他能夠效法古代希臘史家希羅多德（Herodotus）的遺緒，採用「以空間思維帶動時間思維」的取向，深入描寫捷克歷史文化。所以在那篇序文中，為了區別他和學術界圈中專業史家（professional historian）的不同文化角色，我說他屬於這個新世紀的大眾史家（public historian），而且稱讚他書中所記述的，「有許多是專業史家所不知的，或者說，是他們永遠無法得知的」。

　　嵩明出版了那本捷克的書籍後，斯洛伐克經濟文化辦事處的駐臺代表十分羨慕，三番五次請求嵩明如法炮製，也寫本有關斯洛伐克的。他雖然深受駐臺代表的誠心感動，但是可以預見，這個構想必須一步一腳印深入其境，耗費心力，才得以如願以償。嵩明左右為難，十分焦慮，前來問我的意見。經過幾度思量，最後為了增長國人的世界觀，還是鼓勵他勉為其難答應下來。

　　幾年來，嵩明經常到中歐。只要有機會，他就到斯洛伐克繞一趟。除了照例到各地探幽尋古，他顯然比從前更有經驗，懂得訪談斯洛伐克上流的政治、宗教和文化人士，同時也更能傾聽社會底層大眾的心聲。

　　果然皇天不負苦心人，幾天前嵩明終於把這本《斯洛伐克經典》的稿本拿來，並且邀我再度寫篇序文。拜讀之餘，衷心稱讚。這本新著與前作《捷克經典》一樣，其中有許多記述的確「是我這位主修歐洲史的專業史家所不知的」，或者說，「是我永遠無法得知的」。

　　我個人前後兩次去過斯洛伐克。在這個中歐內陸的國度裡，沒有如同捷克

的布拉格或匈牙利的布達佩斯那般迷人，一見就驚艷的城市。然而正是因為如此，我在斯洛伐克旅行，反而不容易受到外在形聲的眩惑，並且很自然地便能啟動內觀感應的能力，直指斯洛伐克的意象天地。

《斯洛伐克經典》是本圖文並茂的導遊書籍。但是它的寫作方式，既不是從一個城市接著介紹另一個城市，也沒有特別指點人們應該採購哪些物品或享受哪些美食。書中大量的篇幅，反而是在描述斯洛伐克的歷史和文化。我或許可以瞭解嵩明的苦心。因為從西元九世紀以來，斯洛伐克長期喪失國家主權，人民被迫在各種強勢的族群、宗教和政權的狹縫中求生存。假使未能釐清斯洛伐克的歷史來龍去脈，恐怕無法深入他們的苦難心靈。尤其，從十九世紀初到二十世紀末，這兩百年中斯洛伐克民族意識高漲，人們一而再、再而三，努力不懈爭取獨立建國。假使未能掌握這段往事歷程，就更無法體會斯洛伐克民族的堅忍毅力。

打開這本書，從第一章的第一幅插圖，嵩明告訴我們，塔拉特山是座千年以來受斯洛伐克人民所景仰的聖山，是人人心靈所繫之處，也是當今斯洛伐克國旗上的標誌。這本書別出心裁，首先帶領讀者居高臨下，俯瞰這個國度的整個時空，而後再由雲端而下，從具象的古老教堂、城堡、西里爾（Saints Cyril）和梅多迭（Saints Methodius）兄弟的雕像、慕夏（Alphonse Mucha）的史詩油畫，或者從有聲無形的奏鳴曲、協奏曲和藝術歌謠等等，一一體會斯洛伐克的意象天地。

所謂意象天地（**le domaine de l'imaginaire**），是指人們以超越經驗觀察的能力和推理過程，從心靈深處轉譯全體表現所構成的圖像。當代法國史家勒高夫（Jacques Le Goff）最擅長運用這種取向，帶領讀者邀遊西方中古時代的歷史和文化。

旅遊的好處在於有臨場感以及得於實際接觸歷史文化所繫的媒介，然而旅遊也需要遊客們的想像力和感應能力。換句話說，深度旅遊，不僅需要深入其境，而且必須主客的心靈彼此交互流動。斯洛伐克駐臺代表馬丁·博塔文為嵩

明這本新書寫了一篇〈序文〉，其中令我心有戚戚，深受感動。他說：

> 很多圖片都可以介紹斯洛伐克的特色。我個人最喜歡的是一座很小，非
> 常不起眼的教堂，座落在斯洛伐克與莫拉維亞的邊境上，孤零零在田野
> 中矗立著，周圍只有幾棵大樹作伴。你們可能會說：「這有什麼特別的
> 呢？」是的，這就是斯洛伐克，斯洛伐克最真實的寫照。你們要用心和
> 靈魂去發現，這是獨一無二的（參見本文圖一）。

　　深度旅遊，有時候可以採用「以空間思維帶動時間思維」的方式，有時候
則「需要啟動心靈以便捕捉意象天地」。《斯洛伐克經典》莫非邀請大家試一
試，怎麼樣發現塔特拉山腳下的意象天地？

▲圖一　斯洛伐克古老教堂
　馬丁‧博塔文對自己國家許多特色之中，情有獨鍾一座很小的、非常不起眼的古老教堂。
　圖片來源：高嵩明。

　　本文錄於高嵩明，《斯洛伐克經典》（臺北：晴天文化事業有限公司，
2018），頁 4-15。

六、時代精神穿越七十年：
《中國遠征軍：滇緬戰爭拼圖與 老戰士口述歷史》序

　　整整七十年了。世界各地為了紀念第二次世界大戰結束七十週年，從二〇一五年初起逐漸展開各項追思活動。這本有關滇緬戰爭的口述歷史在此時此刻出版，巧合天意，顯得格外有意義！

　　想當初，直接投入戰場，飽嚐槍林彈雨，九死一生的青年戰士，大多數只有二十歲上下。如今相隔長達七十年，即使以戰後剛出生的嬰兒潮來說，現齡也不再年輕，稱得上古人所謂的「古來稀」。更何況比他們還年長一輩的二戰戰士，在全世界中能碩果僅存，仍然健在的，已經鳳毛麟角，少之又少。現在每位都成為九十歲左右的老戰士了，這七十年來，他們怎麼存活下來？日子怎麼過的？這些個人的經歷也許可以編織成篇篇有趣的回憶錄。不過，當初他們怎樣參與戰爭？有哪些見證？有什麼刻骨銘心的感受？這些話題由下而上，反映大戰歷史的另個面向，反而更能營造當年的「時代精神」，才是晚輩們所關注的。經過口訪，把這些話題記錄下來，集結成冊，就成為集體記憶（collective memory）或大眾史學（public history）的作品。

　　這本口述歷史的特色，不僅受訪者歷盡滄桑，高達九十多歲，而且採訪者個個面目清秀，只是十三歲到十六、七歲之間的中學生。受訪者和採訪者足足相差七十多歲，再加上時代環境的變遷，幾乎有天壤之別。他們之間反差如此之大，到底怎樣對話、怎樣進行訪談？這些屬於口述歷史另種層次的議題，並不亞於戰場上的故事點滴，頗能引人好奇和反思，也是我這位旁觀者格外感興趣的。

　　三年前（2012），先是上臺北參加研討會，有緣認識來自香港的袁梅芳老師。接著她南下，為了盡地主之誼，伴隨她參觀位於臺中的孫立人將軍紀念館。前後幾次的交談中，得知袁老師與香港的學生正在從事二戰期間滇緬戰爭的口述歷史，所以介紹她們與胡建中老先生見面。胡老的二公子胡昌智教授在德國任職，是我多年來在史學界的知己好友，可以論學。他們全家曾經在臺中清水住過一段很長的日子，感覺上又像是我的同鄉，彼此分享許多共同的記憶。從昌智那裡，記得胡老似乎當年曾經追隨戴安瀾將軍，深入中國西南邊境，在高山叢林中打過滇緬戰爭。而這不正是袁老師來臺的動機嗎？

　　袁老師非常積極地執行她的口訪計畫。她回香港後，不到一年，前後兩次率領學生各約二十多人，到彰化市郊胡老的寓所。每次訪談，總覺得胡老又恢復了軍人的本色。除了在那場保家衛國的戰爭中視死如歸，抱著犧牲小我的精神，更難能可貴的是這種堅持軍人應以戰死沙場為天職，要不然退而求其次，也理當維護軍人的尊榮。所以即使在退伍後，他寧可無怨無悔，也不願改行換職業。把身分認同轉化為生命毅力，長期撐著再撐著，這也許就是他能夠挺拔不屈的原因。

　　其次，胡老一再強調「歷史的工作就是為了求真」。為了這個理念，他真誠地把當軍人的心志，認真地拿來對待口述採訪，小心翼翼地準備，事先作筆記、寫講稿。記得第一次訪談時，我早到，從遠處看見胡老在門前的院子正大口地吸菸。這應該不是他平常的習慣，而是嚴陣以待，為了迎接一群香港師生，接受他們另類的挑戰。同時，這也是他這輩子從來未曾想像過的事情，如今居然即將發生了。一個在戰場上失利挫敗的小兵，一個在人生旅途中默默無名的凡人，此時此刻不僅有機會「書寫歷史」，而且忽然間無預警地躍上檯面，成為白紙黑字、有名有姓「參與歷史」的一員，人生的意義終於獲得肯定。訪談進行中，胡老神采奕奕，敘述生動，所有聽眾目不轉睛，如同身臨其境。昌智未能參與這次訪談；事後，我開玩笑說：「胡老講課比你精彩，更像歷史教授。」胡老嚴肅認真面對歷史，始終如一，同時間集軍人與史家的角色

於一身。憑此實例，有誰敢說歷史的工作專屬於學院裡的職業史家？又有誰敢否定一般大眾無能「書寫歷史」？

前後兩次訪談中，大家聚集一堂，心靈相互感應。胡老娓娓地陳述往事，所有學生聚精會神，用心聽講，邊發問邊作筆記。胡老懂得加強描繪一些年輕人前所未見的事物。例如，二戰期間軍人怎樣打綁腿、小隊伍作戰戰友之間怎樣互相掩護等等這類一般戰史書籍所忽略的。雖然我不能確認學生全盤瞭解戰爭的種種，但是從他們頻頻點頭稱是、眼神與胡老交會的氛圍，可以肯定學生已經心領神會，投入了滇緬戰爭中一場戰役的「時代精神」。那一幕，印證了史學理論中所謂的「神入」（empathy）其實是可以實現的。有些學者附會後現代主義（postmodernism），一味否認「神入」，顯然不用心，訴諸權威而已。同時，那一幕也讓人領悟到，所謂口述歷史也好，大眾史學也好，重點不必僅止於採集史實、描述細節而已，更重要、更有意義的，還在於歷史精神文化的傳承。一位九十幾歲的老戰士可以把七十年前戰爭中的「時代精神」，經由口述，穿越時空，傳達給一群十幾歲的中學生。可見，薪火相傳，世代年齡絕對不是問題。

這本口述歷史總共採訪十三位老戰士。學生每口訪一次，就「神入」二戰一次。前後累積十三位、超過十幾次以上的口訪心得，自然可以會通，達到相加相乘的效應，形成更狀況鮮明的「時代精神」。這本書前半部的歷史篇「可歌可泣滇緬戰爭」，從上而下整體鳥瞰二戰中滇緬戰爭的大場景，可以和後半部口述實錄的人物篇「可尊可敬老戰士」互補，讓讀者更瞭解戰爭的全貌。這本書得以如期問世，總而言之，都應歸功於袁老師的指導。還有，這回的口述採訪和編寫過程本身，就是成功的歷史教育，的確促成了「時代精神穿越七十年」。

本文錄於袁梅芳、呂牧昀編，《中國遠征軍：滇緬戰爭拼圖與老戰士口述歷史》（香港：青森文化，2015），頁 15-17。

七、佛教徒與大眾史學

葉院長、各位法師、各位教授,還有各位大德,以及學校的同學們,大家午安。

半年前,我答應要演講這個題目,今天非常高興地終於來到這裡。這是難得的機會,我可以當面向各位請教,談談佛理。尤其,佛理怎樣與史學結合?這也是我二、三十年來一直在思考的問題。

大眾史學的開展

「大眾史學」這個概念、這個中文名詞,是從我這裡開始使用的。不過,實際上與大眾史學有關的工作,並非由我發起的。大約從一九七○、八○年代以來,臺灣有很多人以文史工作者自居。他們熱心地為地方社區的歷史文化工作。這些工作多多少少和大眾史學有關,只不過在觀念上,還沒有採用這個名詞而已。

為了舉辦這次的研討會,香光僧尼團十分積極。自衍法師也將僧團出版的一些資料傳給我。結果,在一九九二年出版的《香光:香光尼僧團十二週年特刊》裡,拜讀了悟因法師所撰寫的發刊詞,〈我們都在寫歷史〉。內文中提到:

> 基於一份歷史傳承的使命,做為現代出家人,我們有責任將僧團及僧人為續佛慧命、自度度他所做的一切努力用文字記錄下來,以澄清佛教的社會地位、功能,並作為後世僧人的參考。[1]

1　悟因法師,〈發刊詞——我們都在寫歷史〉,《香光:香光尼僧團十二週年特刊》(嘉義:香光莊嚴雜誌社,1992),頁3。

這段話證實，悟因法師及香光僧尼團老早以前就從事大眾史學的工作了。由於這回與各位見面的緣分，我才恍然大悟，為什麼在一九九〇年代期間，我曾經被邀請到竹崎香光寺，主講與史學方法相關的議題。只不過，當時彼此之間都還未曾應用「大眾史學」這個名詞和概念罷了。

　　從一九七〇年代以來，不只在臺灣，還有全世界很多的地方，大眾越來越積極關心自己的歷史，主動書寫自己的歷史。在二〇〇三年，我從中興大學轉到逢甲大學，擔任新成立的歷史與文物研究所所長，所以設想怎樣幫這個研究所推廣新的學術文化。結果決定往「大眾史學」的方向發展。

佛教對大眾史學的啟示

　　「大眾史學」這個概念和名詞，當初我的靈感怎麼來的？

　　首先，就西方的影響來說，在一九七〇年代初期，美國加州大學 Santa Barbara 分校開始提倡所謂的 public history。他們發展 public history，比較注重由專業史家書寫大眾百姓的歷史，同時也盡量寫得比較通俗淺白，方便給大家閱讀。我當然同意這兩種主張。可是，總覺得不夠完美，於是想再推它一把，往前更進一步，強調「由大眾自己來寫歷史」，寫自己的歷史或寫有興趣的歷史。

　　當時，經常四處演講，推廣「大眾史學」這個概念。聽演講的對象，往往男女老幼，來自四面八方。演講的內容盡量深入淺出，避免太艱澀的學理，最好能意象清晰，讓大家一聽就銘刻在心。因此，我將美國總統林肯（Abraham Lincoln）於一八六三年在蓋茲堡（Gettysburg）的演說內容改造一下，讓它變成「大眾史學」的廣告詞。林肯的演講裡，簡潔有力的強調："government of the people, government by the people, government for the people"。這是大家耳熟能詳的，已成為傳世名言。後來，孫中山轉譯為「民有、民治、民享」。我則進一步，將它改成 "history of the public(s), history for the public(s), history by the public(s)"。意思是說，我們不只要寫帝王將相、菁英人

物的歷史，而且更要「寫大眾百姓的歷史」，這就是 history of the public(s)。其次，「撰寫歷史供大眾閱聽」，所以應該深入淺出、情感親切，不是冰冷生硬的作品，這是 history for the public(s)。更重要的是，可以由你、我及每個「大眾來書寫歷史」，這是 history by the public(s)。

以上三句話之中，我特別強調 history by the public(s)。但是，這項工作不像販賣商品，光喊口號，打廣告詞，就能交差了事。任何人剛推出任何新學問，一定要蘊含學理，站穩知識的根基，否則很快地就會崩盤，化為烏有。於是，接著下一步，我不只單方向，直接引進美國大學的概念，而且有意將東方的學問融合「大眾史學」。我花了一些時間思考這個問題，最後終於從佛學中獲得了啟示。

直接地講，大眾史學的「大眾」這個名詞，其實是借用佛教所講的「大眾部」。先說和「大眾部」相對的「上座部」，在史學界裡相當於哪些人呢？從十九世紀下半葉開始，歷史學者進入所謂的現代史學，開始有專業史家（professional historian），西方大學開始設立歷史系。百年來，雖然專業史家的貢獻有目共睹，可是，嚴格地講，他們為了標榜知識的絕對真實，不惜大筆一揮，否定了東西方傳統思想中各種形上思維，甚至走火入魔，疏離了生命的意識。影響所及，現在文學院的專業史家很少傾訴他們的學識與形上思維的關係，尤其鮮少直接觸及生命的問題。專業史家一味標榜豐富的史料，嚴謹的方法和知識。可是，仔細省思檢討，所得的結果，卻不等於智慧。我之所以提倡「大眾史學」，並且採用這個名詞，是借用佛學裡面所指的「大眾」，指「人人」都有佛性，因而說「人人」都有形上思維、生命意識以及歷史意識。

二○○三年（11月22日至23日），我於逢甲大學主辦「人人都是史家：第一屆第一期大眾史學研習會」，後來將發表的論文出版成書《人人都是史家——大眾史學研習會論文集》。在研習會上，我發表〈大眾史學的定義和意義〉，這篇文章提到「人人都是史家」。這個名詞從哪裡借用而來的呢？在座的各位一聽，必然會心，那不就是「人人都有佛性」嗎？

歷史意識的啟動

佛教講「人人都有佛性」，這句話的道理，在座各位都知道的，不必我再詮釋。然而從「人人都有佛性」，轉化為「人人都有歷史意識」，其實還需要一些現代知識當作理論的根據。

二、三十多年來，科學界和人類學界，對於智人（Homo sapiens）的瞭解已經越來越豐富。智人的出現，是近代人類演化的起源。當今全球所有的人類，都是智人的後代。智人與以前的北京人、爪哇人、尼安德塔人，原來是不同的人屬。大約在距今五、六萬年前，智人從東非遷移到世界各地。智人的腦容量增加，體質各方面的結構也與過去人類有相當差別，例如，因發聲腔的位置改變，會講話、有語言等。

智人的演化成就了第一波的「認知革命」。用佛教的語言表示，這就是「識」的緣起；「識」從此開始啟動。智人以前的人屬，在「識」和「知」都遠遠不如智人。這是很重要的突破點，智人出現以後，有「識」和「知」，懂得思考宇宙與人世之間種種恆常的現象。所謂的「恆常」，例如，智人相信「真善美」的存在。「真善美」，基督宗教稱為「信望愛」，在佛教來講，就是「信願行」。當智人出現，要啟動「識」的時候，一方面思考「恆常」的存在，另一方面，也思考宇宙人世間種種的「變異」。變異說來很複雜，但總是一種感覺，英文稱作 the sense of change，也就是中文所講的「變遷的意識」。人們自覺到，任何事物都隨著時間在流動。當有了萬事萬物都隨著時間在流動、一切都是「無常的」，這種感覺就是「歷史意識的原型」。依我個人淺見，在「歷史意識的原型」之中，**恆常與變異兩個觀念彼此相互辯證。兩者之間不只是純粹對立的，在對立之間，更是互動的。人們將這種辯證思想進一步推展，於是形成各種思想、見解以及史觀。**

在尚未進入「哲學突破時代」之前，人們用各種方式表述歷史意識或史觀。例如，有口傳歷史、岩畫、文字記載等。法國西南部的岩畫，距今有二、

三萬年，其中有幅畫看起來共有四個馬頭；但其實只有一匹馬，原因是繪畫的人想要表現馬在奔跑時的速度和變化。這一幅靜態的圖像，可以畫出動態的時間感，讓人覺得非常震撼。因為它表現 the sense of change，也就是所謂的歷史意識。

人類從五、六萬年前開始有歷史意識以後，隨著歷史的發展，大約到西元前六世紀到西元前三世紀的時候（大約是中國春秋戰國時期，印度佛陀的時代，也是古希臘蘇格拉底、柏拉圖的時代），有人說這是「哲學突破的時代」；也有人說這是個「軸心的時代」；還有人說，這是「人類思想史革命的時代」。無論如何，道理都是一樣的，只是命名不同而已。這個時期，總而言之，「哲學突破」是人類繼「認知革命」之後的另一波知識的轉折。

幾萬年前第一波的「認知革命」，人們雖然有了歷史意識，但意識中卻交雜著「心靈的震動」和「神祕的幻想」。那種神祕、充滿不確實的思維，一直將歷史意識包裹起來。到了「哲學突破時期」，老子、莊子、孔子、孟子、佛陀和西方的哲學家們，不約而同，做了相類似的事情。如果我們用佛教的語言來講，這件事就是「金剛除魅」。那個「魅」，經過「哲學突破」的淨化，已不再被認為是外在漂浮遊蕩的「妖魔鬼怪」，而是內在的種種「鬼主意」或「心

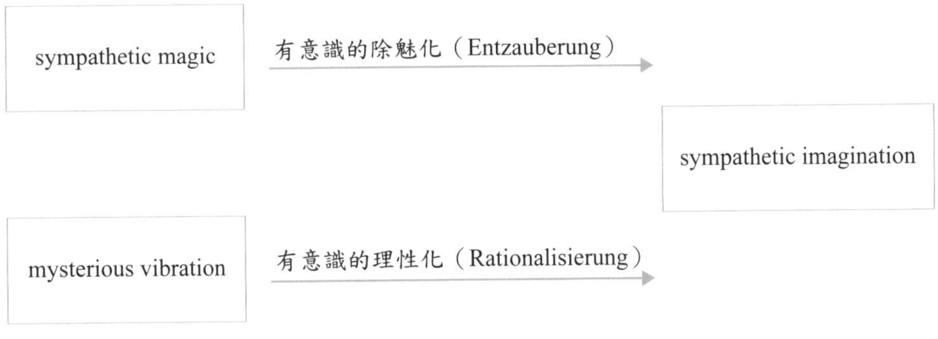

sympathetic magic	有意識的除魅化（Entzauberung）→	
		sympathetic imagination
mysterious vibration	有意識的理性化（Rationalisierung）→	

▲圖一　理性化或除魅化的進程
周樑楷制訂。

中有鬼」。原來，人類在遠古的時代，心中被很多「妄執迷信」占領，到了「哲學突破」，佛陀、老、莊等人的共業，就是企圖除掉人們心中的「鬼魅」。

「金剛除魅」可以用近代哲學的觀念加以詮釋。如本文圖一所示，最左邊，遠古時代人們的「識」充滿神祕的震動（mysterious vibration）或奇幻的感應（sympathetic magic）。圖中的橫線越往右移，表示時間的前進，也表示人們的思維越來越「理性化」或「除魅化」。「哲學突破」就是理性化或除魅化的一個明顯的轉折點。經過理性化或除魅化以後，就可以擁有「感應的想像力」（sympathetic imagination）。這種有益的思維能力，就是一般人常提到的想像力、同情心、感應共鳴或神入（empathy）。

然而到了二十世紀初期，現代史家的理性化或除魅化，往往犯了矯枉過正的毛病。他們一味理性化或除魅化，標榜一切為真相，結果把知識變得索然無味、太乾澀了（too dry）。說實在，如果要將原本神祕的或情感事物過濾掉，應切忌不可以除得太乾淨，我們仍然要適當地保留人生中的價值、意義和情感。換句話說，理性與感情還應保持平衡，維持「中和之心」（reconciling mind）。用心理學的術語來講，我們不能一味地追求 IQ，而忽略了 EQ。也不能一味地增加知識，而忽略了提昇智慧。兩者之間的那條軸線，必須恰到好處。到了十九世紀中葉以來，現代史學重視嚴謹的方法和史料，結果造成失衡的狀態。以下我們不妨再仔細分成兩點來說明：

1. 疏離形上思維和生命意識

十九世紀下半葉是個科學至上的時代。在這個時期，史學也與科學攀關係，所謂科學派的史學就在這個時候出現了。當時，大學裡紛紛設立歷史系，培養歷史學者，他們在研究院、在大學作研究、教書，成為專業史家。雖然在知識史上這是一大進步，但由於過度與自然科學攀關係，結果否定了任何形上學和生命意識的探討。從此，學生很難在教室、研究室裡和教師談論這個層次的問題。有的只剩下和教師一起分析政治、經濟、社會、地理、自然、物質等現象。因為這些層面的研究比較能合乎科學的方法。

2. 引進幽靈和意識形態

　　將形上思維、生命意識趕出教室以後，果真能一乾二淨了嗎？說起來相當弔詭，而且非常諷刺，答案其實不然。**智人這種動物，一定需要形上思維，那是他們應付外在各種挑戰，為了團結內部、形成「生命共同體」的合理化藉口。如果將某種形上思維趕出去之後，另外的形上思維會如同幽靈般，趁虛而入，偷偷地跑進來。**二十世紀盛行的國家主義或民族主義（nationalism），就是最顯明的例子。這個世紀有很多的災難和大戰，起因幾乎都和 nationalism 有關。當然，除了 nationalism，共產主義（communism）和資本主義（capitalism）也都可以同列為新的幽靈和形上思維。只要它們稍微不受約束，立刻作亂為禍。我們能不說這些新的幽靈的邪惡力量遠遠超過古代的妖魔鬼怪嗎！然而，當今除魅的金剛在哪裡呢？

　　凡是智人一定要有廣義的形上思維，這是我在此強調的觀點。但形上思維有負面的，也有正面的。所謂負面，是指各種迷信、偏執、妄執，或者說，就是各種意識形態（ideology）。我們要的是正面的、有意義的形上思想。

　　形上思想的性質，一方面可以說是，想像的、打造的、虛構的；另一方面卻又是，真實的。舉例來說，如果把一張一百元美金塗得髒兮兮、揉成一團，丟在走廊。人們撿起來，看到美金的時候，應該不會丟到垃圾筒，反而會用來買東西或換成新臺幣。說穿了，那張美金紙幣的成本可能不到一分錢的價值，名副其實是虛構的、打造的、想像的。但有趣的是，你我又都會接受它，這回又是真實的。所以我說，形上思維一方面是虛構的、打造的、想像的，另方面又是真實的。任何事物、思想，只要有一群人共同接受它，就是真的了。可是別人可能覺得它是虛構的。正信的佛理時時刻刻提醒大眾，希望人人能分辨形上思維的正負面。大眾史學宣揚「人人有歷史意識」，鼓勵「大家來寫歷史」，其實就是要從實際的生活經驗中，深思個人的形上思維，走向正道。佛理也好，書寫歷史也好，這一切，完全要從人們內心的出發點說起。

佛教與新世紀的歷史意識

　　佛教與二十一世紀的歷史意識有什麼關係？或者說佛教可以給二十一世紀的史學提供什麼啟示？我從二十歲開始發願要研究史學理論，那時候認為，假使全世界人人都懂得史學理論，世界將是和平的。現在想想，當時的確太天真了，可是到現在，我還沒有完全放棄這點理想。現在假使要我總結佛教對二十一世紀的歷史意識有什麼貢獻，大概只有三句話：反即返、虛即實、知即行。

1. 反即返：形上思維及生命意識

　　剛剛順著時間從遠古講起，到現在已經二十一世紀了。現在的學術界，講歷史要有嚴謹的方法、豐富的史料，這是必然的，我們並不否認。但我們要留意，現代史家一味要嚴謹、要科學，要能摸得到、看得到，結果他們所注重，都是政治、經濟、社會、物質、地理等層面。在學術界，這些通通叫做真實面（reality），但在佛教界講，這只是「現象面」而已，還是虛表的。

　　面對現實世界，如果覺得有些地方走錯路了，我們當然可以批判它、反對它。但「反」不是為了批判而批判，而是要先「回到當下」，而後，要帶領這個世界往前走、往未來走。不過，在心態上很值得留意的是，**我們要「反」、要創新、要向前走，必須先能「返」、回到過去、回歸本然**。今天的演講我提倡大眾史學，按照「反即返」的原則，也就是要回歸智人，瞭解幾萬年前，智人的「原、始、本、質、簡、樸」。我剛剛講過，人類第一波的「認知革命」以及人們的佛性和歷史意識，都是從智人緣起的。我直指本心，採取「反即返」的門徑，回到智人的本心、人類的本心。這種內在的動力，長期支持著我們，一步一步往最根本追尋。

2. 虛即實：一切唯心，真常妙如

　　不論是寫歷史或思考歷史，都要走向正面的。有宗教信仰的人，回到正面、正信的；強調哲學路線的人，也當如此。總而言之，**現代人類的生命中不能沒有意義（meaning），不能沒有道德與價值導向**。一層層往上到最高層

次，就是「虛即實、實即虛」。也就是說，本體的真常妙如，沒有虛、也沒有實。用今天比較通俗的話或是西方的語言來詮釋，真常妙如就得謙虛。謙虛就是一切。用英文來講，謙虛不是唯唯諾諾，毫無主意。謙虛最好的英譯就是 "open minded"。在今天這個強調差異的多元社會中，謙虛就是要存有辯證的、中和之心（reconciling mind）。一切唯心就是。

3. 知即行：信、願、行

「反即返」是股由下而上的動能；「虛即實」是個境界。但同時，人人也應該「知即行」，付諸實踐。「知即行」在佛教裡說，是「信願行」、一心二門，既往上，又往下，同時進行兩個門徑。

在一九八〇年代，西方學術界的後現代主義（postmodernism）對全世界的史學界造成很大的衝擊。後現代主義從符號學出發，認為人人在應用符號的時候，必然不斷延異，相繼產生誤差，所以最後得出的論述，都是不真實的。依此理論，人人撰寫歷史也都是虛構、不真實的。後現代主義將所有的學問，包括歷史，整個翻轉了，認為都是虛構的。在這種批判之下，很多人懷疑歷史的寫作和真相。

那段時期，我曾經閱讀後現代主義的相關書籍，研究到某個程度之後，我認為後現代主義所講的觀點，只不過是半部《金剛經》而已，所以後來也就沒有寫任何與後現代主義相關的文章。我個人在二十多歲開始閱讀《金剛經》，其中有一句經文：「如來說世界，非世界，是名世界。」這是在座各位熟悉的佛理。對比之下，後現代主義認為，人們所說的世界、所說的歷史都不是真實的。我非常認同。但只是《金剛經》講的「如來說世界，非世界」的這個部分而已。《金剛經》在「應無所住」的前提下，又回到當下、回到人間來，最後仍然「名世界」。後現代主義的學者不懂得「名世界」的「名」。所以說，後現代主義只是半部的《金剛經》而已。

當然後現代主義也有貢獻的。他們破除許多不必要的執著，只是格局仍然有限。對於後現代主義學者的生命形態，我曾用「孤絕衝撞」四個字來判定。

意思是，他們很有衝撞、批判、否定的力量，但卻將生命困陷於孤絕之中。雖然佛教的思想也有批判的部分，但期盼的是「自由自在」。這是領悟生命意識「虛即實，實即虛」之後的境界。佛教與新世紀特別需要最高的境界：真常妙如。

大家來寫歷史的皈依

最後的結語，再次引用悟因法師在〈發刊詞──我們都在寫歷史〉裡的一段話：

> 對我們而言，它不只是一份紀錄，更是一份邀請，我們竭誠希望藉由這份整理報告，邀請教界每個團體都能隨喜記錄自己的歷史，為佛教歷史留下足跡，為未來僧團開拓出一條寬廣的大道，因為在這段佛教發展的歷史中，我們都是在其中求法、弘法、護法的人。[2]

這是她在一九九二年鼓勵大家來寫歷史的一段話。幾年前，我將自己的一

▲圖二 「真常立史譜・圓善明奧妙」
書法家蕭世瓊博士墨寶，周樑楷典藏。

---

2 悟因法師，〈發刊詞──我們都在寫歷史〉，頁3。

些想法濃縮、寫成一個對聯，「**真常立史譜・圓善明奧妙**」（參見本文圖二）。「史譜」是我用很多的圖表來建構的史學理論。因為中國自古代以來有很多的畫譜、棋譜、食譜、拳譜、劍譜等，但沒有人寫歷的譜。現在二十一世紀，我勉勵自己，要用真常之心來建立個人的「史譜」，這是我的願望。能有真常之心，就有圓善之心，可以圓善明奧妙。「奧」是黑的意思，由於黑暗不明、深不可測，所以不易被了解。例如，宇宙就是「奧」，也是「妙」。還有，媽媽的肚子裡也是個「奧」，黑黑的，但又很奇妙，能孕育生命。我們來到世間，人世間也是個「奧」，有很多事情我們總是無法了解，但是又很奇妙。當然，人們往生後，化成骨灰，放在地洞裡面，地洞也是暗暗的、黑黑的，又是個「奧」，其實也應該是個「妙」。這個對聯表示，大家來寫歷史，大家皈依佛理，這就是大眾史學。今天將自己的心願提供給各位大德參考。請各位指教，謝謝！

【問題與討論】

Q1 謝謝周教授很精彩的演講。我有兩個問題要請教：第一個問題，您剛剛提到「一心二門」的問題，要如何看待史學與生滅是否有關聯性？第二個問題，對於大眾、庶民一起來寫寺院史志的意義和價值，與官方來寫的價值性差異在哪裡？

A1 關於第一個問題「一心二門」。我的意思是寫歷史的人，不論是像我這種專業史家，或是普通人也好，一方面要懂得修行，要有社會意識，另方面也應有生命意識，不斷的精進，而不是只會讀書。我這幾年來很忙碌，主要是在很多地方與弱勢族群相處；從相處之中，他們給我很多的想法。在接受修行的時候，要有所謂的辯證，也就是一種關懷。所以，「一心二門」指一方面要有心提升形上思維；另外，是要落實在當下來寫歷史，或做其他事情，這也是修行的一部分。

第二個問題，上午有場演講關於寺廟的史志，而下午的演講是關於

大眾史學。到目前為止，各位想想，大眾史學與史志有什麼不同？史志與大眾史學的寫法哪一個比較有溫度？比較客觀？哪一個是沒有「我」？哪一個把「真我」放在裡面？大眾史學強調要有境界，希望能達到真常妙如。我自己也還沒有達到那個境界，但是我們要有個願，把願提升之後，提高境界再去看問題。這時候不要怕有我、不要怕有情感；換言之，要將自己的 IQ 與 EQ 同時放在一起，中和圓通。所以，寫大眾史學是有溫度的，而不是冷冷的。舉個例子，在臺中有一群婦女朋友，她們是乳癌的患者，成立一個開懷協會，也經常一起活動。有一次剛好有因緣與我認識，我鼓勵她們彼此之間寫歷史，不一定要寫成書。有時候可以用見面的十分鐘，講講自己過去的歷史，與大家分享。就心理學來講，有「敘事治療的效果」；就歷史學來講，就是「大眾史學」。後來她們還邀請我演講；相隔一年之後，她們仍持續在進行這個活動，再見到我的時候，跟我說這是真正有好處在裡面的。所以，大眾史學是有溫度的。

Q2 請問智人的時代大概是在什麼時候？

A2　　智人大概在距今十萬年前出現，第一波是由東非遷移出去（Out of Africa）但這一波的人通通夭折不見了。第二波大概在距今五、六萬年前又從東非遷移外出。今天全球，包括臺灣人、紐西蘭的毛利人等等都是智人的後代。現在對於智人的研究有很多，如以腦容量比較其他的尼安德塔人、北京人、爪哇人等多。智人腦部的皺紋也比較多，腦部的前額葉、杏仁核是在這個時期大量演化而來；發聲腔從原來比較靠近上顎的位置，演化到今天的位置。在智人之前的人類只能發出信號般如哇哇的聲音。智人才有語言，語言使我們的溝通更加精緻。還有當我們拿粉筆、鉛筆、筷子的時候，手指可以對曲，手就更靈巧，各種工具都可以

運用自如。

　　智人在行動上或許不如許多的動物，但厲害的地方在頭腦、語言和手。然而全世界最壞的動物，也是智人。例如一群陌生、不認識彼此的人可以在很短的時間內團結起來，而後攻擊別人。不久，在攻擊別人以後，自己又互相攻擊，這是原始人類本性惡的一面，這種情況並未發生在別的動物身上。智人能將二、三十個陌生又不一定有血緣關係的人集合在一起，共同做一件事。說穿了，就是人類會動用各種形上思維，將一群陌生人、沒有血緣關係的人團結在一起，這就是形上思維的力量。形上思維如果用對了，會是非常美妙的人生；可是如果用錯了，就是苦難的世界。世界上有很多的苦難，也是來自於這一批有劣根性的智人。而學佛正是要將智人比較惡劣的、不正的部分除掉，這就是「金剛除魅」，可以往正的方向走。

　　本文為 2015 年 10 月 25 日「寺院史志與大眾史學發展研討會」專題演講之錄音謄稿，經編輯組整理，講者審閱後刊登。錄於財團法人伽耶山基金會發行，《佛教圖書館館刊（半年刊）：寺院史志與大眾史學》，60 期（嘉義：財團法人伽耶山基金會圖書資訊中心，2015），頁 10-18。

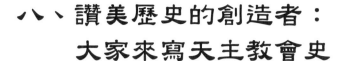

八、讚美歷史的創造者：
大家來寫天主教會史

歷史應該由誰來書寫

這裡有三個相關的小問題，大家不妨先想一想，試著回答：

1. 歷史應該由誰來書寫呢？
2. 歷史應該書寫哪些人呢？
3. 歷史是為誰而書寫的？讀者是哪些人呢？

這幾個問題的答案，一般人可能會說：「歷史不是由專業歷史學者或教授來寫的嗎？」、「歷史一向記載立德、立功、立言的大人物，當然也描寫大奸大惡，讓後世引以為鑑」。到了現代，「歷史則應該書寫事業有成或對社會有特別貢獻的人們。」還有，最後的回答是，「歷史是給學者們閱讀的著作，或者給比較有知識水準的人看的」。

類似這樣的答案自然有其道理的，不能說不正確，因為長期以來人們幾乎都這樣看待歷史的。不過，如果再追問下去：歷史書寫的特性果真如此，許許多多的人不就因此名不見經傳、成為「沒有歷史的人」嗎？而我們也就如同他（她）們一樣，在歷史中頂多只當「邊緣人」或「他者」嗎？

談到這裡有些人可能聳聳肩，低頭無奈，黯然而去。然而大家不妨再想一想，我們是不是也有相同的遭遇呢？天主教在臺灣傳播及開教已有一百多年了。如果以臺中教區來說，教區內最早的羅厝天主堂，位於今日彰化縣埔心鄉內，是在一八七五年開教的。在這段長時間裡，天主教會與臺灣的社會、經濟、教育與文化等其實有許多互動關係，然而打開任何一本臺灣史或教科書，

裡面到底有多少篇幅記載這些活動呢？天主教徒在臺灣史上不也成為「沒有歷史的人」嗎？

以上的提問，並非特地為天主教徒打抱不平，申冤抱怨。歷史記載上下失衡或史觀偏執的現象，其實其來有自，普世皆同，不是一天兩天、短期內形成的。所幸，大約從一九六〇年代以來，國際上比較先進的國家日漸重視由「**民間大眾來書寫歷史**」。例如，美國有些大學推展 "public history"，臺灣不少人積極從事「文史工作」或「社區總體營造」。我個人在西元二〇〇〇年左右，將他們的理念及實務工作統合，稱作「大眾史學」。

「大眾史學」在這個概念，基本上接受現代考古所學、人類學及腦神經科學的知識，肯定現代的老祖宗智人（Homo sapiens）至晚在六萬年前就有「歷史意識」（historical consciousness）了。換句話說，從那時候起，人類雖然還沒有文字，但已經懂得，或者載歌載舞，或者繪製圖像，表達他們自己的往事。另外，許多初期部落社會裡也有以語音「口傳歷史」（oral tradition）。所以，我們提倡「大眾史學」不僅最合乎「人人都有歷史意識」的人性，而且以此理由鼓勵當今人們「大家來寫歷史」，如此可減少歷史記載失衡以及史觀偏軌。在這個前提之下，我們強調「歷史也應該以社會大眾為書寫的對象」，還有「歷史是寫給社會大眾來閱讀的」。

教徒書寫歷史的意義

除了上述三個問題，我們再稍微深入一些追問：「為什麼要書寫歷史呢？或者，書寫歷史有什麼意義呢？」

一般人可能會說，歷史不就是為了記錄過去發生的事情，為了求真，為了鑑往知來，為了掌握時代趨勢！這個答案，毋庸置疑，是正確的，我們可以就此打住，不必再討論了。然而，對於基督的信徒而言，書寫歷史除了這個層次的目的，應該還有另一層次的意義，值得我們深思。

依據《聖經》，天主創造宇宙世界以及人類。當亞當和夏娃違命，偷食禁

果，被迫走出伊甸園的那一刻起，算是歷史的開端。換句話說，天主就是歷史的創造者。談起歷史，人們總要探究事情發生的原因何在、於是乎，政治、經濟、社會、文化等等原因被提出來說明。然而，如果打破砂鍋問到底，原因的原因層層往上推，就不得不涉及形上思維。這個問題說來複雜，而且有些玄思。不過，對教徒來說，天主的旨意（Divine Providence; God's Will）就是歷史的總因，祂影響所及，從〈創世紀〉一直延續到〈默示錄〉「最後的審判」的時候為止。在這一段所謂的「歷史時期」裡，特別值得重視，耶穌基督降臨人世這件史實所蘊含的關鍵性意義。簡單地說，在祂之前（before Christ, B.C.），人間所發生的事情一切都是為了祂的來臨而「準備」。在祂之後（Anno Domini, A.D.），一切所發生的以及至今尚未發生的事情，都按照祂在人間的預言而「實現」。

早期教父們（Church Fathers）所書寫的〈福音〉和教會史，描述耶穌的言行以及早期教會的史實種種。換句話說，是屬於一般人所謂「真相」的層面。然而另方面，教父們也為了闡揚天主的旨意與整部人類的關係，這就關於「形而上意義」的層次。現在我們鼓勵大家來寫天主教會史，並非趕時髦、追求時尚。教徒書寫歷史其實所求是為了回歸早期教父的精神，從書寫歷史中闡揚天主的旨意與人類的關係。

教徒寫教會史的意義，還可以更細膩地分為兩個層次：

首先，就書寫歷史的「書寫」來說。任何歷史作品都必須先蒐集資料、採訪口述歷史，而後經考證真偽，最後才編排寫作完成。這些「勞動」對一般書寫歷史的作者來說，是種動手動腳、勞心勞力的工作。不過，我們想說明一下，對教徒「書寫」歷史來說，應該也可視同信仰的實踐（praxis），為了追隨中世紀聖本篤（St. Benedict, 480-547）的精神。聖本篤在創立本篤會修道院時，樹立的會規中有項是「勞動」（work）。他具體地要求每位會士應該種葡萄、抄經書等等。「勞動」的實質目的不只為了葡萄、抄本，更在於信仰的實踐。依此精神推演，我們鼓勵信徒們大家一起來「書寫」歷史，等於在大家

信仰的「勞動」中，多添一項「實踐」的條目。這項具有現代意義的「勞動」，依照黃清富神父的說法，可稱作「歷史的實踐」。

其次，就書寫歷史最根本的「動機」來說，一切都是為了「讚美」（laudes）天主。教會的成員長期以來時時刻刻無不都在讚美天主的。當然，大家也會在特定時期、特定場合中，以禮儀方式讚美天主。例如，當今全世界大約有五十一萬位神父，近八十萬位修女，六千位主教，以及數不盡的教徒，每天在晨禱中，面對旭日東升，他（她）無不打從內心深處讚美天主。因此，比照同樣的道理，大家來寫天主教會史的「動機」及最高意義也在於讚美天主，因為祂是歷史的創造者。

最後，必須說明的是，現代的教徒書寫的歷史大可不必類似專業史家一定要成就宏觀式的鉅著。我們所要書寫的或口述的，只是些「微觀的教會史」、「教會的小歷史」。內容可以包含「神職人員及教友的貢獻」、「堂區的種種活動和見聞」、「堂區與地方的互動關係」等等。教徒大家一起彰顯這些一向鮮為人知，看來微不足道的小故事和微歷史，在在都是為了讚美歷史的創造者。我們呈現向來不受人注意的歷史，彌補一般史書的不足，除外，我們時時刻刻告訴自己：「每個個體都是直接跟天主有關的。」在大家書寫的歷史中，不必口口聲聲一再提起「天主的旨意」或「神意史觀」，然而教徒的史觀無不在呈現歷史中任何大小的個別事體都來自創造主。西元五世紀聖奧古斯丁（St. Augustine, 354-430）在他的自傳性《懺悔錄》（Confessions）中，曾以謙卑的心態指點這層奧妙的意義：

> 對於那些因天主「聖神」而說話的人，《聖經》上曾明確地說：「說話的不是你們」。

聖奧古斯丁所援引的出處，指的是〈瑪竇福音，10：19〉。

由此歸納，大家來書寫天主教會史的「勞動」，既屬於現代的，也是繼承早期教父的。這項「勞動」的意義，既為了「歷史的實踐」，也為了「讚美天

主」。它所書寫的內容，既是作者的話語，但同時也如同〈福音〉指示的「說話的不是你們」。每位教徒從書寫歷史的過程中，不難體驗歷史除了有世俗的目的，更有非凡的意義。

本文錄於周樑楷主編，《讚美歷史的創造者：大家來寫天主教會史》（臺中：天主教上智基金會，2018），頁 6-12。

第三單元│ 歷史文化評論

把"Miss Liberty"翻譯成「自由女神」，很顯然是不對的……。把"Miss Liberty"由「她」譯為「祂」，問題不在「小姐」與「女神」，而是"Liberty"這個關鍵字……在兩種文化溝通時所發生的謬誤。

前頁圖片來源：
Photo by Reno Laithienne on Unsplash.
插圖：吳怡萱 Wu, Yi-Shiuan (Emma)

一、自由塑像：是小姐，不是女神

自由小姐的現實意義

　　矗立在紐約港口、面對著大西洋的自由塑像（Statue of Liberty），到今年（1986）十月二十八日，正好落成一百週年。屆時美國一定大肆慶祝，臺灣的報刊雜誌也免不了有些應景的文章；甚至不必等到那個時候，今年初開始，電視上早已出現以這尊塑像為餌的商業廣告。在此並不想介紹自由塑像是哪位法國藝術家所設計？高度和重量有多少？法國為何贈送這份厚禮給美國？以及一九七二年何以在塑像的基層成立美國移民博物館（現名為 The Ellis Island National Museum of Immigration）等等。這些資料固然吸引人，並且頗有商業價值；但是，我更關心的是這尊塑像的內在意義。為何名為 "Miss Liberty" 的「自由小姐」，經過了維新變法、辛亥革命、五四運動，和頒行憲法，到今天華人硬要把她高高供起來，尊之為「自由女神」？

　　把 "Miss Liberty" 翻譯成「自由女神」，很顯然是不對的，這個小毛病每個國中生都懂，不值得大作文章。不過，把 "Miss Liberty" 由「她」譯為「祂」，真正的問題不在「小姐」與「女神」，而是在 "Liberty" 這個關鍵字所蘊含的意義。翻譯上的困擾和謬誤，本來是兩種文化相互溝通時經常發生的，例如，以周召「共和」譯 "republic"，以湯武「革命」譯 "revolution"，以西周「封建」譯 "feudalism"，都不是很貼切的。又如，把德文的 "Wissenschaften" 譯成 "science"，"verstehen" 譯成 "understand" 何嘗不是扭曲了原意？可見全世界各文明的接觸雖然越來越頻繁，但是傳統的主導理念仍然有相當大的影響力，彼此的誤解還很難完全釐清，有待不斷地溝通。

　　"Liberty" 這個字，可上溯至拉丁文的 "libertas"。在羅馬時代，「自由」

的確是位女神，且有一般婦女的外貌，及高雅的氣質。西元前五〇九年羅馬人推翻王政，將權力中心轉移到由貴族所組成的元老院（Senate），於是認定「自由女神」是支持憲政體制的。到了西歐中古時代，基督宗教（Christianity）獨占信仰和思想領域，耶穌基督才是唯一真神，所以「自由女神」也隨著眾神淪落為異教（pagan），受排斥而逐漸被遺忘。不過，"liberty" 這個字仍然流傳下來，並轉化而產生新的意義。在西歐中古封建社會裡，領主（lord）和附庸（vassal）之間，原本各有各的權利和義務。當時，「權利」既是 "right" 這個字，也是 "liberty"，二者同義，可以互用。當時的 "liberty" 和 "right" 都不是單純的抽象概念，更不是什麼主義，而是與現實的政治、經濟和社會緊密地相結合。指的是領主和附庸之間有哪些特定的、具體的、為數不只一個以上的「權利」（rights）或「自由」（liberties）。「自由」顯然落實下來，便由「祂」變成了「她」。所以要認識紐約的「自由小姐」，就得先掌握「她」的現實意義，從歷史中來觀察「她」的種種行為。

樂觀奮鬥的自由小姐

通常我們所說的「西方」（West），狹義的應指第四、第五世紀日耳曼民族（Germans）遷徙之後的西歐世界，以及殖民時代以來的北美洲。在第十世紀以前，西方文明仍然相當脆弱，所以對外關係只有挨打受壓制的分。例如，先有東方的羅馬帝國之占領義大利，後有阿拉伯人統治西班牙半島和封鎖地中海，以及北歐人（Normans）在第九世紀之南侵。然而，第十一、十二世紀開始，西方文明的活力日漸增長外射，西方人對自由的爭取奮鬥日益積極樂觀。我們不妨從第十一世紀過渡到十九世紀，一方面省察西方文明的內在張力，一方面說明「自由」的成長歷程。

第十一到十六世紀為西方文明擴張（expansion）的第一個階段。這個時期，西方人對外的關係已由被動轉而主動，由挨打變為外侵，先後有十字軍東征、新航路和新大陸的發現。就文明內部而言，中央政權日漸抬頭，商業復

興、城市紛起、大學普遍設立，文化上從「十二世紀的文藝復興」（the Re-
naissance of the Twelfth Century）蔚然發展到「義大利的文藝復興」（Italian
Renaissance）。這一些史實可以證明，西方文明的活力已如花蕾初綻，而所
謂「自由」或「權利」的奮鬥爭取，正是這種生命展現在現實中的重要課題。
在這段時期，有關「自由」的成長，至少有三點值得舉例為證。

　　首先是國王與貴族間權利的對抗。最著名的代表性例子，一二一五年英國
貴族為了維護既有的封建權利，起而要求約翰王（King John）簽訂《大憲章》
（Magna Carta）。依照這個文件，貴族重申原來所應有的各種「自由」（liber-
ties），雖然後來被拿來當作民主政治象徵性的開端，但是在當時候並沒有引
起驚天動地的意識形態。唯一值得我們留意的是，為了某些具體的「權利」或
「自由」，所流露出來那股對立精神。《大憲章》之後，十三到十四世紀之間，
英國國王又陸陸續續簽署了大約三十份類似的文獻。所謂「自由」，就這樣在
現實中很具體的，斤斤計較之下，一個一個產生出來的，當時的英國人其實並
不比別人高貴或有理想。

　　其次，當城市興起，商人或以金錢，或以武裝行為取得自治權。他們依爭
取而來的特許狀（charter）推舉市長，組織自治政府和議會，甚至自鑄錢幣。
由此可見近代西方是以城市為據點，用錢（wealth）、拳（strength）和權
（power）為軸心，交互運作出來的。這三個中文字的發音很接近，其實它們
的關係也是連鎖在一起的。

　　第三，到了文藝復興時代，西方人的人本主義（humanism）更加突顯。
他們雖然並不否認神的存在，但是卻要在世俗的層次中，肯定自我利益
（self-interest）。就個人自我利益的爭取而言，或者就西方文明的擴張而言，
看起來似乎是不相干的兩回事，其實正是同一股內在張力的具體化。近代非西
方世界之不斷受西方國家侵略，便是其張力放射而少有抗衡力量的結果。從十
字軍東征以來，西方國家彼此的戰爭也是這股張力相互衝撞的火花。同時，西
方個人為了追求自我利益，引起摩擦，為了在對立中謀求和諧，於是才有妥協

（compromise）、訂立契約（contract）、聚集開會（conference, Congress）等等行為。這些以 "con"、"com" 為首的英文字，都有「共同」、「相互」的含意，但也有某種程度肯定個體的獨立性。

　　西方文明的擴張以及「自由」的成長所共有的這股張力，仍然支配著第十七到十八世紀的西方文明。在這個時期中，北大西洋的國家取代了地中海的義大利，進而對外擴張，發展成全球性的殖民運動。商業活動因而也比前一個階段更加更加繁榮，並且以國家的力量為後盾，推展重商主義（mercantilism）的經濟政策，另外學術思想上，先有科學革命（Scientific Revolution），繼而有啟蒙運動（Enlightenment）。因此這個階段的西方人，對自己、對人類更加的充滿著自信心。試以培根（Francis Bacon）和笛卡兒（René Descartes）為例，他們一個說「知識就是力量」，一個說「我思故我在」的時候，我們可以暫時不必分析他們的理由，然而卻可直覺地感受到他們內在旺盛的生命力，和高昂的奮鬥精神。同樣地，這個時期的英國仕紳（gentry），多半也兼有商人的身分，以及秉持清教徒（Puritans）的信仰，為了經濟和宗教上的權利或自由，長時期不斷與國王對抗，先後釀成內戰、查理一世（Charles I）上斷頭臺和光榮革命（Glorious Revolution）。尤其值得注意的是，一六八九同一年之中，英國國會提出《權利法案》（*Bill of Rights*），洛克（Locke）發表《論政府》（*Two Treatises of Government*）。在前一項文件裡，正式的英文名稱是 "An Act Declaring the Rights and Liberties of the Subject and Settling the Succession of the Crown"，可見其「自由」還是多數的，一項一項很具體地被提出來的。就洛克而言，他所謂的「自由」有時也還是依照傳統，指特定具體的某項「自由」。不過，這位追隨自然法則（natural laws）的思想家，此時更進一步將「自由」普遍化和抽象化。他認為人是生而自由就如同人是生而具有理性一樣。「自由」從此又多了一項通稱的用法。所以他被尊為自由主義（liberalism）的大師並不是沒有道理的。

從一七六〇年到一八九〇年，西方文明的擴張因工業革命而邁向第三個階段。英國因一七六三年七年戰爭的勝利，變成海上唯一強權，加上強勢的工業生產力幾乎無往不利。因此這個時候自我利益更被肯定，並且以此為理論基礎，亞當史密斯（Adam Smith）在一七七六年獻出自由放任（Laissez faire）的經濟政策。政治上，一八三二年以來幾次改革法案（Reform Bill）的通過，更是英國自由發展史上最值得一提的。此時歐陸各國也相繼工業化，步英國之後塵，走向新帝國主義（new imperialism），進行對外的擴張。對內而言，歐陸各國也相繼爆發大小不一的革命事件和自由改革運動。這些實例一一都可以反映西方文明的擴張和自由的爭取所蘊含的那股強勁張力。一八三一年法國畫家德拉夸（Eugéne Delacroix）為了歌頌七月革命地繪製了一幅「自由領導民眾」（Liberty Guiding the People），圖中那位袒胸露乳、勇往直前的就是「自由小姐」。在此我們不妨配合歷史背景，稱呼這個時候的「她」是樂觀奮鬥中的「自由小姐」。

到了十九世紀下半葉，「自由小姐」有了更高的成就。當時社會達爾文主義（social Darwinism）、科學主義（scientism）和實證主義（positivism）如日之中天。前者所表現的是對強者的堅實肯定，卻又具有侵略性的。後兩者則反映人類的樂觀自信，完全自滿於治學可以達到價值中立（value-free）的理想。這個時候以中產階級為主的西方人士，幾乎都成為完全獨立的個體。這種獨立，所指的不僅是人對神的否定，人與神之間的對立，同時也是個人與個人之間的對立。那時昂首獨立的西方人，是非常樂觀的，迷戀科學，而且相信進步史觀。所以一八八六年在紐約港口矗立起來的「自由小姐」，她的姿勢流露出一股勝利、滿足和自信。從德拉夸所繪的「自由小姐」到紐約港口中的「自由小姐」，從動態轉為靜態，正是自由已被爭取到手的象徵。當西方文明達到最高峰的階段，也是「自由小姐」最得意的時候。

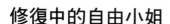

修復中的自由小姐

自一八九〇年以來，西方文明似乎面臨前所未有的種種困境。先是十九世紀以來歐美各地經濟蕭條，導致社會混亂不安，接著是第一次世界大戰正式爆發，而後，又是史無前例的一九二九年經濟大恐慌，第二次世界大戰，以及石油危機等等。在這一連串的災難之下，終於有人悲觀地認為西方文明已經沒落，或者最起碼也相信「危機時代」已來臨了。嚴謹地說，所謂危機並不是指西方文明已失去生機，相反地，歐美仍然是世界上的強國，自由民主政治仍然繼續推廣到中下層社會以及婦女。在這段「危機時代」中，西方文明確實曾經出現萬惡的法西斯主義（fascism），也曾幾度激起經濟上的保護主義（protectionism）。這幾年因經濟不景氣，謀職困難，美國的報紙上曾經有人畫卡通：畫中「自由小姐」雙眉深鎖，面對著港口滿載移民的船隻，右手不再高舉火把，而是搖手表示拒絕外來客。不過，前兩年，美國政府為了迎接「自由小姐」百年生日，特地搭起鷹架，重新整修一番。這一幅景象應該不僅只為了修復塑像外型的斑駁和裂縫，更應該提醒西方人重建新時代的自由精神。

隨著第十一、十二世紀以來西方文明的擴張，「自由」也不斷成長。「自由」果真以「小姐」為具象，那麼「她」表現出來的是，在現實中樂觀奮鬥的精神。由於這股活力，西方的各種制度和文化思想，確實曾經開放出許多美麗的花朵。然而，這股力量畢竟以自我利益為泉源，所以它的放射，也曾造成「自由」的曲折和歧出。例如，清教徒本來為了逃避英王的迫害，前往美洲追尋自由的天地，不過，他們對印第安人的殘殺，基本上是自我利益過分膨脹的結果。又如，法國大革命本來也是為了自由、平等和博愛的理想，可惜後來卻偏失為戰爭、流血和恐怖政策。「自由小姐」是那麼美麗自滿的高立著，當然我們應該欣賞「她」、讚美「她」的奮鬥精神。不過，更應該知道，「她」是很現實的，以自我利益為本的。以這樣的生命張力處世，不免會傷害不同的利益階層、不同的國家和文化。西方人應該在肯定自我之餘，更應該提升「自

由」的生命意識，欣賞其他生命的價值。西方人懂得在現實各種體制內為各種「自由」、「權利」而奮鬥，但也應該學習如何使精神生命裡臻達「逍遙自在」的境界。目前正在修復中的「自由小姐」是否有意會通這兩種不同的、但並不相互矛盾的生命？

把「自由」落實到近代西方文明之後，我們發現："Miss Liberty" 的 "Miss" 並非「女神」。而且 "Liberty" 既不是「神授」，也不同於傳統中文裡所謂的「自由自在」。我們希望 "Miss Liberty" 永遠都是「小姐」，也期盼修復後的「她」，一方面忙忙碌碌，為「自由」樂觀奮鬥，另方面也深知「逍遙自在」，欣賞各種生命的情調與意義。

本文原刊於《當代》，3 期（1986.07），頁 73-77。

二、臺灣金字塔

　　臺中有座建築物，外型模仿埃及的金字塔，而且也配有人面獅身像。由於造型特殊以及顏色亮麗眩目，路人即使步履忙碌緊湊，也都不免側目注視，嘆為觀止一番。

　　這座金字塔當然不是古埃及法老的陵寢。因為那象徵絕對權威及來世信仰的社會文化，已經一去不復返，臺灣不可能出現這類東西。那麼這棟建築物也許會是博物館吧？紐約大都會博物館和倫敦大英博物館內都珍藏豐富的埃及文物。臺灣可不可能也把整座神廟遷移過來嗎？要不然或像法國羅浮宮博物館的中庭，貝聿銘不也設計了一座玻璃金字塔在博物館入口處？以臺灣目前經濟繁榮的狀況，有同步世界的文化建築物，論財力應該毫無困難。不過，仔細一看，臺中文化城裡的這座金字塔只是一家餐廳，供人飲酒划拳的場所。

　　臺灣自古代以來一直不斷吸納外來的文化；這個島上本來就不是單一的、封閉的社會。從古代遺物可以證明臺灣原住民的文化也是多元性的，兼受南方海島與中國大陸的影響。從荷蘭占領及鄭氏統治時代起，臺灣的發展更是可以放在近代的世界體系中來思考。臺灣繼續維持其開放的社會，廣納外來的文化，是歷史傳承所指引的必然趨勢。

　　不過，在吸收外來文化的過程中，應該有所選擇。要不然，至少在雜食、囫圇吞棗之餘，也要有消化和排泄的能力，這樣才能永保文化的健康。文藝復興時代的西方社會，庸俗和淺薄的流行風氣到處橫行，從某個角度而言，也是一個混濁的亂世。好在當時的人文學者能在一片崇古、事事效仿古典文明的狂熱中，不僅提升端正時代的價值導向，而且為日後留下令人讚賞不已的文化遺產。現階段的臺灣如果有意媲美文藝復興時代的西方，在文化上也能綻放一些奇葩，則端視時人是否能隨著社會變遷重塑一套價值觀和文化取向。

臺中的金字塔反映了當今臺灣居民的廣闊視野。四千多年前遠在尼羅河畔的古建築，對臺灣居民已不再陌生。近些年來由於傳播媒體的大量報導，甚至於「小耳朵」和「中耳朵」林立在各地的天空線上，臺灣居民對世界各地的文物風光更是眼熟。臺中的金字塔也反映了臺灣居民一向接納外來文化的勇氣和活力，使得這裡看起來日新月異，充滿生機。

然而，臺中金字塔卻也反映了現今臺灣到處充斥的拜金主義。本來由巨石所砌成的 pyramid，中譯為金字塔，是指外型類似中文的「金」字。然而褐黃的石塊，其顏色與閃爍的黃金是何其接近！巨石的厚重質感也讓人覺得與黃金同樣的有分量；再加上埃及金字塔內的壁畫和陪葬品的確有不少的金器。

於是，金字塔就這樣被臺灣居民轉化而成為「金子」塔。拜金主義非常神奇地將帝王陵寢變質為銷金迷魂的場所。沒有絕對權威就不可能有金字塔；沒有拜金主義也就不可能有臺中的「金子」塔。拜金主義是現階段臺灣歷史文化中的一項特色，由此可得一證。

本文原刊於《當代》，72 期（1992.04），頁 104-107。

三、歷史數字的現實意識

臺灣的選舉，不管喜不喜歡，受不受得了，正像臺灣文化的特色一樣，是碗用粗陶盛的雜菜麵，而且是越來越有料。今年的省長選舉，是有史以來的第「一」次，歷史數字自然而然成為文宣上的主要配料。例如：

陳定南的文宣旗幟寫著：「四百年來第一戰，要將臺灣變青天。」

李登輝在一次公共聚會中講話，電視螢幕中所呈現的畫面，他先說：「這是四百年……」緊接著他搖搖頭，改口宣稱：「這是五千年來第一次的民主選舉。」

宋楚瑜製作的大型廣告，張貼在臺汽公司國光號和中興號的車身，順著高速公路，南來北往，不斷穿梭，上面書寫著：「勤政走遍三〇九，廉能邁向兩千年。」

將上面的數字並列在一起，不免令人莞爾。陳定南與部分民進黨人回顧臺灣的過去時，很明顯地只是以漢人族群為主體，計算漢人開拓墾殖臺灣的四百年，至於四百年前原住民的社會和文化活動似乎完全給遺忘了。更重要的是，這四百年來的歷史軌跡，其線型主軸雖然不是孤立的，但某種程度卻是相當自主的。這種數字所蘊含的本質，自然國民黨官方難以照單全收。

李登輝的反駁，在口誤之後，立刻理直氣壯地修正為五千年，很容易讓人們的腦海裡浮現出黃帝的圖像。還好，對李登輝而言，認同五千年這個數字時，只要謹慎一點，不要舌頭打結就可以了。

至於宋楚瑜顯然就費心多了。他不僅以閩南語或客家話到處演說，「造形」且造勢，而且還盡量避免談起個人及臺灣島嶼的過去，因為對他而言，說四百年或五千年好像都有得有失，是件苦差事。好在國民黨的文宣也有佳作，首先

以空間思維標榜宋楚瑜在省主席任內足跡走遍了臺灣所有的鄉鎮，接著索性不回顧過去，改以「兩千年」這個時間符號引導人們往前看，企圖為選民勾勒一幅美好的未來。不過，對於那些慣以科幻思維的選民來說，「二〇〇〇」是否接得上「廉能」呢？還是讓人聯想到科幻電影《二〇〇一年太空漫遊》結局中令人迷惘的畫面？這可能是文宣設計始料未及的。

計算歷史年代的數字，看起來應是最客觀不過了，然而實際上卻又是那麼的主觀。難怪法國思想家阿宏（Raymond Aron）在《政治與歷史》（*Politics and History*）中強調：「政治思想基本上就不清純，是曖昧而含糊的。一旦自稱是科學時，早已有教化的意味了。同樣地，當它仍以為準確正規時，其實早已受到現實種種的影響了。」簡單地說，阿宏所要指出的是：政治思想和歷史觀點都具有濃厚的現實意識，而且彼此相互為用。以下不妨再舉例佐證。

這一次省長選舉活動的時間，不知是有意安排，還是巧合，正逢十一月二十四日國民黨建黨一百週年。國民黨為了突顯這一有歷史意義的時刻，專程到檀香山「割火」，從革命聖地請來「薪火」，並由主席李登輝將「祂」交給各地的代表，分傳到世界各地。這種類似宗教的儀式，與其說是中國的，不如說是世界性的，因為古代希臘和羅馬人也在廳堂上祭拜他們家族的「聖火」，藉此象徵世代相傳的連續性和正統性。國民黨這一連串的黨慶薪火活動，新黨人士看在眼裡，卻不服在心裡。根據報載：部分新黨群眾大罵國民黨只有兩歲，並稱新黨才是百年國民黨的正統。從這裡，百歲對抗兩歲，國民黨與新黨之間展開了另一場數字上的論戰。是歷史呢？還是現實呢？

歷史數字被選舉文宣利用，除了增添一點茶餘飯後的話題之外，本來就不必大驚小怪的。

其實歷史事實（historical facts）一直為人所用，而且是自助式的，隨君挑選，任君取用。在電視廣告上，有一則故事描述三國時代的張飛原本娘娘腔，絲毫沒有威武的氣概，後來因為喝了屬下獻上來的「OO烏龍茶」，立刻

恢復了粗獷的男兒本色。另有一則廣告，描述武大郎改行賣起老虎肉，潘金蓮原本認為他們夫妻只賣而不殺，對武大郎的慌張不以為然，結果兩人終究遭到官府的捉拿，因為他們違反了保護野生動物的法令。

上述兩則廣告，一個是商業性的，一個是公益性的。然而就歷史的功用而言，和這次省長選舉所使用的歷史數字本質上並沒有差別，都屬於「歷史文化」中的現象。

所謂「歷史文化」（historical culture）的含義，一向非常籠統，缺乏明確的定義。在這裡我想嘗試給個界定：

> 「歷史文化」指文化現象中特別與歷史人物、事件、數字、情境以及歷史觀點有關者。歷史文化的「作者」，可能是菁英分子，也可能是普通的老百姓。至於他們的思想觀點，可能來自有意識的論述，但也可能是無意識的自然流露。更重要的是，「歷史文化」經常被利用，且與現實產生辯證的關係。尤其在日常生活中，「歷史文化」藉由各種符號與媒體，例如文字、圖像、口語、聲音、實物、影視而表述出來。

「歷史文化」的表述，大致而言有兩種方式。第一種是：「作者」企圖告訴閱聽者，他（她）所敘述的歷史現象都是真實的、正典的。例如，這次選舉期間三個政黨所提出的種種歷史數字即是。又如，清末康有為等人的「託古改制」，以及中共拿手的技倆「古為今用」，都屬於這一種方式。第二種是，「作者」並無意告訴閱聽者他（她）所提起的歷史是真是假，除非後者自己缺乏判斷力，信以為真。大部分的閱聽者對於這種虛實相混的「歷史文化」，不僅毫無責怪之辭，甚至還報之以善意的一笑。例如，本文上述的張飛喝烏龍茶和武大郎賣虎肉，兩則電視廣告，多少還會達到預定的效益。

臺灣的選舉不僅次數頻繁，而且各種文宣無遠弗屆，一般百姓想必日漸認清箇中的虛虛實實。所以，日後各種的文宣工作何妨拋棄那些沉悶的、嚴肅

的、生硬的「真實性」歷史文化，多用一些幽默、詼諧、活潑的「虛構性」歷史文化，好讓我們的「雜菜麵」更有料，湯頭也更有味。歷史數字儘管拿來把玩吧！大大方方的，反正群眾遲早都會變得耳聰目明，認清其中的現實意識。

本文原刊於《當代》，104 期（1994.12），頁 122-125。

四、燒餅歌變奏曲

　　就跟往年一樣，每到這個時候牆上總要換個月曆，汰舊迎新。雖然說難免有幾分「逝者如斯」的感觸，但是想到「一元復始，萬象更新」，又令人興奮充滿朝氣。這種似乎矛盾而又複雜的心境，如果賣弄一點學術的口吻來說，「逝者如斯」是種線性史觀，隱喻時間和歷史好比流水般，一去不復返。而「一元復始，萬象更新」是種循環史觀，說明生生不息，萬物終始的道理。這兩種史觀與其判定孰是孰非，不如說純屬於時間意識和歷史意識的心境，既是客觀的，也是主觀的，完全超越理智和感情的二分法。

　　由於是心境問題，所以只能談格調的高低。至於線性和循環的如何取捨交融？是敲打的還是交響的？就憑個人的生命意識了。

　　不過，又跟以往不相同。今年換月曆的時候還特別想起有個閏八月，想起有本書居然讓臺灣民眾驚惶不已，雞飛狗跳。我之所以知道這本書，是來家中修理房子的水泥匠推介的。當時他說話的態度非常真誠肯定，一點也不容置疑，好像他和我因為結了善緣，才肯特地指點我一下。同時，他也透露已經辦妥一切手續，等做完我家中的工作，就準備移民定居貝里斯去了。對於他的言談和決定，我一直靜靜地聽，只想瞭解，絲毫沒有辯駁或勸阻的意思。等喝完一泡茶以後，彼此又各自做自己的事。然而，經由他這麼一說，我開始注意到這本書果然越來越暢銷，大家談論紛紛，甚至也成為立法院的國事議題。

　　《一九九五閏八月》的內容很有意思。自序以及四篇正文，看起來好像「知識性」的，高談闊論中國的歷史和當今臺海的戰局。附錄中有篇〈歷史的預言與徵兆〉，引唐朝李淳風《推背圖》中的第四十象，並且加以解讀。這種結構好比時人嗜談星座一樣，還要配合血型，玄秘中混點科學，傳統來些現

代。又好比電腦算命一樣，嶄新的硬體，配備紫微斗數的軟體。臺灣的社會和文化永遠讓人難以定位，只有書呆子才會硬套西方的概念，指說當今的臺灣屬於前現代、現代，還是後現代？

單就知識性的層面，《一九九五閏八月》根本缺乏嚴謹詳實的分析，全盤的論述終究依賴「分與合」的宿命觀。凡是懂得一點歷史思維的人都知道，任何歷史決定論的命題都經不起批判的。然而，幾十年來臺灣一向有數不盡高唱「共匪必敗、反共必成」的人，現在時局雖然改變了，但是拿起筆桿來，思考邏輯仍然那麼僵硬呆滯。不過，如果是說這位大發利市的作者愚鈍無知也不見得，因為他深諳大多數民眾曾經接受過「莒光日」的教育，提供人們怎樣的文宣書籍最能發揮政治作戰的效益。這也是為什麼最近幾年來，各種傳記和回憶錄，不管「有愧」還是「無愧」，大量出籠的原因。說穿了，這些都是能賣錢的文宣。其實同樣屬於政治文宣也有上乘之作，古代羅馬共和國末期，凱撒（Julius Caesar）曾經寫過《高盧戰記》（*Commentaries on the Gallic War*），由於內容詳實，立論不失公正，直到今天仍然視之為不朽的史學名著。臺灣專業的文宣作者不妨參考一下，以便在政治作戰之餘也可以提升本地的文化水準，一舉兩得。

根據《一九九五閏八月》附錄部分的說法：有些「神秘主義派的基督教會，認為一九九五年臺灣會發生變天的大難。而剛巧的是，一九九五年是本世紀最後一次閏八月的年代，這是中國民間非常奇特的時間直覺，自清朝以來，每逢農曆閏八月的年代，中國發生重大的變天機率極大……」上述這種論調，是標準的洋迷信和土迷信的混血。西方社會，從猶太與基督教這個文化脈絡下來，一直有「世界末日」及「千禧年」（Millennium）的說法，多少人基於信仰，期待著這一時刻的來臨；但是也一直有人以先知的模樣，預言上主的安排。從西洋史上，我們不難發現有許多大大小小的禍害和戰亂，都因執迷這個信念而起。一百多年前，中國也因洪秀全曾經將這種思想「中國化」，結果釀成了近代史上的一次大災難。如今沒想到有人也如法炮製，把這種思想「臺灣

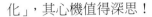

化」，其心機值得深思！

《推背圖》的讖文和一般的讖緯大同小異，都是文字簡略，模稜兩可，只要心意虔誠，任憑解讀，便能自圓其說。《一九九五閏八月》根據《推背圖》的第四十象，預言臺灣的法統只能有四位領袖，包括蔣中正、嚴家淦、蔣經國和李登輝，而臺灣最後的結局是「獸活禽死的淒慘大亂」。換言之，臺灣即將被中共所統一。可是有趣的是，在報紙上也有某某居士，根據《推背圖》的第四十二、四十三和四十四象，預言臺灣走上主權獨立之路以及中國必將分裂。這真是以其人之道反制其人！《推背圖》居然堂堂皇皇捲入統獨論戰，誰能不讚歎臺灣文化現象的奇特和荒謬？

《一九九五閏八月》之所以風行暢銷，徹底反映了臺灣人文教育的貧瘠和困窘。大多數人既欠缺理性判斷的能力，卻又濫用歷史的思維，談論個人的吉凶或國家的興旺。居上位者，時常為了個人的功名利祿，搬桌椅，敲門窗。大學教授在辦公室內配寶劍、懸八卦的，大有人在。上行而下效，這也難怪大眾喜歡觀看電視節目《劉伯溫傳奇》，相信《劉伯溫燒餅歌》。所以，一旦面臨重大的變故，幾乎都無法訴之理性的思考，最後還得以來種種非理性的方式，好比以毒攻毒。

記得一九七一年中華民國退出聯合國之前，臺灣到處掛布條，貼海報，上面書寫的是具有符咒意味的標語：「莊敬自強，處變不驚」。這就如同走夜路經過亂葬崗一樣，口中不由得直唸「阿彌陀佛」。這次為了反駁《一九九五閏八月》，依理推論，上述某某居士在報上的那篇文章，絕對比任何學者的作品更具效用。還有，從日本來臺的八位舞者 "Tokyo D"，最近也針對這本書所導致的危機感，為臺灣大眾寫了一首英文歌，聽說歌詞中有句「我祈求人們愛這個國家，正如愛自己一樣：臺灣」。這可真是謝天謝地，阿彌陀佛了！所有臺灣學者的文章，一定都不如這幾位東洋年輕人，可達壓驚的效果，看樣子他們最有資格贏得一座金曲獎。

　　幾十年來的集權社會結構，導致人們一元論式的思維方式，幾乎個個成為馬庫色（Herbert Marcuse）所說的「單面向的人」（One-Dimensional Man）。如今權威統治雖然鬆動，可是大眾迷信盲從慣了，既談不上理性批判和人文思維，更遑論對事件和歷史意識具有較高的心境和涵義。這種文化環境如果遲遲未改善，不用說一本書，日後只要有人再吹起任何燒餅歌變奏曲，一定又到處群魔亂舞。

本文原刊於《當代》，106 期（1995.02），頁 70-73。

五、建立在歷史意識音符上的國家：「我的祖國」捷克

1

　　從逐漸減緩的速度，可以感覺火車已快抵達車站了。窗外一片晨霧，朦朧中每棟建築的輪廓似乎十分典雅別緻。心想這裡應該就是布拉格了吧！

　　正要張目尋找獨特標誌，以便確認真的來到了這個城市的那一刻，月臺上的擴音機傳來一段悅耳的旋律，那正是史麥塔納（Bedřich Smetana, 1824-1884）所創作的交響詩《我的祖國》（My Country）裡第二樂章中的部分。聽到這段熟悉的旋律，讓人心喜的，不只是長途夜車旅行的目的地終於抵達，而且發覺音樂可以取代語言和文字傳達各種訊息。臺灣的火車每當抵達臺北、臺中等城市時，如果月臺上也能傳來一段象徵性的音樂，該多美多妙！然而，要實現這點小小的理想，大前提是那首曲子不僅應具有地方性的意義，更需要普及國際的知名度，否則外國觀光客就無所適從了。憑著這一點，我敢肯定捷克絕對是個比臺灣更有文化的國家，尤其他們的國民，數百年來，一直伴隨著含有歷史意識的音符成長。

2

　　「捷克」是個民族的名稱，廣義地講，捷克人屬於斯拉夫民族的一支，大約在西元第六世紀的時候，開始從東往西逐漸遷徙。到了西元八百多年，他們來到今天的波西米亞（Bohemia），也就是中歐這個地區。當捷克人來到了波西米亞開始接觸到日耳曼人，同時開始接受拉丁世界及其文化。所以說，捷克人是居住在最西邊的南斯拉夫民族，也是最西化的斯拉夫人。

　　到了西元九世紀末，捷克人首度建立自己的邦國。當時的歐洲正盛行封建社會，各地貴族紛紛建立封建的邦國，沒有所謂的統一的國家。捷克人所建立的波西米亞王朝，到了西元一二一二年的時候，正式成為神聖羅馬帝國（Holy Roman Empire）的一部分。神聖羅馬帝國於西元九六二年正式建立，首任的皇帝奧圖一世（Otto I, 936-973）並沒有很高的權威，只不過維持一個表面上的帝國組織而已。再說，當時神聖羅馬帝國也沒有固定的首都；換句話說，帝國內部的各邦國還擁有各自的主權。西元一二一二年，波西米亞正式成為王國，而且參與神聖羅馬帝國的體系，這表示波西米亞在歐洲的政治上，已經具有舉足輕重的地位。

　　不過到了一三〇六年，也就是十四世紀初的時候，原來波西米亞王國的世系中斷，改由王嗣的女兒一系來繼承。這個世系於一三一〇年由西歐盧森堡的約翰（John）正式即位，捷克在政治、宗教、經濟和文化方面的力量不斷提升，進入歐洲舞臺的核心。譬如一三四四年，布拉格的主教正式升格為大主教，這件事象徵布拉格在宗教上已經取得更高的位置。另外，一三四六年的時候，波西米亞王國的統治者查理四世（Charles IV）正式稱為「羅馬王」（King of Rome）。換句話說，捷克的統治者不再是「伯爵」或「公爵」，而是改為襲用「王」的稱號。一三五五年時查理四世膺選為神聖羅馬帝國的皇帝，連帶的，布拉格也正式成為帝國的首都。可見布拉格在十四世紀中葉的時候，儼然成為中歐地區政治上的中心點。

　　凡是有機會到布拉格旅行，走到市中心時一定會穿越有名的卡爾橋（Karlův most, 或稱查理橋）。這座橋是為了紀念查理四世而命名的，而四周的美景，更可以反應當時布拉格在文化及經濟上的地位。成立於一三四八年的布拉格大學就在離查理橋不遠的地方，是當時中歐地區首屈一指的最高學府。

　　布拉格以及波西米亞不僅政治上有其重要性，而且在歐洲思想史上也不容忽略。例如胡斯（Jan Hus, 英文名為 John Huss, 1372-1415），是捷克著名的宗教改革家。他畢業於布拉格大學，後來也成為該校的教授和布拉格的神職人

員。十五世紀初,由於羅馬教會長期的分裂和教會內部種種腐敗的現象,引起歐洲各地的改革浪潮。英國方面有位著名的宗教改革家,威克里夫(John Wycliffe, 1320-1384)在大學提倡改革宗教思想,其中包括宗教儀式的革新。胡斯曾經到過英格蘭,深深受到威克里夫的影響。當胡斯返回波西米亞以後,一方面建設改革宗教的儀式;一方面也提倡新的思想觀念。其中值得注意的是,胡斯改用捷克語講道,而不再使用拉丁語。但是卻也因此引起羅馬教皇的不滿,遂決意迫害胡斯的教會。

西元一四一五年七月六日,胡斯終被處火刑而死,這是歷史上非常有名的殉教事件。雖然胡斯結束了個人的生命,可是這卻不代表捷克人反抗羅馬教皇及推展宗教改革的終止。在一四一九年到一四三六年之間,捷克地區以胡斯的門徒為主,發動了一連串反抗教皇以及政府的戰爭,歷史上稱之為「胡斯革命運動」。

在這一連串的戰爭之中,胡斯的門徒大致可以分為三個派別。第一類是所謂的「溫和派」,由當時的貴族以及大學裡的知識分子所組成的;第二類是屬於「中間派」,大半屬於布拉格的居民,是波西米亞地區的中產階級,走的是中間的路線;第三類屬於「激進派」大部分是波西米亞東部地區的農民,採行的是較為激進的主張。不過隨著戰事的進行,「溫和派」和「中間派」逐漸採行妥協的路線,甚至向教皇以及政府投降。剩下的「激進派」雖然節節敗退,但是在推入波西米亞的森林地區之後,已然展開游擊戰。在交響詩《我的祖國》當中,就有一段是當時波西米亞游擊隊行軍時所唱的軍歌。

觀光客造訪布拉格時,除了在查理橋徘徊之外,往往也到胡斯廣場(即所謂的舊城廣場 Staroměstskě náměstí)一遊,因為這是布拉格最有名的廣場。廣場周圍有許多著名的建築,廣場的中央,便豎立著胡斯的塑像。

捷克自從十五世紀以來,在中歐政治、社會、宗教的影響力上逐漸地提高,不過各種外國的勢力卻也因此而逐漸進入波西米亞地區,尤其是日耳曼人的勢力及其文化此時已經頗具影響力了。另外,也由於波西米亞在中歐的重要

性，經常成為各家必爭之地，譬如，從一六一八年到一六四八年，歐洲史上發生三十年宗教戰爭。這個戰爭是因為宗教原因而引起的，不過到了後期，宗教的因素逐漸淡化，各個參戰地區轉而重視經濟的因素以及本國的利益。換句話說，三十年宗教戰爭也象徵了宗教激情的結束。從一六四八年以後，歐洲逐漸走向現代化的民族國家（nation-state）。然而，值得注意的是，這場戰爭爆發的地點就在布拉格。由此可見，布拉格在當時歐洲的重要性。

3

十九世紀初期，拿破崙不僅在法國建立了自己的地位，同時還以象徵「自由、平等、博愛」精神的藍、白、紅三色旗，向歐洲各地擴充勢力。拿破崙本來藉著國家主義的觀念，鼓舞法國的軍隊向外發展。可是隨著法國勢力的擴張，無形之中卻也將國家主義的觀念散播到歐洲各地。一八一二年法國自俄國戰敗，到一八一五年，拿破崙的勢力正式結束，歐洲又進入嶄新的時期。

從十九世紀以來，歐洲各地普遍興起國家主義。在一片國家主義的聲浪中，配合著當時的經濟、社會的變遷，於一八四八年時，各地又爆發一連串的革命事件。像義大利各城邦、西班牙、法國、日耳曼地區，都有革命事件發生，同年在波西米亞也爆發了革命。不過，當一八四九年時由於歐洲各地再度興起保守勢力，革命勢力就保守勢力的強大武力一一地鎮壓下來，波西米亞的革命也因此而消平。

不過，從一八四九年以後，波西米亞的工商業逐漸發達起來，工業革命以來的各種生產機器也引進波西米亞地區。由於工業的產生，導致了社會的變遷，於是出現很多新興的中產階級。而社會的變遷也影響到政治的變化與政黨的組織，在十九世紀的七〇年代，捷克有兩個主要的政黨，一派是比較保守的「老捷克黨」，另一個是比較自由派的「青年捷克黨」，彼此互相對抗。這個時候的普魯士（Prussia）也在國家主義的驅迫之下，想要統一建國。普魯士由俾斯麥（Otto von Bismack）所領導，發動一連串的戰爭。一八六六年，普奧

戰爭正式爆發，布拉格的北邊就是柏林（代表著普魯士的勢力）。當普奧戰爭的時候，波西米亞成為普魯士攻打奧國的必經之地，慘遭戰爭之苦。普魯士戰勝奧國，向統一之路邁進一大步，同時也代表奧國勢力的衰退。奧國於一八六七年和其境內的匈牙利人取得妥協，訂立《奧匈協定》，改稱為「匈奧帝國」。然而同為奧國境內的成員，匈牙利人已獲得高度的自治權，捷克人卻未獲得他們理想中的權利。

　　一九一四年爆發第一次世界大戰，大戰結束於一九一八年，而奧匈帝國也隨著戰敗而瓦解。所以同年的一月二十八日，捷克人終於正式地獨立；這個新興的獨立國家，正式的全名「捷克斯洛伐克共和國」。不過到一九三九年三月間，納粹德國的軍隊又占領了捷克地區，捷克再度失去獨立的地位。

　　一九四五年，納粹德國終於戰敗。當年的五月九日，蘇聯的坦克車轟隆隆地開入布拉格。表面上看起來，捷克似乎因為趕走納粹德國的勢力而再度獲得獨立的地位。然而，一九四六年再度成立的捷克斯洛伐克共和國，卻淪為蘇聯所控制的附庸國。換句話說，捷克和匈牙利等國家一起給關進「鐵幕」之內。到了一九四八年二月二十五日，捷克的共產黨發動政變，正式奪取政權，而後淪為赤化的國家，人民失去了自由。

　　極權國家內部時常出現反抗當權的運動。一九五六年，匈牙利曾經發生革命，可惜蘇聯以坦克車鎮壓而告失敗。另外在一九六八年的一月到八月之間，布拉格也發生革命事件。這一次的革命轟動全世界，就是著名的「布拉格之春」（Prague Spring）。雖然又一次失敗，但確實象徵著捷克人民爭取自由的心願。到了一九八九年，蘇聯的強大勢力開始瓦解，失去了掌權東歐及中歐的能力。所以在一九八九年十二月二十九日，捷克斯洛伐克共和國又正式成立。所謂的「捷克斯洛伐克共和國」，其實是由兩大族群所組合而成的，一個是捷克，而另一個是斯洛伐克。這兩個族群的種族、文化及生活習俗不太相同，經過協商，在一九九三年時由公民投票所決定正式分治，於是有今天的「捷克共和國」和「斯洛伐克共和國」兩個國家。

4

　　十九世紀時史麥塔納所創作的交響詩《我的祖國》，洋溢著近百年來捷克人的歷史意識和國家意識。「歷史意識」（historical consciousness）這個名詞，在中文裡好像仍然沒有很明確的定義。簡單地說，所謂的「歷史意識」，最基本的定義，就是指「人們意識到過去和現在的關係」。而所謂「意識」是種心理學上的觀念，指的是「人們很清楚地知道，他所想的是什麼，所要傳達的是什麼。」也許人們不見得擁有一套很完整的思想體系，也不一定能夠創造出一套學說理論；不過如果可以清楚地感覺及表達出某種想法，這就叫作「意識」。因此，所謂的「歷史意識」就是說「當人們很清楚地感覺到，他現在所處的種種情形和過去的歷史之間，又是怎樣的互動關係。」當人們思考過去的種種問題時，往往由現在的立場和處境出發。從現在的問題去想，過去曾經發生了哪些事情是跟自己有關的；同樣的，在研究古代歷史的時候，也會去思考這些古代的事情，有哪些是影響到今日的。換句話說，歷史並非是一個孤立而遙遠的過去；歷史和今天的社會生活及文化，其實是息息相關的。我們尤其要注意，所謂的「歷史意識」是過去和現在之間不斷的互動，意即一個人如何看待過去，會影響他如何看待現在，反之亦然。

　　十九世紀，當捷克人國家意識高漲的時候，他們有意脫離日耳曼人在政治和文化上的控制，這是他們對於現實的考量。這種現實意識促使他們回想過去，也就是回想他們的歷史。**捷克作曲家史麥塔納所創作的《我的祖國》，是將自己的國家意識和歷史意識結合在一起。交響詩一開始，以豎琴代表古代的吟唱詩人，藉由吟唱詩人追溯古代捷克的歷史。隨著捷克歷史的發展，樂曲不但奏出相關的史實，也描寫了波西米亞的風光。其中還援引一段樂句，「胡斯戰爭」時期波西米亞游擊隊行軍時所唱的軍歌。**

　　這些十五世紀的軍歌之所以能流傳至今，就象徵了捷克人民對過去歷史的懷念，隱含著濃厚的歷史意識。這幾百年來，捷克人民伴隨著他們的歷史意識

不斷地成長，雖然他們曾經長期受到個外國勢力的控制，不過捷克人始終保有濃厚的歷史意識和文化的認同感。所以，十九世紀歐洲各地國家意識提升時，捷克人結合了這兩種意識，不只是音樂家如此，諸如文學家和思想家們也都表現出相同的情感和意識，史麥塔納只不過是其中的一分子而已。

史麥塔納所創作的《我的祖國》，不僅在十九世紀時所表達出捷克人民的心聲，百餘年來，也一直受到捷克人民的喜愛。他們經常在各種場合演奏這首交響詩，尤其自第二次世界大戰結束後至今，每年的「布拉格之春音樂節」都以這首交響詩揭幕。一九九〇年著名的捷克指揮家庫貝利克（Rafael Kube-lik）率領布拉格愛樂交響樂團演奏《我的祖國》，當時總統哈威爾（Václav Havel），也是國際著名的戲劇家，親臨會場，為這個國家的新生命慶賀。這場音樂會的錄影和配音現已傳遍全世界愛樂者的手中。

5

那幾天，在布拉格走過查理橋時，有對夫婦在橋上表演捷克民間傳統的木偶戲，有說有唱的。說的，我聽不懂，唱的卻非常動人可愛。後來這對夫婦告訴我，太太是繼承家業，歷代遊走表演木偶，先生在婚後也參與這種民間文化表演，樂此不疲。毫無疑問的，他們的音樂傳播了捷克的草根文化，即使沒有直接訴諸政治，但卻傳承了捷克人的另類歷史意識。

從中古時代的吟唱詩歌，胡斯戰爭期間游擊隊的軍歌、木偶戲的曲調，再到《我的祖國》，在在顯示了音樂可以與現實緊密地結合在一起。**政治不見得處處惹人討厭，政治更不一定污染藝術。只要音樂能真正代表人們的聲音，反映被壓迫者追求民主自由的精神，那種音樂不僅象徵在地的文化，同時也可以流行國際之間。**

這幾年來，每當聆聽庫貝利克指揮的《我的祖國》，不免也懷念查理橋上那對民間藝人夫婦以及他們的木偶。

本文以張樺為筆名，原刊於《當代》，130 期（1998.06），頁 54-61。

六、傳統與創造的微妙關係：
《被發明的傳統》序

　　看過電影《屋頂上的提琴手》的觀眾，一定對劇中的老爸留下深刻的印象。這位俄國的猶太人艱苦地持家度日，篤信唯一真神耶和華。然而，隨著三個女兒日漸成長，終於女大不中留，先後背離了父者的心意和猶太「傳統」，因此，他經常仰天長嘆，大聲嚷著「傳統！傳統！」這種心境與當今臺灣五、六十歲以上的人一樣，在面對從前各種文化和價值觀逐漸流失時，也難免三聲無奈，無限惆悵。

　　「傳統」或「傳統文化」是大家常用的術語，但是這個名詞似乎從未放在學術的探照燈下仔細地研究。「傳統」可以指有形的文物、組織、機制，也可以包括無形的精神、思想和宗教等等。還有，「傳統」可以就單項、某個專屬的對象來說，也可以就國家或社會的整體性來看待。近兩百年來，在西方工業資本社會及其文化的侵襲和滲透下，非西方社會的「傳統文化」無不式微，一一淪為弱勢文化；換句話說，今日的西方文化已成為「大傳統」或「主流文化」，而各個非西方文化則淪為「小傳統」或「次等文化」。許多非西方世界的人士竭盡心力，搶救、維護或轉換「傳統文化」，結果多半只能從單項的層面著眼，給所謂的「現代化」裝飾一點點「本土化」，至於整體性的「傳統文化」，幾乎都已隨風飄逝，無影無蹤了。

　　當非西方世界的「傳統」面臨斷層和消逝的危機時，其實向世界本身的「傳統」也處於重新變造和創制的局面。近兩百年來，一則由工業資本社會裡許多事物日新月異，另一則因為「民族國家」（nation-state）紛紛建立，經濟的和政治的理由使得許多「新傳統」被少數有心人刻意創造（invent）出來，

或者是許多人於短時間內一窩蜂營造出來的。西方社會裡，這些「新傳統」儘管大多已擺脫了從前宗教的、民俗的儀式和內涵，但卻以嶄新的世俗或國家符號出現。

例如，商業資本家大力炒作情人節、母親節、聖誕節……，動機就是為了促銷商品；左翼團體熱烈慶祝勞動節和婦女節，以便彰顯下層社會及弱勢族群的地位；而各國政府首長也一本正經，隆重舉辦國慶日和各種政治紀念日的活動，甚至連宗教團體也爭先恐後舉行法會、祭典或朝聖活動，以便凝聚廣大信眾及其樂捐。

嚴格地說，這些「新傳統」都是刻意創造出來的，或者是從「舊傳統」、「舊習俗」轉化改造而來。換句話說，新舊「傳統」之間實際上都有斷層（斷裂）的現象，並非完全薪火相傳，一脈相承連續不斷的。

英國左派史家霍布斯邦及多位學者所考量的「傳統」未曾被仔細地研究；他們為了彰顯「傳統」是人為創造的、是具有現實文化和社會意義的，所以特別借重《過去和現在》（*Past and Present*）這份雜誌為學術論壇，舉辦研討會，主題訂為「傳統的創造」（the Invention of Tradition），這就是本書集結成冊的由來。

喜歡社會文化史的讀者，從這些文集可以得到啟發，並且舉一反三，瞭解我們周遭許多有形無形的「傳統」之由來。另外，喜歡思想史和史學史的讀者，閱讀這本文集以後，可以強調「傳統」與「過去」或「歷史」的關係，並且突顯「創造」之中多少含有「現在」或「現實」的目的。換句話說，任何人對「傳統」的意識是種「歷史意識」，而「創造」傳統的動機及背景涉及個人的「現實意識」。

從這本文集，讀者可以發現：近二、三百年，一方面「傳統」依賴「創造」而再生，另方面「創造」卻又需要「傳統」的啟發。「傳統」與「創造」之間是互動的，這是「歷史意識」與「現實意識」呈現辯證關係的明證。

　　本書的譯者是臺灣一批愛好史學思想的年輕學者，明知翻譯是件吃力不討好的工作，卻努力完成的。單單為了書名 "invention" 這個英文字，他們費了不少心血，最後還是難以統一，所以「創造」、「創發」、「創制」、「創新」等交雜互用。其實，"invention" 除了有「創造」或「創制」等正面的意義，也有「捏造」或「虛構」等負面的意味。這個名詞未能統一也許有個好處，那就是讓讀者免得以文害義，進而從多方面思索本書的主題。

　　原錄於霍布斯邦（Eric Hobsbawm）等，《被發明的傳統》（*The Invention of Tradition*），陳思仁等譯（臺北：貓頭鷹出版社，2002），頁 5-7。

七、文化傳統或文化遺產？

唯一而不孤單

近年來許多人不斷地思索，所謂的臺灣意象（image）是什麼？於是玉山、白鷺鷥、野百合、蝴蝶蘭、布袋戲、一〇一大樓等等都上榜。結果每一項答案都言之成理，而且充滿著詩意的直覺。不過每一項似乎也都缺少了點什麼，卻又說不上來，以至於都不足於象徵這個曾經讓外人驚艷的美麗之島（Formosa）。

臺灣文化（廣義的）如果分別拆開，一項一項單面的觀察，可能現代的多於傳統的、外來的多於本土的，甚至醜的多於美的。

其實，只要我們以整體（holism）的觀點看待「文化（狹義的）—社會—自然」的綜合關係，臺灣文化在世界眾多文化中可以說是唯一的（unique），再也找不到另一個孿生兄弟。同時，臺灣文化也是個活力十足的有機體，具有超強的吸納能力。由此可見，臺灣文化具有獨自的主體性（subjectivity），敢於嘗試，不太受單一價值觀的規範，常以「要拼才會贏」的蠻勁，把原生的動植物、原住民文化以及各種外來的思想和物質匯集在一起，成為另種新的文化景物。

我曾以「雜菜麵」象徵臺灣文化的特性。這一道古早味的食物，從前人人都會烹煮，不過要成為公認的美味，還得符合某種難以言喻的條件，這或許就是我們一般所說的「臺味」。再換個比喻來說，分析臺灣文化的特色，應如同語言學研究文法的句型結構（syntax）一樣。那些各式各樣的語彙只是次要的、多變的表相。只有句型結構才是最穩定的、不易改變的。當我們說臺灣文

化是唯一的，具有主體性的，因為「臺味」的文化結構也是唯一的。

所謂唯一的，並非靜態不變的或孤單的（isolated）。從遠古以來，臺灣一直與世界的文化交流，而且也隨著世界歷史潮流而變遷。講評臺灣歷史文化最好能配合世界史的體系架構，要不然許多問題很難自圓其說。例如，從臺東的巨石文化和排灣族的蜻蜓珠可以解釋臺灣與古代世界的關係，不僅歷歷可考，而且多得不勝枚舉。

歷史意識和臺灣歷史意識

有些人可能同意臺灣文化是「唯一而不孤單」的，但是也許質疑或不承認有所謂的「臺灣意識」和「臺灣歷史意識」。

「臺灣意識」，指人們自覺臺灣的「文化—社會—自然」是綜合一體的，具有特色和主體性的。這種意識其實和上述臺灣是「唯一而不孤單」之說並無不同。只不過「臺灣意識」很容易和「臺灣政治主權」劃上等號，怪不得有些人反應過度，視之如同惡靈，避之唯恐不及。

至於所謂的「臺灣歷史意識」，可能更多人認為是，有意擺脫中國文化傳統或去中國化的代名詞。所以喜惡之別完全憑個人的政治立場。

其實，類似這樣的思維方法不僅在邏輯上顯得粗疏，而且已經自陷於意識形態的泥淖。

先說「歷史意識」（historical consciousness）是什麼？這個名詞本來屬於史學知識上的用語，非常中性的，絲毫沒有政治意味。在〈歷史意識是種思維的方法〉一文中，我曾經下定義說：

> 歷史意識就是人們自我發覺到過去、現在和未來之間總是不斷流動的，而且在這種過程中每件事物都一直在變遷之中。

> 簡單地說，歷史意識是種自覺，從生命的主題出發，形成一種思維的方法。

　　為了更進一步說明「歷史意識的內涵」，在同一文中還把「歷史意識」區分為五種類型：即記憶（memory）、過去的意識（the sense of past）、變遷的意識（the sense of change）、歷史思維（historical thinking）和現代的歷史意識（modern historical consciousness）。

　　說來非常弔詭，原屬中性的、純粹知識上的思維方法，在許多人的觀念中卻難以擺脫現實意識的糾葛，進而捲入政治立場的風暴之中。

　　臺灣的歷史教育，如同東亞其他國家一樣，長期以來都以培養學童的「民族精神」為鵠的。如果以傅柯（Michel Foucault）所說的「權力生產知識」來解釋，再也適當不過了。當然，我們都知道這種歷史教育的目標，源自十九世紀西方世界興起的國家主義（nationalism）。一百多年來西方國家因國家主義而釀成的惡果，恐怕遠勝於福報，其中以納粹德國為最明顯的例證。有鑑於此，近幾十年來西方國家的歷史教育紛紛改弦易轍，摒棄國家主義，以培養學童的「歷史意識」為首要目標。從此歷史教育的目標不再由上而下，強行灌輸某種絕對價值的國家認同感，而在於「養成自覺的，從生命的主體出發，形成一種思維的方法」。例如，近十年由於歐盟（European Union）形成的腳步加快，所以許多史家及歷史教育學者也加緊建構所謂的「歐洲歷史意識」。

　　屬於中性的「歷史意識」，理想上不僅消極地可以取代政治意味濃厚的國家主義，而且「歷史意識」所提供的「思維方法」，更像一把利劍，足以積極地斬除各種惡魔般的政治權威。十九世紀末，英國史家艾克頓（Lord Acton）為了維護史學的真理，戳破「教皇至上論」（Ultramontanism）的謬論，因而高唱「歷史思維」（即「歷史意識」）。結果教皇強力反彈，差一點針對艾克頓祭出開除教籍的法寶。由此可見，任何威權及其擁護者最畏懼的反而是中性的，講真話的思維方法。科學革命之際，教會及各種保守人士一再打壓科學家，不就是有例在先嗎？無怪乎艾克頓以總結式的語氣說：

　　在效用上，歷史思維凌駕於歷史知識之上。

　　假使未來臺灣學童具備成熟的「歷史意識」；或者說，當「臺灣歷史意識形成」之際，哪些人最心慌忐忑不安呢？

　　無可否認的，歷史意識與現實意識之間的關係十分微妙。我曾以「歷史的蹺蹺板原理」（principle of see-saw in history）提出兩點結論：第一，歷史意識與現實意識為彼此相關而且互動的。好比蹺蹺板（see-saw）一樣，歷史意識是種「觀看過去」（saw）的方法，而現實意識是「看待現在」（see）的立場。人們如何觀看過去會影響如何看待現在；反之，如何看待現在也會影響如何觀看過去。「觀看過去」和「觀看現在」之間（see-saw）永遠相關而且互動的。第二，「觀看過去」與「看待現在」一向是個難以維持平衡的蹺蹺板，就算學識涵養高人一等，能暫時取得平衡點，但世事多變化，任誰也都無法保證一直能維持平衡。所以，任何人站在「歷史的蹺蹺板」上，都必須謹慎小心，大意不得，要隨時拋棄自以為是的念頭。任何現實意識都像把雙刃劍一樣，雖然可以殺敵制勝，但是更可能傷害自己。「國家主義」是其中之一，「文化傳統」之說何嘗不是呢？

文化傳統是種意識形態

　　「傳統」或「文化傳統」是當今華人世界裡最耳熟的名詞。日常生活中，大家不是都常常說：「這是傳統的食物」、「這是我們的傳統服飾」嗎？有趣的是，在十九世紀中葉以前，在華語文中似乎未見「傳」與「統」並聯而成為名詞。按照推測，「傳統」可能與其他許多名詞一樣，都是日本人從西文翻譯而來的。

　　在英文中，"tradition" 指經過幾個世代一直傳遞下來的文化或習俗。然而，"tradition" 的用法一直非常寬鬆，很有彈性，從來沒有人硬性規定所謂的 "tradition" 必須相傳幾個世代，幾百年或幾千年以上才算數。不過，有時候 "tradition" 又被尊崇，成為具有絕對純正性、權威性和排他性的地位。在英文裡，具有這些內涵的 "tradition"，反而窄化，和 "traditionalism" 或

"orthodoxy" 成為同義詞。

　　當然，在 "tradition" 與 "traditionalism" 之間有些模糊的地帶。一向堅持 "traditionalism" 或 "orthodoxy" 的人士的往往在形勢比人強的狀況下，有時候不得不委屈自己，向現實讓步。例如，從百老匯歌舞劇改編為影片的《屋頂上的提琴手》（*Fiddler on the Roof*），那位俄國猶太血統的老爸，雖然不像正統派的（Orthodox）猶太經師（rabbi）道貌岸然、堅守經義，但是眼見親手撫養長大的三個女兒一個比一個背棄自己的族群和文化，也只能望著耶和華，仰天長嘯，高呼著 "Tradition! Tradition!"。影片的主題說明 "tradition" 正如同「屋頂上的提琴手」一樣，永遠站立不穩，很難維持 "traditionalism"。同屬俄國的猶太畫家夏戈爾（Marc Chagall）應該有此同感，因為在他的畫作中也曾出現「屋頂上的提琴手」。

　　就比較嚴謹的態度來說，"tradition" 其實最好翻譯成漢字的「傳」。「傳」就是「授」的意思，也是個很具有彈性的名詞，既沒有硬性的期限規定，也沒有所謂的純正性或權威性。

　　問題出在「統」這個字，依照《辭海》的解釋，大致可以分成兩組意思。第一，指合也、本也、始也。例如：《漢書‧敘傳》有「統壹聖真」或〈公羊傳〉有「大一統也」之說。就此來說，與英文的 "unify" 比較貼近：第二，指「總束眾絲之緒也」，引申為「兼也」，凡世世繼承不絕者曰「統」，例如皇統或道統。所以「統」在這裡的用法含有時序（time-order）的概念。「統」一方面強調在時間之流中連續不斷（continuity）或連續統（continum）。但另方面，「統」也彰顯純正性、目的論、權威性和排他性，等於英文中的 "traditionalism" 或 "orthodoxy"。

　　「傳」和「統」的本意有別，如果能分別思辨，按理可以免除許多不必要的混淆。可是問題在於「傳」、「統」合一並用時，便可能引發擾人的誤會。尤其當有人把「傳統」或「文化傳統」等同於外文中的傳統主義（traditionalism）或正統（orthodoxy）時，麻煩就數不盡了！

　　英國左派史家霍布斯邦（Eric Hobsbawm）及多位史家、學者為了反思「傳統」（tradition）這個概念，特別借重《過去和現在》（*Past and Present*）這份雜誌的論壇，舉辦研討會，主題訂為「傳統的創造」（the Invention of Tradition）。他們的論文集結成冊，於一九八三年出版。（中譯書名為《被發明的傳統》，臺北：貓頭鷹出版社，2002）。這本書針對世界上許多地方的「傳統」，指出它們不管是無形的（思想文化）或者是形的（物質文化），實際上都既非時間起源非常悠久，更不是綿亙不斷的。尤其有些「傳統」是近期內為了某種現實上的目的，才「被創造」（invented）出來的，例如，蘇格蘭人的管風琴和花格子裙。從這本書可以得知，所謂 “invented tradition”，可能是無中生有的，純屬虛構或捏造的，也可能為了「託古改制」，從舊習俗、舊文物轉化改造而來的。但是不論前者或後者，人們在現實意識的考量下，總是宣稱這些「傳統」或「文化傳統」歷久不衰，長期承續下來。換句話說，「傳統」被有心人士當作「統」這個字來理解了。

　　霍布斯邦等人所提出的「傳統的創造」引起了巨大的迴響，在學術上功不可沒。然而，讀者千萬不可矯枉過正，因 “invented tradition” 一詞而把所有的「傳統」都當作憑空創造的。我們只要保持戒心，能區隔 “tradition” 和 “traditionalism” 之不同，才是重點。

　　其實，把「傳統」、「文化傳統」視同「統」或 “traditionalism”，因而形成意識形態，並且以此表述或書寫歷史，卻是大有人在，屢見不鮮。本文中的附錄 II（史譜：B2-圖二，原型 2），X 軸代表血緣、族群或民族性，橫軸從左到右，表示時間的走向，箭頭指未來。Y 軸代表文化或傳統，從上到下也表示時間，箭頭指向未來，而兩條軸的交叉點就是「現在」。遠古時代裡，血緣是民族社會最重要的要素，各項權利的傳承幾乎就是以血統為判斷標準。為了凝結社會的所有成員以及維護核心權力的正當性，因此有神話或圖騰；這些就是「傳統」或「文化傳統」。到了初期邦國（state）組織出現時，社會形態更加複雜，血統與族群的純正性更加重要，以免統治者的權威遭到挑戰。當然

除了血緣，更還需要以「文化傳統」來輔助補強。

　　例如，古埃及時代，法老（Pharaoh）自認為是鷹神（Horus）的化身，在人間的陽壽結束後，能轉變成冥府之神（Osiris），而繼位的新法老成為新的鷹神。到了西元前三三六年，亞歷山大（Alexander of Macedonia）繼任為馬其頓國王。假使他守本分，只想當馬其頓國王而已，就血統而論毫無問題，無人可以取代。然而，他志不在此，不僅統一希臘半島，而且也希望領導全世界，包括埃及在內。就政治現實來說，這一切理想都得靠武力來完成。就好像他使用利劍，快刀斬亂麻處理了「亞歷山大之結」（Alexander's knot）一樣。可是就「正當性」或「正統性」來說，他必須編織一套說辭，以「文化傳統」的合法繼承者自居，才足以服人。於是亞歷山大也以鷹神自居。電影導演史東（Oliver Stone）看準了亞歷山大的心思，所以在《亞歷山大大帝》（*Alexander the Great*）這部影片中，經常出現飛揚的老鷹，象徵著亞歷山大的事業。

　　接著，羅馬人在西元前二百年左右征服了迦太基（Carthage）之後，不僅成為地中海地區（Mediterranean world）的霸主，而且進一步企圖建立世界性的帝國。他們首先編織一套古史，說羅馬人的祖先伊尼亞斯（Aeneas）是希臘特洛伊（Troy）城的名將，也是女神維納斯（Venus）的兒子。這段故事後來在羅馬帝國初期，由屬於帝國派（即與共和派對立者）的詩人味吉爾（Virgil, 70-19B.C.）以史詩（epic）《伊尼特》（*Aeneid*）呈現出來。但是有了這個神話傳說當作「文化傳統」的正當性，野心似乎還不能滿足，羅馬皇帝也自比老鷹，同時在旌旗上插上老鷹的圖像，象徵帝國的精神。

　　但丁（Dante）是十三世紀生於義大利佛羅倫斯（Florence）的詩人，他所著的《神曲》（*Divine Comedy*）是西洋文學史上公認的偉大詩篇，一直傳頌於世。可是一般人可能忽略了他另有本《論世界帝國》（*De Monarchia*）的小書。尤其更不知道在政治立場上他是位「皇帝派者」（Ghibellines），並且與當時的「教皇派者」（Guelphs）水火不容。依照但丁的政治理想，神聖羅馬帝國（Holy Roman Empire）的皇帝亨利七世（Henry, 1308-1318）應該成為

當時世界唯一的統治者。在拉丁文裡，"monarchia" 的原意為「一個人統治」，當作書名則有「天下統一」的意思。在《神曲》的〈天堂〉篇章裡，但丁說他遇見了拜占庭帝國（Byzantine Empire）（即一般俗稱的「東羅馬帝國」）的皇帝查士丁尼大帝（Justinian I, the Great）。這位皇帝曾經派兵攻打北非和義大利，有意再統一帝國。但丁在《神曲》描述，查士丁尼大帝曾經對他說：

> 那隻鷹跟隨著英雄伊尼亞斯往義大利飛去，君士坦丁又叫牠往回飛。兩
> 百年來牠棲息在小亞細亞的君士坦丁堡，在牠神聖的羽翼下，君士坦丁
> 統治世界世世代代相傳後，鷹便傳到我手中。

這段話分明是詩人的杜撰和想像，顯然不是史實。不過，老鷹的圖騰對但丁而言，的確貨真價實，隱喻西方世界將從東方的君士坦丁堡奪回「文化傳統」的正統性。

西元一四五三年拜占庭帝國正式滅亡後，神聖羅馬帝國皇帝並沒有如但丁之所願，獨享老鷹的崇高地位，因為俄羅斯的統治者認為，他才是如假包換的拜占庭皇帝的繼承者。有趣的是，那隻老鷹「突變」，在俄國成為雙頭鷹。牠的一頭要留意西邊歐洲的世界，另顆頭必須緊盯著東邊的亞洲世界。

到了十九世紀，民族國家（nation-state）正式出現，各種政治上的現代性（modernity）紛紛出籠，包括歷史書寫也大異其趣，於是有所謂的「國史」（nation history）問世，以「民族精神」歷史教育的目標。許多人以為這種「國史論述」是嶄新的史學，殊不知其歷史表述並未完全擺脫本文附錄 II（史譜：B2-圖二，原型 2）所顯示的思維模式。現代史學除了 X 軸更突顯民族性（nationality），Y 軸的文化和傳統同時也更強調「民族的」文化及傳統。但是現代的儘管與古代的傳統有諸多改變，仔細一瞧，原來的胎記並未消失殆盡。眼尖一點的，從當今德國、俄國和奧地利的非正式場合中，仍然可以發現古代的傳統所烙印的標誌。甚至遠在大西洋另一邊的美國，也特別偏愛老鷹。人們方便的話，觀看一下美鈔背面，就可以得知，莞爾一笑。

毫無疑問地，附錄 II（史譜：B2-圖二，原型 2）的思維模式也符合現代許多中國人的歷史表述。商代原有根深蒂固的血緣親情關係，他人很難以天下共主的名分取而代之。為此，周武王革命必須在修訂「血緣論」的前提下，又補上「天命靡常」這項理由，以便獲得新政權的正統性。而後，中國每逢改朝易代總得自圓其說，證明自己的正統性，同時也宣稱繼承了文化傳統。我們不妨東西綜合對照比較異同，當西方史上的老鷹在歐美上空東飛西飄時，中國龍卻以見首不見尾的姿態，高高在上。二十世紀初，中國由帝國轉型為民族國家，許多政治上的現代性相繼出現，令人目不暇給。不過，這些現代性的表相更像進口的名牌化妝品，只供塗塗抹抹而已。實際上，附錄 II（史譜：B2-圖二，原型 2）的思維方法仍然主導著新體例的國史論述和歷史教科書，甚至連龍的圖騰也還一再浮現在大眾文化之中，八〇年代有《龍的傳人》一曲，不是好一陣子迴響在臺灣的雲霄嗎？

我可以長大了：文化遺產與文化認同的建構

八〇年代中期，臺灣已屆臨解嚴前夕，社會和文化的整體現象充滿活力，天空中彷彿不斷迴旋著激盪的氣流。

那時候，《當代》雜誌在一九八六年五月創刊，聚集了許多前衛、自由學者和文人，像烹飪一鍋「新款雜菜麵」一樣，引進後現代主義、新馬克思主義等等思潮，並且反思現實中的種種問題。距今整整二十年了，重新閱讀那篇由錢新祖教授撰寫的宣言式創刊詞，仍然感動不已，益加覺得是篇至情至義的美文。抄錄其中幾句話：

> ……《當代》，既是「同時代」，也兼指「暫時」，所以《當代》不提倡也不相信超時代的永恆不變的真理，而講求時空性，同時又扣緊時代的生命韻律。《當代》既檢討、審視當代，也具有回顧與前瞻的特性：既環顧全球，也關注本土，並以全球的視野，來審視本土。

......

我們之所以如此執著，不是要「分化」我們的時代或社會，而是想打破「共識」的迷思。「共識」也者，一定是一群人籠罩另一群人或數群人，對被籠罩的一群人或數群人而言，共識終究是充滿了指揮性的外來強制力量。《當代》強調 CON，就是認定並肯定個人和群體的主體性，並在這層認識的前提上，建立溝通和對話。《當代》的理想不是要求「共識」，而是期望經由個體的主動協調而達到意志的自然和諧。

同樣在一九八○年代中期，有天深夜裡，我在臺中與一位學術界師長輩暢談。談話中他說，二千多萬的臺灣人，不論是哪個族群，哪個年代來臺灣的，都有個共同的缺點，那就是「小」。他沒有仔細分析臺灣人之所以「小」的原因，但是從聯想推理可以得知，不外乎空間狹小、歷史淺短、缺乏文化傳統。這好比臺灣的地理景觀，下場大雨，河川立刻暴漲，可是隔天雨停了，河床上的卵石又一一曝曬在艷陽之下。這位師長所評論的，絲毫沒有惡意，因為這些是既存的事實。只是以「小」判定臺灣，聽起來無限難過，覺得如同千斤巨石壓在心頭，令人窒息。因為這似乎是種命定論，對我自己以及對所有臺灣人來說，都像提早宣布的「最後審判」。

之後不久，留職停薪再度出國，以便繼續完成學位。按理這是段非常自在的日子，每天都可以泡在圖書館。可是一旦想起那個「小」字，就喘不過氣。

日子就這樣過著。有一天忽然之間，如釋重負，內心無比輕鬆，歡欣吶喊著：我可以長「大」了！

理由很簡單。中國之所以「大」，因為有高山大河、土地遼闊、自然豐富、歷史悠久，學術思想蘊含雄厚。這些令人無限讚美嚮往的特質理所當然可以說是「大」。**不過，「大」可以因內涵品質差異又分成多種。抓住這一要點，當作我的「阿基米德的支點」（Archimedean pivot），就輕而易舉，可以搬走**那塊巨石。上述說中國是「大」，基於所列的理由，這種「大」我判定叫作「氣

勢磅礴」。不是嗎？中國的人文和自然凡是臻達至真、至善、至美的，幾乎都是「氣勢磅礴」的。可是，再反思一陣子，四、五千年來，真正能修成正果，圓滿完成「氣勢磅礴」之「大」者，其實鳳毛麟角。相對的，眾多成不了正果，反而滑落沉淪，變種成為「氣勢凌人」，或擅長「說大話」、「說假話」之輩。他們挾持權威主義，以「中心論」的心態和思維方法，霸凌一切。這種人在臺灣小島上至今仍有他們的足跡。我想，臺灣果然命定無法成就「氣勢磅礴」，至少得謹慎小心，千萬不可以模仿「氣勢凌人」，更不可以乖順、拜倒在別人的霸權之下。

　　簡單地說，臺灣不要中國式的「大」。然而，臺灣如何可以長大呢？臺灣能成就哪種內涵的「大」呢？從一九八〇年以來，很明顯地臺灣已成為開放性的社會，各種權威、「傳統」、「共識」都鬆動了。新觀念、新思想、好的、壞的、美的、醜的、外來的、本土的等等，通通匯集在一起。看起來這個社會與文化現象雜亂了、斷裂了。但反向思考，這也是海納百川，多元文化的新局面。當今報禁解除，各種交通和通訊突飛猛進，過去如同被封鎖的孤島，從此以後，人人大開眼界，思想與訊息無限自由。基於這兩個理由，現代臺灣應該有機會「長大」，我也可以「長大」了。於是，我判定且稱呼這樣的「大」叫作「**氣度恢弘**」。為了維持品質，應該時時刻刻警惕自己，千萬不可畫虎不成反類犬，淪為「爛好人」、「鄉愿」。所以在「**氣度恢弘**」之後，趕快補上「**見識高明**」四個字。

　　同樣是「大」，既然內涵品質可以殊異，何必統一、整齊呢？還有，只要能真正成其「大」，彼此自然能互相欣賞，又何必有所計較呢？

　　為了能長大，深感附錄 II（史譜：B2-圖二，原型 2）式的思維方法是人們腦中的腫瘤。以「血統論／民族性」，配合「正統／道統／文化傳統」，並且強調單線軌跡的「連續性」（從過去、現在到未來）史觀，曾經長期宰制人們的思想和價值觀。以韓愈（768-824）為例，他為日後儒家思想編織了一套「道統」，在〈原道〉上說：

> 斯吾所謂道也，非向所謂老與佛之道也。堯以是傳之舜，舜以是傳之
> 禹，禹以是傳之湯，湯以是傳之文武周公，文武周公傳之孔子，孔子傳
> 之孟軻。軻之死，不得其傳焉。

這段話後人一引再引，視同箴言。然而，值得注意的有：第一，他以儒為正
道，首先非老佛，這是以純正性自居的排他性心理；第二，堯、舜、禹只是傳
說，近乎神話，並非史實。此說雖然不是韓愈所創造（invention），但是他卻
援引為證；第三，即使採信這整段話都合乎史實，也無法證明有一連續不斷的
「文化傳統」。「軻之死，不得其傳焉」這段話反而告訴我們，儒家的道統也曾
斷裂。

摒除「文化傳統」的思維方法之餘，人們應該以「文化遺產」（cultural
heritage）的方式對待古今人類所有的文化。在開放、多元、自由的社會裡，
每個人都應自覺地、具有自我成長的主體性，敢於嘗試，吸納各種思想和文
化。當然過程中還要懂得如何消化和排泄。更重要的是，應如同《當代·創刊
詞》所說的：「講求時空性，同時又扣緊時代的生命韻律」，「既環顧全球，也
關注本土」。

「文化遺產」的思維方式，如果用英文表達，是勇於接受各種 "tradi-
tions"，視同 "heritages"，但堅決反對任何 "traditionalism" 和 "ortho-
doxy"。如果換成古漢字來說就是，要「傳」不要「統」。

本文原刊於《當代》，106 期（2006.04），頁 50-59。

附錄 II：史譜 B2：
「族群—文化—所在／地方」的認同感

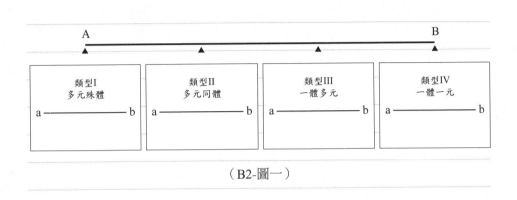

（B2-圖一）

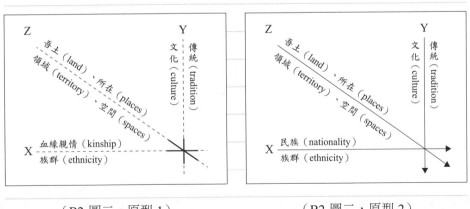

（B2-圖二，原型 1）　　　　　（B2-圖二，原型 2）

周樑楷 制訂

2018 年 03 月 06 日

說明：

1. 本史譜與現實政治及社會體制中的「族群／民族」、「文化／傳統」和「領域／所在」有關。其核心理念涉及 identification vs discrimination; self vs other。

2. B2-圖一：共有四大理想類型，分布於從 A 到 B 的光譜中。A 端重：個體／多元／hub；B 端重：群體／一元／hierarchy。

3. 四大理想類型各有光譜 a—b：ab 兩端之別如同 AB 兩端之間的關係。但四大類型的內涵，又因十九世紀以來 nation-state／nationalism 的出現而有顯著的差別。

4. B2-圖一中的類型 Ia：為初民時代的社會及文化，可以更詳細繪製成 B2-圖二，原型 1；同時 B2-圖一中的類型 IVb，可以繪製成 B2-圖二，原型 2。

5. B2-圖二，原型 1 和原型 2 最大的差別在於：

   (1) 原型 1 中 X 軸的血緣親情（kinship）在原型 2 改為具有現代意涵的民族性（nationality）；

   (2) 原型 2 中 Y 軸的文化和傳統以及 Z 軸中的吾土、所在、領域、空間都比原型 1 中的 Y 軸和 Z 軸更突顯現代觀念中的民族性；

   (3) 原型 1 對 X、Y 及 Z 軸的關注比較偏重「當代」，相對地比較忽略「過去」、「未來」，所以圖中僅以一小段落的實線表示「當代」。反之，原型 2 很關注 X、Y 及 Z 軸的「連續性」（continuity），所以圖中以實線表示從「遠古」到「當代」和「未來」，並且有確定的「方向感」、「目的」，圖中以箭頭表示。

八、歷史意識和生命意識的交響：
威爾・杜蘭的《落葉》導讀

　　八月間，天氣漸漸轉涼了，前後相繼接到兩個邀約。一個是要在大學裡演講，談談英國史家湯恩比（Arnold J. Toynbee, 1889-1975）的《歷史研究》（*A Study of History*）。另一個就是為美國史家威爾・杜蘭（Will Durant, 1885-1981）的《落葉》（*Fallen Leaves*）中譯本撰寫導讀。

　　這兩位史家，都是一九六〇年代，我在學生時期，早就如雷貫耳，大家所熟悉的人物。可是，卻一直沒有把他們聯想在一塊，更談不上進一步研究他們、比較他們的思想。

　　說來非常巧合，由於八月間的兩個邀約，腦海裡很自然地同時浮現這兩位史家，而且居然發現有這麼多相似雷同的畫面。他們的年齡相差只有四歲，青年時代都經歷歐美文明的轉折期。先有「世紀末」的憂患意識，緊接著爆發第一次世界大戰。而後又有共產國家和納粹政權的崛起、第二次世界大戰的創傷，以及全球冷戰的肅殺氛圍。杜蘭和湯恩比都因為這一連串的遭遇，而獻身歷史書寫的志業。他們都有意從世界史的宏觀視野，探索文明的興衰，關懷人類整體社會文化的未來。當然，在強調他們的共同點之餘，也不可忽略，他們都有個人的特質，彼此擁有己見。

　　除外，有趣的是，就這兩個邀約來臨的時間點而言，現在我已從學校的專任教職退休，而且很快就邁向七十歲了。雖然不敢賣老稱長，但只要一聽到、看到「落葉」，心理上總免不了有幾分感觸。同時，也聯想起當初在北美留學，每逢深秋的情境。只是萬萬沒料到，現在反而有機會同時研讀杜蘭和湯恩比的著作。更何況，閱讀的正是，杜蘭於八、九十歲，晚年期間所寫的遺作。

書名隱喻了他的心境，稱作《落葉》。

一九六八年，杜蘭的《文明的故事》（*The Story of Civilization*）第十冊榮獲美國普立茲獎（Pulitzer Prize），他因此享有盛名。這套雅俗共賞的鉅著本來屬於大眾化的，嚴格地講，並非專業史學的作品。然而，人們多半還是把它當作世界史看待，因為它有章有節的，還算接近學院派裡的史書。在此，我們不妨先回顧一下，一九六八年前後不久的這個年代，正是歐美各地學生運動、人權運動響徹雲霄的時候，也是越戰砲聲隆隆、煙硝瀰漫的時候。杜蘭在這段多事之秋，難道能置身事外，能拒絕深思世界大局嗎？如果屈指一算，一九六八這一年，杜蘭也已經達八十三歲的高齡。在這一年之後，他仍然奮筆疾書，以比較主觀自由，不拘形式的方式，寫了幾本史論性質的作品，包括《落葉》在內。總歸這幾本晚年的結晶作品，的確融會貫通了杜蘭的歷史意識、社會意識和生命意識。

戰爭是歷史中永不歇息的夢魘，貪婪是人性裡源自原罪的特質。如果直截了當地問：人性是善？是惡？只能二選一。杜蘭的答案，肯定會直指後者。在他的幾本晚年作品中，經常可以發現一些對人生、對歷史充滿悲憤的論調。《落葉》的讀者，不妨先翻閱書中「論戰爭」和「論越戰」這兩章。不過，假使沒有事先設防，年輕的讀者說不定被杜蘭感染，一下子也對歷史和人生轉為悲觀，甚至引起內心的恐慌，以為終身難逃宿命的擺布。杜蘭之所以有這些悲觀的想法，並非故意危言聳聽，語不驚人死不休。而是在學術上，他的確服膺達爾文（Charles Darwin），接受物競天擇的學說。他曾經直白地說：「達爾文這個名字代表西方文明思想演變的轉捩點。……要是他所說的理論正確沒錯的話，我們應該把一八五九年視為現代思想的起始點。」這段話中，所說的一八五九年，指的就是達爾文《物種起源》（*On the Origin of Species*）出版問世的那一年。

如果比較湯恩比和杜蘭的人性論和史觀，我們不難發現，湯恩比反而比較收斂含蓄、不如杜蘭那麼強烈曝露人類的動物本性，以及歷史中的陰暗層面。

不過，這兩位世界史家不約而同，都滿懷焦慮（anxiety），一起批判十九世紀維多利亞時代（age of Victoria）的樂觀和進步史觀。

杜蘭和湯恩比的「焦慮」，毫無疑問地，都與他們所生長的時代背景有關。然而，「焦慮」除了來自外在的壓力，也源於無意識的、非理性的衝動。當它入侵到意識層面的心靈時，人們總會做出一些反應。按照心理學家羅洛・梅（Rollo May）的說法，「焦慮」能促使人們將「過去、現在和未來」，也就是「時間這項決定因素」帶入學習之中。換句話說，這就是所謂的歷史意識，或者說，是人類思維中含有「歷史性」（historicity）的來源。羅洛・梅更進一步指出：

> 透過歷史意識的能力，人類得以脫離自己的過去，而達到一定程度的自由，修正歷史對自己的影響，並在被歷史形塑的同時，也改造歷史。

以上，大致先指出了杜蘭和湯恩比兩人共有的集體「焦慮」。而後，再引用心理學家的理論，說明人們有適度的「焦慮」，說不定反而可以因禍得福，更有敏銳的歷史意識，更能昇華個人的生命意識。在英語裡，凡是自然界和人世上在短期內突然發生的重大變故，例如：地震、海嘯、火山爆發、戰爭或革命，都可以稱作 sublime（譯作「災難」）。有意思的是，人們因為「災難」而生「焦慮」；再由「焦慮」，而可能「脫離自己的過去」，「達到一定程度的自由」，這叫做「昇華」。我們不妨留意一下，「昇華」的英文拼寫（sublimation），不就是和「災難」（sublime）相近嗎？

順著這個線索閱讀《落葉》，我們應該可以深入杜蘭的生命意識和歷史意識。在前五章裡，他從人們的出生談起，而後經過年輕、中年、老年時代，最後死亡。面對人生的流程，杜蘭無奈地說：

> 到處都需要為生存而掙扎，生活總是與戰爭糾結在一起。所有的生命都是以犧牲其他生命作為代價，所有有機體都會吃掉其他有機體。歷史本

身就是個無意義的無窮循環，那些眼神充滿熱望的年輕人，將會重蹈我
們犯過的同一批錯誤，被同一類的夢想誤導。

又說：

歷史只有一件事是確定，那就是盛極必衰；人生只有一件事情是確定，
那就是終歸一死。

面對人生的苦難和歷史的幽暗，杜蘭既沒有失志、趴在地上，順從宿命，
也不乾脆依賴上帝，尋求慰藉。《落葉》裡，從第六章到第十一章，分別談靈
魂、神、宗教、另類的再臨、道德等話題。這是全書最核心的部分，也是思想
心境的翻轉，的確值得一讀再讀，反覆領會。從這幾章裡可以察覺，杜蘭如何
步步超越，攀登形上思想的境界。

杜蘭基本上接受「萬物皆有生氣」之說，並且由此引申萬物莫不有「自發
性的力量」。他強調，這種源自靈魂深處的「生殖（或創生）驅力」（procreant
urge），就是人類擁有內省工夫和自由意志的動能。憑藉這股動能，不斷加
溫，人們才得以脫困，免於成為歷史和人生宿命論或決定論的俘虜。

杜蘭從未以典型的基督徒自居。然而畢竟成長自西方文化社會，他依舊肯
定「基督至今是歷史上最有吸引力的形象」。只不過，一方面在轉化基督教的
精神之餘，另方面他力求突破西方文明的侷限，海納世界文化的精髓，成就所
謂的睿智（intelligence）。他明白地講，睿智就是形上思想至高至上的成果：

睿智不是行動的原動力，而是與原動力相互和諧及有效的統一。

還有，睿智不可能一蹴即成。人們需要接受教育，吸收科學、藝術和歷史的知
識。身為史家，杜蘭在最後一章特別叮嚀，歷史的洞察力「唯有透過大歷史的
燭照方能顯明」。

有睿智，能成其大，其實人們反而更加謙虛豁達，更能展現恢弘的氣度，

包括面對區區個人的短暫生命。杜蘭說：

> 我們都是人類物種的暫時性的器官，是生命體（body of life）的細胞。
> 只有我們死去，生命方能維持健康強壯。

　　每片落葉原本就是一棵大樹生命體中的一小部分。當天氣變涼了，由秋轉冬，大樹為了適應天時，把所有的葉片由綠變黃，再紛紛飄落。即使大地白雪皚皚，整棵大樹不但沒有乾枯死亡，反而所有的枝幹被勾勒得更加挺拔有勁。

　　我們常說，落葉及自然景象的循環轉換，叫做生生不息。杜蘭在遺作《落葉》中，換個方式說：「生命贏了」。

　　本文錄於威爾・杜蘭，《落葉：威爾・杜蘭的最後箴言》，梁永安譯（臺北：商周出版社，2015），頁 3-10。

九、經過克德龍溪的心靈之旅：
《基督的憂傷》閱讀心得

　　今年春節期間，到義大利的幾個城鎮走了一趟。回國後原以為旅遊就此結束了，沒想到我的思緒因湯瑪斯・摩爾（Thomas More, 1478-1535）的一本遺作，立刻又折返回歐洲，而且走向更遙遠的英國，深入更奧妙的宗教與生死問題。

　　義大利有豐富的歷史古蹟和藝術瑰寶，而且兩者之間，往往以宗教信仰為連結。雖然距離上回已經有二十多年了，但是此行還是充滿歡喜，重遊梵蒂岡的聖伯多祿大教堂、佛羅倫斯的聖瑪麗百花大教堂、浸洗教堂等景點。

　　不過，更讓人開心的是，這回終於如願以償，得以順利進入西斯汀聖堂，找到最佳的定點，透過米開朗基羅（Michelangelo, 1475-1564）的彩繪，一目了然從《創世紀》天主創造亞當，到最後大審判。另外，也再度佇立在聖母慟子雕像（Pietà）前，沉思這尊坐落在聖伯多祿教堂正門內側的大理石作品，為何二十多年前曾經讓我在還來不及準備、第一眼看見時，就感動落淚。我把這些圖像在腦海裡剪接串聯在一起，其實這就是一部基督宗教的神意史觀，從世界的起點、中繼焦點到終點。

　　除了對米開朗基羅的宗教藝術增添了一些領悟，此行令人最感動、印象深刻的，莫過於在亞西西（Assisi）的那段時刻。在教堂裡，可以近距離欣賞喬托（Giotto, 1266-1337）的溼壁畫。初期的透視法，簡單樸拙而又虔誠，一格接著一格的圖像，直指聖法蘭西斯（St. Francis, 1182-1226）終身靈修的心路歷程。

剛回到家裡的時候，其實我的心還駐留在亞西西，想念著聖法蘭西斯。然而當打開電子信箱，得知出版社邀我為《基督的憂傷》（*The Sadness of Christ*）寫篇導讀的時候，開始有了轉折。由於一向喜歡摩爾，也曾經撰文討論過他的《烏托邦》（*Utopia*），所以很短時間內就答應下來。不過，在閱讀《基督的憂傷》的中譯書稿時，一方面被摩爾在等待行刑前的心境所吸引和感動，另一方面卻又有點後悔，怪自己回覆得太早、太草率了。在臺灣，有許多人，尤其是宗教界，其實比我更有資格為這本書撰寫導讀。幾經思量後，只好勉強寫篇閱讀心得。

就歐洲史來講，摩爾所處的時代，正是文藝復興時代的後期，也是歐洲前現代（Early Modern）的初期。米開朗基羅只比摩爾早出生兩年而已。他們和馬基維利（Niccolò Machiavelli, 1469-1527）、達文西（Leonardo da Vinci, 1452-1519）、伊拉斯莫斯（Erasmus, 1466-1536）、馬丁・路德（Martin Luther, 1483-1546）、喀爾文（John Calvin, 1509-1564）等人文學者或宗教改革者，都同屬於這個時代，而且也一起分享某些新思潮。

摩爾於一五一六年出版《烏托邦》，隔年一五一七年路德掀起宗教改革的先聲；再不久，一五一九年麥哲倫（Ferdinand Magellan, 1480-1521）啟航繞行地球。在新的人生觀和世界觀的衝擊下，儘管一向虔誠敬神的摩爾，在憧憬那既「美好的地方」卻又「不存在的地方」時，難免也要轉化中古時代的理想，將末世論變成現世論，把原來所嚮往的，從「時間上遙遠的未來」，換成「空間上遠處地球上的某個島嶼」。

摩爾的《烏托邦》之所以成為名著，五百年來值得反覆閱讀，正因為這本書滿足了近代西方文明興起中人們的集體意識。這就如同佛羅倫斯米開朗基羅所雕刻的《大衛像》（*the David*）一樣。只要找到最適當的角度，人們便能領會，大衛如何眼神專注，起立轉身，準備迎戰巨人。這尊雕像不僅直接描寫舊約時代的大衛憑什麼擊敗巨人，同時也象徵了五百年來西方憑什麼領先世界。《烏托邦》和《大衛像》在歷史的脈絡中，顯然有異曲同工之妙！

不過十六世紀的歐洲，整體社會快速變遷，處處充滿矛盾和對立。僅就英國來說，在都鐸王朝（Tudor Dynasty, 1485-1603）時代，原來的封建社會已經顯著轉型，成為前現代的國家。國王、貴族、教士、仕紳及新興中產階級，彼此之間合縱連橫，權力傾軋。

　　同時法律體制內，固有的封建法、教會法和由國會新訂的成文法也相互扞格。正義歸屬全憑本事，莫衷一是。摩爾出生自法學世家，年輕時曾在牛津大學攻讀法律，一五〇一年成為正式律師。亨利八世（Henry VIII）在位期間（1509-1547），他歷任國家要職：一五二三年被選為下議院議長，一五二九年被任命為內閣大臣。摩爾如此位居高官人臣，顯要一時，自然而然捲入政治的漩渦，最後釀成悲劇。

　　亨利八世期盼有位男嗣能繼承王位，於一五二七年首度表達有意與來自西班牙亞拉岡的凱薩琳（Catherine of Aragon）離婚。這件事不僅牽連西班牙和神聖羅馬帝國之間的國際現實問題，而且在法律體制內，也和依照《聖經》為本的教會法互不相容。

　　亨利八世和當朝權臣克倫威爾（Thomas Cromwell, 1599-1658）操弄立法，促成國會於一五三三年通過《上訴法案》（*Act of Appeals*），使得教會的司法權從此淪落，遭受國王控制，而且這個法案還強調英國的主權得以拒絕任何外國司法權的干涉。緊接著，於一五三四年又通過《繼承法》（*Act of Succession*）。依此法案，亨利八世要求全國每個人「宣誓」，承認他與凱薩琳的婚姻無效以及他與安妮（Anne Boleyn）的婚姻合法。

　　面對這種惡劣的情勢，摩爾早在一五三二年就先辭去內閣大臣之職，但後來於一五三五年拒絕依《繼承法》宣誓。所以就在這一年，摩爾先被囚禁在倫敦塔（Tower of London）內，接著於七月間慘遭刀斧之禍。可見，摩爾為了堅持聖經的教義以及教會法，抗逆王權在握的亨利八世。在從前撰寫的那篇文章裡，我曾經借用王國維「壯美」之說，以「激進壯美」形容摩爾的慷慨就義。所謂「壯美」，是指：

若其物直接不利於吾人之意志；而意志為之破裂，唯由知識冥想其理念者，……謂之曰壯美之感情。

當摩爾被囚禁、等待服刑前，他怎樣「唯由知識冥想其理念」呢？坦白講，從前我只能揣摩、想像他的生命意識。然而，在展開本書，逐頁閱讀內容的時候，我逐步具體地深入摩爾的情思。他將心比心，選擇「耶穌受難史」這段情節，綜合新約的四篇福音，從《最後晚餐》之後開始省思耶穌一言一行的內在意涵。在三位一體之中，此時的耶穌寧可選擇天父之子、具有人性的身分，以便顯示他如同一般常人，在面臨迫害及死亡來臨之前，也有疲憊、恐懼和憂傷的時候。摩爾詮釋說：「他（指耶穌）的意思不是要他們在面對死亡時無論如何都不可退縮，而是不應該因為膽怯而逃避肉體的死亡，乃至於捨棄信仰。」又說：「他沒有因為憂愁、恐懼或者疲憊而怯於遵行天父的旨意」。

接著，下一格場景，摩爾特別描繪耶穌「經過克德龍溪後，進入一個叫做革責瑪尼的園子」。摩爾首先訓詁字義，指出這條溪流經過耶路撒冷和橄欖山之間。在希伯來文裡，「克德龍」（Kidron）意謂憂愁或悲痛，而「革責瑪尼」（Gideon）的意思就是肥沃富饒的山谷，也被稱為橄欖谷。摩爾從這段地景和地名，說明了「經過克德龍溪」的隱喻：

正如我說過，我們一定要先經過這個名為克德龍的山谷與河流，也就是那憂愁的山谷與悲痛的河流，讓河水洗刷、滌除並洗淨我們滿身腥臭漆黑的罪污。

換句話說，「經過克德龍溪」，好比人生歷經一場試煉，而後終於從苦難幽暗中突圍，並且躍昇，朝向平和光明。

在福音裡記載，耶穌「經過克德龍溪後」，進入「山園祈禱」。在這一格圖像中，摩爾強調，耶穌沒有忘記祈禱，相反地，他「親自向我們示範」什麼才是「最謙卑順服祈禱」。為此，摩爾反覆解釋，一再說明祈禱的意義和應有

的態度。

摩爾在監獄中的日子，顯然天天邊讀福音、邊記載心得。我們可以推想，連他自己也不知道這種日子能維持多久，他更不知道自己追隨耶穌「經過克德龍溪」的腳步能走到哪個段落。如果將《基督的憂傷》作為史料看待，可以證實當摩爾寫到猶達斯（猶大）帶領羅馬士兵等一干人到耶穌面前、伯多祿以短刀割下士兵的一隻耳朵時，摩爾在獄中的書寫工具和文稿就全部被沒收了，從此也被迫停筆。

摩爾來不及寫到「耶穌受難及復活」的時刻，許多讀者一定為此扼腕嘆惜。有此同感，我只好放下手中的《基督的憂傷》，轉移陣地到電影院觀賞期待已久的《沉默》（Silence）。這部影片刻劃日本教難中，基督徒面臨死亡與信仰之間的種種心境。真實故事發生的時間距離摩爾受難大約一百年之後。讀過了《基督的憂傷》，應該不難理解《沉默》裡的教徒為什麼也前仆後繼「經過克德龍溪」。

走筆到此，覺得應該可以休息了。數一數日期，這一趟春節以來的心靈之旅，前後總共有三十天。

本文錄於湯瑪斯・摩爾，《基督的憂傷：湯瑪斯・摩爾的最後靈修手記》，顧華德譯（臺北：啟示出版社，2017），頁 12-20。

十、12 月 8 日：聖母無染原罪始胎的歷史意義──兼論輔仁大學校慶日的由來

羅馬西班牙廣場的瑪利亞

去年（2017），與幾位朋友組團到義大利旅遊。按照行程，第一天的第一站先到羅馬的西班牙廣場。這個熱門景點顯然因電影《羅馬假期》（*Roman Holiday*）而興起。二十多年前，我們一家人自助旅行，也曾經在那寬廣的階梯上拍照留念。這一回舊地重遊，少了一點新鮮好奇的情愫，但也開心地隨著隊伍說說笑笑。

在還沒有到達廣場的階梯前，導遊指著一座高聳的圓柱型紀念柱說：「這是向聖母瑪利亞敬禮的，柱頂上有她的雕像；自從十九世紀中葉以來幾乎每年的十二月八日教宗都親自到這裡來主持彌撒。」接著，導遊又快步把我們帶向廣場的階梯。

當聽到十二月八日那一瞬間，心想這一天不就是母校輔仁大學的校慶嗎？於是接二連三，又浮現了好幾個問題，其中有直接涉及宗教神學的，也有與歷史相關的。

等到旅程結束，回到臺中，利用到主教公署開會的時間，向黃清福神父和施麗蘭修女請教。因此一下子就解開了原有的問題：什麼是「無染原罪始胎」（或譯「無玷始胎」、「聖母無染原罪」，Immaculate Conception）？為什麼選擇在十二月八日慶祝？為什麼在臺灣許多學校、堂區和修會都以這個日子為週年慶？

治學解惑往往在化解原先的問題後，反而又衍生更多的問題。黃神父和施修女發現每次聚會，我總或多或少提問有關聖母的種種。雖然他們兩位都很耐心，但是有趣的事也隨著發生。黃神父有天送我一本增修版的《神學辭典》（輔仁神學著作編譯會編著）。施修女也不讓黃神父專美於前，送我一本張春申神父著作的《救主耶穌的母親：聖母論》。顯然天下沒有白吃的午餐，我主動表示要繳交一篇作業，試著從歷史的脈絡談談無玷始胎。

瑪利亞初步參與西方歷史

依照〈創世紀〉（三：1-2），當原祖二人在「吃了那顆果子」之際，眼睛立即張開了。這表示他們在有了生命的主體意識之際，同時也犯了驕傲背命的罪。緊接著，他們離開伊甸園，於是人類「歷史」由此開端。

而後在漫長的「歷史」過程中，在納匝肋有位瑪利亞，天使向她「預報基督誕生」時，一度驚惶不安，並且懷疑地反問：「這事怎能成就？」可見她是個道道地地平凡的女子。然而，如果我們以電影慢鏡頭的方式，一格接著一格，分別揣摩瑪利亞的心境，她由驚惶、懷疑轉為謙卑、服從，進而回覆：「看！上主的婢女，願照你的話成就於我罷！」根據這段經文，可見瑪利亞也是位不平凡的女子，既是天主恩寵的童貞女，又是無玷始胎（路一：26-38）。

有關瑪利亞的生平史料一向少之又少，以至於後人很難鋪排她的事蹟。其實任何加油添醋的故事都是多餘的，只要從平凡的歷史中理解她的不平凡宗教意涵也就夠了。大約在西元二世紀期間，羅馬的地下墓穴早就有聖母及聖嬰的壁畫，同時地中海地區也援用崇拜「大母神」的元素表達聖母敬禮。不過，要到帝國末期東西分治的時候，先是東邊的帝國遭遇匈人（Huns）入侵，接著有日耳曼人（Germans）一波又一波，進入帝國的西邊境內，甚至在四一○年洗劫羅馬這個千年古都。由於外敵侵襲，帝國的百姓憂患意識激增，快速刺激聖母敬禮的發展。為了一方面安撫剛入境、改宗不久的日耳曼人，另方面導

正他們的信仰，聖盎博羅修（St. Ambrose, 339-397）和聖奧古斯丁（St. Augustine, 354-430）兩人都以謹慎的態度，先後加強宣達原罪的教義，並且肯定瑪利亞與教會的緊密關係，但是不提起瑪利亞是否無玷染始胎。這也是為什麼聖奧古斯丁撰述《天主之城》（*The City of God*）的動機。之後相隔二十年，到了四三一年的厄弗所大公會議（Council of Ephesus），瑪利亞正式被確定為「天主之母」（Theotokos 或 God-bearer）。

玫瑰花的宗教意象

所謂西方中古時代，一般都由五世紀中葉算起。西元四五三年，匈人首領阿提拉（Attila, 406-453）過世，群龍無首之下，他統轄的帝國也隨著分裂，於是又引發日耳曼民族的另一波遷徙。其中，東哥德人趁機再起，並於四七六年占領羅馬，結束了西部帝國的歷史。早期中古時代，各處政權分立，經濟和文化低迷，唯有基督宗教的信仰維繫著整體西方的精神和價值觀。然而利弊往往相伴相生，羅馬教會與西方各世俗政權也因此捲入複雜的關係。八世紀時，教皇（Pope）在義大利中部地區已經擁有一片完整的疆土，形同一個「國家」（state），所以歷史上公認七五六年是教皇國（Papal States）的成立開端。

到了十一、十二世紀，西方的經濟和文化日漸復甦。不過也因此政教問題變本加厲，更加複雜。簡要地說，十一世紀末年起，開始展開十字軍東征（Crusade Movements），東西方兩股勢力短兵相接，不斷衝突。同時，神聖羅馬帝國建立（962）後不久，前後幾位皇帝為了提高聲望，不斷與教皇爭奪基督宗教世界的領導權。

對外或對內的戰爭幾乎無所不在，為了渴望和平，免不了以戰止戰，十一世紀時西方封建各國終於形成騎士制度。騎士（chevalier）不同於一般的軍人；他們歸順基督教會的精神，發揮慈愛的心力，誓言保護窮苦弱者以及孤兒寡婦等等。同時，他們也嚮往榮譽、名聲，以及喜好歷險、流浪。到了十二、十三世紀之交，漸漸地他們成為貴族社會宮廷中愛情故事的英雄。他們的事蹟

經過吟遊詩人的謳歌成種種純潔的愛情。當代法國著名史家勒高夫（Jacques Le Goff, 1924-2014）在《中世紀英雄與奇觀》（*Heroes and Marvels of the Middle Ages*）中強調，十三世紀末期，吟遊詩人進一步將這些浪漫史詩昇華，投射在聖母瑪利亞一人身上。然而，情愛意象有賴於具體的表徵，於是紅玫瑰成為眾人的首選。中古騎士結合吟遊詩人把原來代表男女個人之間愛情的紅玫瑰轉化，成為集體獻給瑪利亞的孝愛。由此，人們不難理解為什麼有玫瑰經？有聖母院（Notre Dame）？有 "Our Lady" 之貴族式稱呼？還有，為什麼教堂裡的彩色鑲嵌玻璃或裝飾藝術常以玫瑰花為圖案？

然而大環境的幽暗如果過於沉重，反而覆蓋了原有的色彩和浪漫。西方中古末期，先有黑死病肆虐（1347-1351），緊接著，多位教皇並存，形成教會大分裂（Great Schism, 1378-1471）。大約同時間之中，英吉利海峽兩岸還發生英法百年戰爭（1337-1453）。此時，人們求助聖母垂憐的呼聲，有增無減。只是有些人對她的敬禮過分出格，進而疏離了天主或耶穌。從這段亂世，後人不難理解為什麼一四三七年的巴塞爾會議（Council of Basel）中，有「無玷始胎」之說，而後為什麼又無效不成立。

歷史戰役中的瑪利亞

十五世紀中葉西方文明不僅層層內憂，同時強大的外患也咄咄逼人。鄂圖曼土耳其人於一四五三年攻陷拜占庭帝國（俗稱東羅馬帝國）。接著，他們由陸路及海路分進，有意包圍整個西方世界。進攻的路線就陸路而言，土耳其人於一五二九年曾經直逼維也納，神聖羅馬帝國岌岌可危。當時的皇帝查理五世（Charles V, 1500-1558，同時兼任西班牙國王，稱作查理一世）勉強在中歐抵擋土耳其人的西進。不過就海路來說，一五二二年土耳其人首先取得地中海的羅德島（Rhodes island），接著於一五六五年進攻馬爾他島（Malta island）。由於這個島嶼位居地中海中部的交通要衝，地緣政治無比重要，假設被土耳其攻陷，整個義大利、西班牙，甚至阿爾卑斯山以北地區都可能淪為穆

斯林統治。可見，這是一場西方文化生死存亡的大戰。馬爾他島上攻防期間，炮聲隆隆、短兵相接、血流成河，島上軍民哭聲哀嚎，連整個西方基督宗教地區也焦慮萬分，人們不斷向基督及聖母祈禱。一五六五年九月七日，正巧是聖母瞻禮日的前一天，島上所有教堂鐘聲四起，準備迎接聖母節。沒料到在千鈞一髮最後關頭之際，援軍到來，扭轉了整個戰局。

　　且讓我們把歷史的進程快速從十六世紀跳躍到十八世紀末。這兩百年期間，前半段西方各地幾乎都捲入宗教改革及宗教戰爭的激情；而後半段歷史，擺向標榜理性思維的啟蒙運動時代。有關聖母的教導和敬禮要等到十九世紀初才又展露契機。

歷史中的 12 月 8 日

　　有些人或許認為，十九世紀上半葉屬於浪漫運動時期，當時人們熱愛中古時代及其文化，所以例如哥德式的建築風格得以復興，而且封建騎士對聖母的敬禮及情愛又重新點燃。這種說法不無道理，值得參考。不過，如果從另個角度觀察，十八世紀末以來工業革命初興，社會體制劇變，貧富差距擴大，種種衝突不公的現象橫生。有志於改善現況的人士紛紛提出各種建言，有推崇自由民主的自由主義，有標榜平均財富的社會主義，不勝枚舉。別的略而不論，光是基督教團體中也有數不盡傾向社會主義的主張，它們通稱為基督宗教社會主義。除此，還有更激進的、無神論的社會主義者也躍躍欲試，例如，一八四八年有《共產黨宣言》。試想這種氛圍之中，一向強調信望愛、關懷貧苦弱勢族群的天主教領導核心，如果沒有明確表態，將如何向世人交代？在一八四八年之後短暫的第六年，也就是一八五四年的十二月八日，教皇碧岳九世（Pius IX, 1846-1878）正式宣告〈聖母無玷染原罪始胎〉為定斷信理。表面上看起來，此說純粹屬於神學的議題，其實仔細探究，這條信理既繼承了天主教會的神學傳統，又呼應當前社會的需求。

十九世紀中葉至八〇年代之間，歐美各地經過一段景氣時代，然而好景不長，十九世紀末葉起，工業資本主義社會的弊端復發，各種社會運動蜂擁而起，間接助長帝國主義國家掠奪世界各地的資源。緊接著，二十世紀，先後兩次世界大戰，無數生命傷亡。所以聖母敬禮和各種聖母論的基調步步高陞。有鑑於此，教宗若望二十三世（John XXIII, 1958-1963）於一九六二年召開梵蒂岡第二次大公會議（簡稱梵二，The Twenty-First Ecumenical Council）。這個會期從十月十一日起，於十二月八日結束。一九六三年保祿六世（Paul VI）繼任，同時維持梵二會議前後又有三期。值得注意的是：1.最後一個會期於一九六五年十二月八日結束；2.會議中通過《教會憲章》（*Lumen Gentium*），其第八章為聖母論提出聖經與傳統的基礎，其中包涵「聖母無染原罪始胎」。同時，教宗在大會結束的演說中，特別再確認瑪利亞是 "Mary Most Holy"、"the Mother of Christ"、"the Mother of God" 以及 "our spiritual mother"。

聖母永遠活在歷史和日常之中

Kathleen Coyle 在《平凡中的聖者瑪利亞：聖母論的歷史沿革》表示：

> 每個時代都根據自己的需求，來塑造聖母的形象。從敬禮和信理兩方面的傳統來說，歷史上她有過的名號不下百種。⋯⋯這些名號經常告訴我們更多的是：在歷史特定的情境中，我們有哪些需求，教會有哪些需求，而不是關於聖母本身。

這段話充滿歷史意識（historical consciousness），發人深省，值得借重。我們同意各種聖母論，都蘊含宗教的意義，但是各種聖母論其實都與歷史事實扣緊關係，互為因果。這回有幸能探索「聖母無染原罪始胎」，使我更確信：各種宗教信理也是觀念史（idea of history），它們既是形而上的，也是歷史事實的一部分。從「聖母無染原罪始胎」，不僅可以更進一步瞭解西方歷史，而且也可以得知周邊許多跟我們的生活或生命相關的歷史。

　　輔仁大學於一九六一年復校，果真是天主的安排，在復校初期發展中，正值梵二召開。從《熠熠生輝再現輔仁》的紀念特刊中，得知于斌校長獲得教宗若望二十三世批准，將輔大奉獻給聖母瑪利亞，並以聖母作為輔大的主保。十二月八日原本是聖母無玷始胎日，於是採用這天作為校慶日。歷史學系及其他科系於一九六三年八月正式招生。我個人在一九六五年入學歷史學系，屬第三屆，當時十八歲。每逢校慶，放假一天，興高采烈，但從未探索其由來。萬萬沒有料到，如今已年滿七十二歲，才得機緣，撰寫這份作業。結果不僅認識十二月八日的歷史意義，而且也加強瞭解個人的生命經歷。

　　聖母永遠活在歷史和日常之中，處處可以驗證。

　　　　本文原刊於《天主教週報》，519 期（2018.12），頁 10-11。

國家圖書館出版品預行編目（CIP）資料

克麗歐的轉世投胎：影視史學與大眾史學 = Clio refigured :
essays on visual representations of history and public history/
周樑楷著. -- 初版. -- 臺北市：國立臺灣師範大學出版中
心, 2023.01
　　面；　公分
　　ISBN 978-986-5624-88-0(平裝)

　　1.CST: 史學

601.6   111017401

克麗歐的轉世投胎：影視史學與大眾史學
Clio Refigured: Essays on
Visual Representations of History and Public History

作　　者｜周樑楷
出　　版｜國立臺灣師範大學出版中心
發 行 人｜吳正己
總 編 輯｜廖學誠
執行編輯｜金佳儀
地　　址｜106臺北市大安區和平東路一段162號
電　　話｜(02)7749-5285
傳　　真｜(02)2393-7135
服務信箱｜libpress@ntnu.edu.tw
初　　版｜2023年01月
售　　價｜新臺幣600元（缺頁、破損或裝訂錯誤，請寄回更換）
I S B N｜978-986-5624-88-0
G P N｜1011200001